2024
최신판

이패스
보험계약법

손해사정사 1차 시험대비

판례집

김석주 편저

보험전문교육기관 이패스손사
www.sonsakorea.com

epasskorea

머리말

본 교재는 손해사정사가 되거나, 보험회사에 취업을 원하는 분들을 위하여 상법 제 4편 보험편과 관련된 판례를 수록한 수험서입니다. 보험계약법의 출제경향을 살펴보면, 46회 동안 매년 40문제씩 출제되어 최근에는 이론 및 조문도 중요하지만, 최근에는 주로 판례와 관련된 문제가 출제되고 있는 경향을 보이고 있습니다. (50~70%정도)

따라서, 본 판례집은 보험계약법 기본과정인 핵심이론을 학습하신 수험생들에게는 고득점의 기회와, 직장생활 등으로 학습시간이 부족한 수험생들에게는, 최소한의 시간으로 최대의 득점이 가능할 수 있도록 최신판례위주(주로 14년 이후 10년간의 판례)로 편집되어 학습을 돕고 있습니다. 또한, 각 판례 뒤에 유사문제를 첨부하여 실제 출제경향을 보여주고 있습니다. 본 교재를 체계적으로 학습하면 보험계약법에서 고득점도 가능할 것입니다.

보험계약법 판례집은 다음과 같은 목적으로 사용될 수 있습니다.

첫째, 손해사정사. 보험계리사, 보험심사역 등을 대비한 수험서

둘째, 보험회사 실무자들의 기초를 위한 이론서

셋째, 보험관련 학과의 학생들이 보험계약법 수업을 위하여 필요한 참고서라고 할 수 있습니다.

본 교재는 최근 10년간의 보험계약법 최신판례 위주로 구성되어있으며, 2014년부터 2023년까지 10년간 주요 판례를 수록하였습니다.

아무쪼록 2024년도 손해사정사 시험을 대비하는 수험생들에게 합격의 영광이 있기를 바랍니다.

2024년 1월

김 석 주

시험안내

2024 손해사정사1차 보험계약법판례집

손해사정사

보험사고 발생 시 손해액 및 보험금의 산정업무를 전문적으로 수행하는 자로서 보험금 지급의 객관성과 공정성을 확보하여 보험계약자나 피해자의 권익을 침해하지 않도록 해주는 일, 즉 보험사고 발생 시 손해액 및 보험금을 객관적이고 공정하게 산정하는 자가 손해사정사이며, 보험의 시작과 마지막을 함께 하는 자이다.

손해사정사 전망

손해사정사의 현재 시장현황을 살펴보면 예년에 비하여 정부는 손해사정사인의 합격자 수를 늘리고 있으며, 실무 수습기간을 2년에서 6개월로 단축시켜 가면서 손해사정사를 확충하고 있으며 한국직업정보시스템의 통계자료로 손해사정사의 직업 유망성을 살펴보면 71%로 높은 수치를 나타내고 있어 그 전망이 밝다고 하겠다.

손해사정사 업무 및 혜택

- 손해발생 사실의 확인
- 보험약관 및 관계법규 적용의 적정여부 판단
- 손해액 및 보험금의 사정
- 손해사정업무와 관련한 서류작성, 제출 대행
- 손해사정업무 수행관련 보험회사에 대한 의견 진술

▶ **취업 및 진출분야**

보험회사는 대개 공채를 실시하는데 손해사정사 자격증 취득자에게 가산점을 반드시 부여하고 있으므로 자격증을 취득하는 것이 취업에 유리하다. 손해사정법인이나 보험회사에서 관련 업무 경력을 쌓은 후 자격을 취득하여 손해사정사 보조인이 되기도 하며, 손해사정사 자격증을 취득하게 되면 자동차보험, 화재보험, 생명보험, 해상보험 등 각종 보험회사와 손해사정법인체에 취업하거나 개인사무소를 운영할 수 있다. 보험회사에서도 일반 법인체나 개인사무소에 사건을 의뢰하는 경우가 많기 때문에 자격증을 취득하면 보험회사에 입사하는데 매우 유리하다.

▶ **승진 및 경력개발**

보험회사에 입사하여 보상팀 등에서 근무하다 손해사정사 자격을 취득하는 사람도 많다. 자격증을 취득하면 별도의 자격수당이나 인사고과에 반영되고 있기 때문에 연봉책정, 승진인사 등에 매우 유리하며, 고용손해사정사는 일정한 경력을 쌓은 후 개업을 할 수 있다. 보험사에서 손해사정사 자격증 합격자를 적극적으로 채용하고 있다는 현실만으로도 보험사 취업을 생각하는 취·준·생의 경우에도 이 자격에 도전할 필요가 있다고 본다. 입사 후 관련업무를 위해서는 반드시 취득해야 하기 때문이다. 또한 현재 손해사정사의 평균 초봉이 4,450만원 정도로 매우 안정적 직업임을 알 수 있다.

2024년 손해사정사 시험일정

구 분	제1차 시험	제2차 시험
시험실시 공고	2024년 1월 5일(금)	
응시원서 접수기간	2024. 2.20(화) ~ 2.23(금) 18:00	2024. 6.11(화) ~ 6.14(금) 18:00
접수방법 및 장소	• 인터넷 접수 : 보험개발원 홈페이지(www.insis.or.kr) • 결제방법 : 계좌이체 또는 신용카드	
시험일자	2024. 4. 14(일)	2024. 7. 28(일)
장소공고	2024. 3. 29(금)	2024. 7.12(금)
시험방법	선택형(객관식 4지선택형 택1)	논문형(약술형 또는 주관식 풀이형)

시험구성 및 배점

구 분	재물	차량	신체
1차	• 보험업법 • 보험계약법(상법 중 보험편) • 손해사정이론 • 영어	• 보험업법 • 보험계약법(상법 중 보험편) • 손해사정이론	• 보험업법 • 보험계약법(상법 중 보험편) • 손해사정이론
2차	• 회계원리 • 해상보험의 이론과 실무 • 책임·화재·기술보험 등의 이론과 실무	• 자동차보험의 이론과실무 (대물배상 및 차량손해) • 자동차 구조 및 정비이론과 실무	• 의학이론 • 책임보험·근로자재해보상보험 • 제3보험의 이론과 실무 • 자동차보험의 이론과 실무

응시자격

- **1차** : 응시제한 없음
- **2차** : ① 당해년도 및 직전년도 해당분야 손해사정사 제1차시험에 합격한 자('95년 이전 제1차 시험 합격자 포함)
  ② 보험업법시행규칙 제47조의 규정에 의한 기관(금융감독원, 보험회사, 보험협회, 보험요율산출기관(보험개발원), 농업협동조합중앙회)에서 해당분야의 손해사정업무에 5년 이상 종사한 경력이 있는 자
  ③ 타 종목의 손해사정사 자격을 취득한 자(재물, 차량, 신체) (다만, 차량손해사정사 또는 신체손해사정사가 재물손해사정사 시험에 응시하려는 경우 제2차 시험 접수 전에 영어시험 성적표 제출)
  ④ 종전 규정에 따른 손해사정사(1종~4종)
  − 합격 기준 1차 : 각 과목 40점 이상, 전 과목 평균 60점 이상 득점자
  　　　　　　2차 : 각 과목 40점 이상, 전 과목 평균 60점 이상 득점자(최소선발예정인원에 미달하는 경우 상대평가)
  − 응 시 료 : 1차 : 30,000원, 2차 : 50,000원

합격자 공고

제1차 시험	제2차 시험
일자 : 2024. 5. 31(금)	일자 : 2024. 10. 4(금)

방법 : 서울신문, 금감원 홈페이지(www.fss.or.kr) 및 보험개발원 홈페이지(www.insis.or.kr)

출제경향분석

2024 손해사정사 1차 보험계약법 판례집

최근 9년간(2015~2023년) 출제경향

구 분		2023년				9년 전체			
		문항수	소계	비율(%)	소계	문항수	소계	비율(%)	소계
통 칙		15		37.5%		142		39.4%	
손해보험	통칙	6	13	15%	32.5%	59	136	16.4%	37.8%
	각칙	7		17.5%		77		21.3%	
인보험	통칙	5	12	12.5%	30%	28	82	7.8%	22.8%
	각칙	7		17.5%		54		15%	
합 계		40		100%		360		100%	

주) 1. 9년 전체의 경우 손해보험 각칙의 경우, 해상보험(26문항) / 책임보험(21문항) / 자동차보험 (15문항) / 화재보험(8문항) / 보증보험(5문항) / 운송보험(2문항) 출제
2. 인보험 각칙의 경우 생명보험(39문항) / 상해보험(10문항) / 질병보험(5문항) 출제
3. 위 표에서 보는 바와 같이, 9년평균의 경우 통칙(39.4%) / 손해보험(37.8%) /인보험(22.8%)임

▶ 2023년 손해사정사 1차 기출문제 총평 및 출제경향

기존 보험계약법 시험은 대략 통칙에서 40%. 손보 통칙에서 15%. 인보험 통칙에서 5% 등 통칙에서 60%정도가 출제되는 경향이었는데, 23년도 시험에서도 통칙(15문항) 37.5%, 손보통칙(6문항) 15%, 인보험 통칙(5문항) 12.5% 등 통칙(총26문항)에서 대략 65%정도 출제되었으며, 이론이 주가 되는 통칙은 2~3항을 제외하고는 기본이론만 잘 학습하셨다면, 평이한 수준이었다고 판단됩니다. 그러나, 손보 각론(총 7문항)에서 17.5%, 인보험 각론(총7문항)에서 17.5% 등 각론에서 35%정도 출제되었습니다. 그리고, 손보 각론에서는 해상.자동차.책임.보증보험 등에서 17.5%정도 출제되어, 손보와 인보각론의 비중 비슷해졌으며, 인보험에서도 17.5%정도 출제되었는데, 인보험은 평이하였으나, 손보각론에서 해상보험문제가 난이도가 있는 문제 등이 출제되어 다소 어렵게 느껴졌을 것이라 판단됩니다. 작년보다는 다소 난이도가 있었지만, 무난한 시험이었다고 판단됩니다.

통칙에서 15문제, 손해보험 통칙에서 6문제와 손해보험 각칙에서 7문제 등 손해보험에서 13문제와, 인보험 통칙에서 5문제와 인보험 각칙에서 7문제 등 인보험에서 12문제가 출제되었으며, 손해보험에서 13문제가 출제되어 손해보험과 인보험의 비중이 전년도에 비하여 비슷해졌으나, 통칙과 손보통칙과 인보험 통칙에서 65%정도 출제되어 평소와 비슷한 수준이었으나, 전년도에 비하여 통칙비중이 5%정도 높아졌으나, 상대적으로 난이도가 평이하여 기본에 충실한 수험생들은 충분히 해결할 수 있는 문제들로 구성되었습니다.

각칙의 경우에 있어서도 손해보험의 경우 한동안 출제되지 않았던 보증보험에서도 출제되는 등, 해상보험에서 3문제, 자동차보험에서 2문제, 책임, 보증보험에서 각각 1문제 등 총 7문제가 출제되었으며, 인보험의 경우 생명보험에서 6문제, 질병보험에서 1문제 등 총 7문제가 출제되어 전년도에 비하여 인보험이 손해보험과 비슷한 수준으로 출제되는 경향을 보여주고 있습니다.

판례에서 29문제가 출제되어 여전히 70% 이상 출제되어 판례공부의 중요성을 보여준 시험이었습니다. 따라서, 판례 및 법조문에 대한 조문이해 및 용어해설 등 기본이론에 충실한 학습이 필요하다고 판단됩니다.

학습전략

1. 보험계약법은 통칙, 손해보험 통칙, 손해보험 각칙, 인보험 통칙, 인보험 각칙으로 구성되어 있는데 통칙은 학문적 성격이 포함되어 있기 때문에 다소 난이도가 있습니다. 따라서 수험준비할 때에 보험계약법은 통칙이 앞에 구성되어 난이도가 있어서 쉽게 접근하기가 어려운 과목이므로 기본에 충실한 학습이 선행되어야 합니다. 또한, 손해보험통칙이 인보험통칙보다 2배정도 출제빈도가 높습니다.

2. 각칙의 경우에 있어서도 손해보험의 경우 출제빈도가 높은 순위를 나열하면 해상보험과 책임보험, 자동차보험, 화재보험, 보증보험, 운송보험의 순으로 출제빈도의 순서가 자리매김됩니다. 인보험의 경우는 생명보험이 압도적이고 상해, 질병보험의 순으로 출제빈도가 형성되어 있습니다. 그리고 각칙의 경우도 손해보험의 출제빈도가 2배정도 높다고 보아야 합니다. 그렇지만 각칙의 경우는 통칙과 달리 기본에만 충실하면 충분히 해결할 수 있는 정도로 문제의 난이도가 그리 높지는 않다고 보여집니다.

3. 전통적으로 보험계약법은 이론(10%), 법조문(40%), 판례(50%)로 출제빈도가 구성되어 법조문과 판례의 비중이 중요합니다. 따라서, 향후에는 전체 통칙과 손해보험통칙, 인보험통칙 등은 기본에 충실하여야만 문제를 해결할 수가 있고, 각칙은 요약집이나, 문제풀이 등으로도 어느 정도 커버할 수가 있는데, 통칙의 비중이 증가하고 있으므로 기본이론에 충실한 학습이 필요할 것으로 판단됩니다.

4. 법조문 암기를 위하여 보험편을 숙지하여야 합니다. 특히, 법학적 마인드가 필요하므로 2024년도에는 기본서 학습과 요약특강을 통한 조문 이해, 판례특강과 문제풀이 등을 통한 최종 정리를 통하여 개념을 확실하게 정립하기 위해서는 2차 시험이 끝난 10월부터 다른 1차과목보다 먼저 선행학습이 시작되어야 하겠습니다.

▶ **2024년 보험계약법 손해사정사 1차 수험전략 및 학습방법**

① 충분한 법조문 숙지와 이해

보험계약법은 상법 제4편인 보험편을 말하는데, 보험계약의 특수성을 공부하는 법으로 편제와 법조문을 전부 숙지하시고, 기본교재와 문제풀이를 다독하시면 어려움 없이 70점 이상을 넘길 것입니다.

보험계약법 시험은 학문이 아닙니다. 따라서, 법학, 비법학도로 구분할 필요 없습니다. 법학은 의의, 요건, 효과 등을 파악하는 학문이므로, 상법 제4보험편의 조문을 숙지하여, 다른 조문과 비교하면서, 학습합니다.

학습전략

2024 손해사정사1차 보험계약법판례집

② **목표 및 계획**
법조문을 일독한 후, 기본서의 이론(해설) 및 판례를 병행하여 학습합니다. 최소 3개월 정도 소요(10월부터 공부하면, 4월 1차 시험에서 무난하게 합격할 수 있습니다.)
60점 이상이 합격점(40점 이하 과락 면하는 조건)으로 안정적으로 70점 이상을 목표로 합니다.
현행, 민사판례에서 다수를 차지하고 있는 것이 보험관련 분야이므로 다수의 대법원판례를 접하게 됩니다.
따라서, 비법학전공의 일반적인 수준의 수험생입장에서는 법적지식이 취약한 상태에서 판례취지까지 파악하기에는 어려움이 많습니다. 또한, 1차 시험 합격 후, 2차 시험 때에도 (재물손사의 해상, 화재보험이나, 신체손사의 책임, 근재, 제3보험, 자동차보험 등) 기본적으로 필요한 법입니다.

③ **반복학습**
다시 기본서로 돌아가서, 내용마다 인용된 판례는 가능하 많이 반복하여 취지를 이해합니다. 정규이론을 마무리한 후에는 문제풀이, 판례정리, 파이널리뷰(요약특강), 실전모의고사 등을 통하여 정리합니다.

④ **보완작업**
- 유사하지만, 서로 다른 것들을 찾아내고, 헷갈리고, 자주 틀리는 문제는 마지막에 집중적으로 암기합니다.
- 다 푼 문제는 맞는 것만 암기하며, 오답노트를 정리하여 보완합니다.
- 전혀 모르는 문제는 긴 지문이 정답이 될 가능성이 많고, ~~만 등의 표현을 쓴 것은 틀린 지문일 가능성이 높습니다.

⑤ **학원 커리큘럼**
위 사항을 편하게 공부할 수 있는 방법은 학원의 커리큘럼대로 따라오는 것입니다. 기본과정 때에 요약집을 제공하므로 기봉과정을 집중하신 분은 별도의 서브노트없이 요약집만으로도 정리가 가능합니다. 또한, 판례마스터, 모의고사, 신판례특강, 파이널리뷰, 실전모의고사를 통한다면, 기본만 충실하신 분은 무난히 합격할 수 있을 것입니다.

⑥ **출제경향**
이론 또는 학설(10%) / 법조문(40%) / 판례(50% 이상)로 구분될 정도로, 판례와 법조문이 중요합니다. 판례취지와 입장에 관한 이해를 하고 있는지 묻는 문제가 갈수록 증가 추세에 있습니다.

좀 더 자세한 내용 및 수험정보 등은 당사 홈페이지(www.sonsakorea.com) 참조

이 책의 구성과 특징

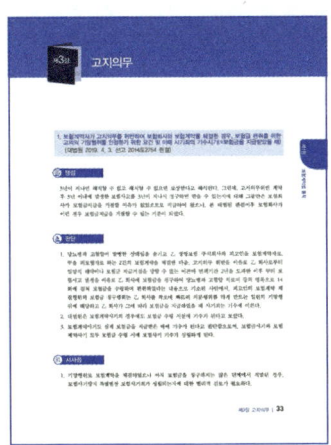

STEP 1 보험계약법 관련판례

① 손해사정사 제도 개선 이후인 2014년부터 2023년까지 10년간의 최신 대법원 판례 위주로 수록하여 중요한 개념의 이해를 도왔습니다.
② 각 판례는 쟁점, 판단, 시사점 등으로 구성하여 판례를 통하여 핵심이론의 의미를 쉽게 학습할 수 있습니다.
③ 키워드 중심의 대법원 판례취지를 학습하여 객관식 시험인 1차 시험을 준비하는 수험생들에게 핵심이론을 이해할 수 있도록 구성하였습니다.

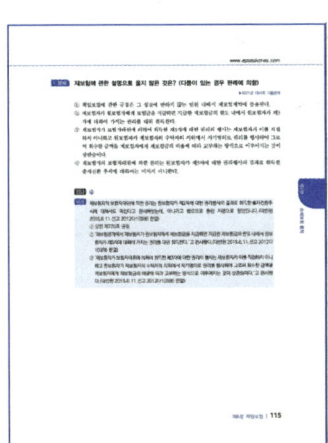

STEP 2 관련 기출유사문제

① 각 장별로 판례와 관련한 유사 기출문제를 수록하여 실제 시험에서 어떻게 출제되는지 파악하고, 그에 맞는 풀이방법에 대해 학습할 수 있습니다.
② 수험생들의 판례 내용에 대한 이해를 도울 수 있도록 문제를 구성하였습니다.
③ 다양한 각도의 유사문제를 수록하여 각 유형별 접근이 용이하게 하였습니다.

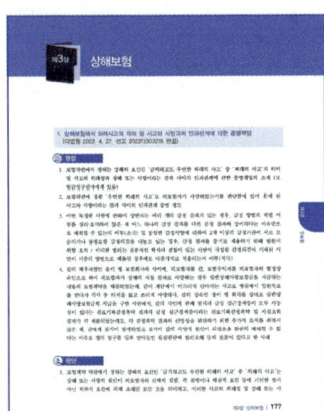

STEP 3 기본서와 연계학습

① 기본서 목차를 중심으로 판례를 수록하여 연계학습이 가능하도록 구성하였습니다.
② 키워드를 강조하여 수험생들의 학습효과를 도왔습니다.

차례

2024 손해사정사1차 보험계약법판례집

머리말   3
시험안내   4
출제경향분석   6
학습전략   7
이 책의 구성과 특징   9

| 보험계약법 판례집 |

PART 1 보험계약법 통칙

제1장	보험계약법 통칙	14
제2장	보험계약	22
제3장	고지의무	31
제4장	보험계약의 성립	35
제5장	보험금 지급의무와 면책사유	37
제6장	보험료	45
제7장	통지의무	50
제8장	타인을 위한 보험계약	55

PART 2 손해보험 통칙

제1장	손해보험 통칙	60
제2장	손해방지의무	65
제3장	보험자대위	70
제4장	손해보험계약의 소멸·변경	84
제5장	화재보험	86
제6장	운송보험	90
제7장	해상보험	92
제8장	책임보험	101
제9장	자동차보험	114
제10장	보증보험	134

PART 3 인보험

제1장	인보험통칙	146
제2장	생명보험	155
제3장	상해보험	176
제4장	질병보험	193

www.epasskorea.com

이패스코리아 보험계약법 프레젠

이패스코리아 보험계약법 판례집

PART 01

보험계약법 통칙

- 제1장   보험계약법 통칙
- 제2장   보험계약
- 제3장   고지의무
- 제4장   보험계약의 성립
- 제5장   보험금 지급의무와 면책사유
- 제6장   보험료
- 제7장   통지의무
- 제8장   타인을 위한 보험계약

보험계약법 통칙

1. 전문인배상책임보험 면책약관상 'wilful'의 의미
   (대법원 2018다304014호, 2022.8.31선고)

🔒 경과 및 쟁점

1. A자산운용사는 펀드를 설정하여 투자자들로부터 모은 자금으로 우즈베키스탄 부동산개발사업 시행사인 B사에 대출을 실행하였으나, B의 개발사업이 무산되고 대출 과정에서 관련 법령 및 투자자 보호 의무를 위반한 사실이 인정되어 펀드 투자자들에게 손해배상책임을 부담하게 되어, A의 펀드에 투자한 투자자들은 A를 상대로 관련 법령 위반 및 투자자 보호의무 위반을 이유로 손해배상을 청구하였고, A는 투자자들에 대한 손해배상금 및 소송비용 등을 지출하였다.

2. A는 B보험회사에 가입한 자산운용전문인 배상책임보험에 근거하여 보험금을 청구하였으나, B보험사는 A의 행위가 약관상 면책사유인 고의적인 법령 위반에 해당한다고 보고 보험금 지급을 거부하였는데, A가 가입한 자산운용전문인 배상책임보험은 전문직 서비스와 관련된 부당행위로 인해 손해배상청구를 당한 경우 그 배상액 및 비용 등을 보상하되, 고의에 의한 법령 위반 시에는 보험회사가 면책된다고 정하고 있다.

3. B보험사는 A가 당시 법령상 충분한 담보 확보 의무 및 부동산에 대한 담보권 설정 의무가 있다는 점을 알면서 위반하였으므로 고의에 의한 법령 위반에 해당한다고 보아 보험금 지급을 거부하였으나, 원심은 작성자 불이익 원칙을 고려할 때 이 사건 조항은 고객에게 유리하게, 즉 면책 범위를 좁게 해석해야 하므로, wilful은 계획적이거나 의욕적인 법령 위반을 의미하는 것으로 해석함이 타당하다고 판단한다.

판단

1. 대법원은 'wilful'은 일반적인 고의를 의미하는 것으로 미필적 고의도 포함된다고 판단하였으며, 대법원은 원심과 달리 위 조항을 해석할 때 작성자 불이익 원칙에 따라 고객에게 유리하게 해석해야 한다고 보지 않았고, 'wilful'이라는 단어가 가지는 일반적인 의미를 고려할 때 통상의 '고의'와 같은 의미로 해석해야 하며, 따라서 미필적 고의도 포함하는 개념으로 보는 것이 타당하다고 판단한다.
2. 이러한 전제에서 A가 관련 법령상 부과된 담보 확보 의무를 위반한 것이 미필적 고의에 의한 것이었는지 추가 심리가 필요하다는 취지로 원심판결을 파기환송하였다.

시사점

작성자 불이익 원칙의 보충성, 이 사건 보험계약의 기업보험으로서의 성격 등을 고려할 때, 'wilful'을 일반적인 의미의 '고의'와 동일하게 본 대법원 판결은 타당하며, 작성자 불이익 원칙은 제한적·예외적인 경우에 적용하는 것이 타당하고, 특히 이 사건 보험계약의 경우 자산운용사와 보험회사 간에 체결된 기업보험으로 소비자 보호 필요성이 인정된다고 보기 어려운 바, 작성자 불이익 원칙이 적용되어야 할 사례라고 볼 수 없다.

2. 보험가입자에게 진단서 발급 편의를 제공한 후 보험금 중 일부를 수수료 명목으로 지급받은 손해사정사의 죄책에 대한 사건

(대법원 2022. 10. 14. 선고 2021도10046 판결)

쟁점

1. 의료법 제27조 제3항에서 정한 '영리 목적'의 의미 및 이때 '대가'는 소개·알선·유인행위에 따른 의료행위와 관련하여 의료기관·의료인 측으로부터 취득한 이익을 분배받는 것을 전제하는지 여부(적극) 및 손해사정사가 보험금 청구·수령 등 보험처리에 필요한 후유장애 진단서 발급의 편의 등 목적으로 환자에게 특정 의료기관·의료인을 소개·알선·유인하면서 그에 필요한 비용을 대납하여 준 후 그 환자가 수령한 보험금에서 이에 대한 대가를 받은 경우, 의료법 제27조 제3항이 금지하는 행위에 해당하는지 여부(소극)
2. 법률적 지식이 없거나 부족한 보험가입자를 위하여 보험금 청구를 대리하거나 사실상 보험금 청구사건의 처리를 주도하는 것이 '기타 일반의 법률사건'에 관하여 법률사무를 취급하는 행위

로 볼 수 있는지 여부(적극) 및 손해사정사가 금품을 받거나 보수를 받기로 하고 교통사고의 피해자 측을 대리 또는 대행하여 보험회사에 보험금을 청구하거나 피해자 측과 가해자가 가입한 자동차보험회사 등과 사이에서 이루어질 손해배상액의 결정에 관하여 중재나 화해를 하도록 주선하거나 편의를 도모하는 등으로 관여하는 것이 손해사정사의 업무범위에 속하는 손해사정에 관하여 필요한 사항인지 여부(소극)

판단

의료법 제27조 제3항의 규정·내용·입법 취지와 규율의 대상을 종합하여 보면, 위 조항에서 정한 '영리 목적'은 환자를 특정 의료기관·의료인에게 소개·알선·유인하는 행위에 대한 대가로 그에 따른 재산상 이익을 취득하는 것으로, 이 때의 '대가'는 간접적·경제적 이익까지 포함하는 것으로 볼 수 있지만, 적어도 소개·알선·유인행위에 따른 의료행위와 관련하여 의료기관·의료인 측으로부터 취득한 이익을 분배받는 것을 전제한다고 봄이 상당하다. 그러므로 손해사정사가 보험금 청구·수령 등 보험처리에 필요한 후유장애 진단서 발급의 편의 등 목적으로 환자에게 특정 의료기관·의료인을 소개·알선·유인하면서 그에 필요한 비용을 대납하여 준 후 그 환자가 수령한 보험금에서 이에 대한 대가를 받은 경우, 이는 치료행위를 전후하여 이루어지는 진단서 발급 등 널리 의료행위 관련 계약의 성립 또는 체결과 관련한 행위이자 해당 환자에게 비용 대납 등 편의를 제공한 행위에 해당할 수는 있지만, 그와 관련한 금품수수 등은 환자의 소개·알선·유인에 대하여 의료기관·의료인 측이 지급하는 대가가 아니라 환자로부터 의뢰받은 후유장애 진단서 발급 및 이를 이용한 보험처리라는 결과·조건의 성취에 대하여 환자 측이 약정한 대가를 지급한 것에 불과하여, 의료법 제27조 제3항의 구성요건인 '영리 목적'이나 그 입법 취지와도 무관하므로, 위 조항이 금지하는 행위에 해당한다고 볼 수 없다.

시사점

비변호사의 법률사무취급을 금지하는 변호사법 제109조 제1호는 변호사제도를 유지함으로써 그러한 우려를 불식시키려는 취지의 규정이다. 법률적 지식이 없거나 부족한 보험가입자를 위하여 보험금 청구를 대리하거나 사실상 보험금 청구사건의 처리를 주도하는 것은 '기타 일반의 법률사건'에 관하여 법률사무를 취급하는 행위로 볼 수 있다.

한편 손해사정사는 손해발생 사실의 확인, 보험약관 및 관계 법규 적용의 적정 여부 판단, 손해액 및 보험금의 사정, 위 각 업무와 관련한 서류의 작성·제출의 대행, 위 각 업무의 수행과 관련한 보험회사에 대한 의견의 진술을 그 업무로 하는바(보험업법 제188조), 손해사정사가 그 업무를 수행함에 있어 보험회사에 손해사정보고서를 제출하고 보험회사의 요청에 따라 그 기재 내용에 관하여 근거를 밝히고 타당성 여부에 관한 의견을 개진하는 것이 필요할 경우가 있더라도, 이는 어디까지나 보험사고와 관련한 손해의 조사와 손해액의 사정이라는 본래의 업무와 관련한 것에 한하는 것일 뿐, 여기에서 나아가 <u>금품을 받거나 보수를 받기로 하고 교통사고의 피해자 측을 대리 또는 대행하여 보험회사에 보험금을 청구하거나 피해자 측과 가해자가 가입한 자동차보험회사 등과 사이</u>

에서 이루어질 손해배상액의 결정에 관하여 중재나 화해를 하도록 주선하거나 편의를 도모하는 등으로 관여하는 것은 위와 같은 손해사정사의 업무범위에 속하는 손해사정에 관하여 필요한 사항이라고 할 수 없다.

3. 보험회사의 채무부존재 확인소송 제기 시 확인의 이익
(대법원 2021. 6. 17. 선고 2018다257958 판결)

쟁점

보험회사가 보험계약자를 상대로 보험금 지급채무 부존재 확인의 소를 제기하는 경우, 일반적인 확인의 이익 요건만 충족하면 되는지, 추가적인 요건까지 갖추어야 하는지가 문제됨.

판단

1. 대법원은 보험계약의 당사자 사이에 계약상 채무의 존부나 범위에 관하여 다툼이 있는 경우, 보험회사는 먼저 보험수익자를 상대로 소극적 확인의 소를 제기할 확인의 이익이 있다고 판단한다.
2. 반면, 반대의견은 보험계약자가 사회적 상당성이 결여된 방법으로 보험금 지급을 요구하거나 보험사기에 해당하는 등 특별한 사정이 있는 경우에 한하여 확인의 이익이 인정된다는 의견을 제시하였다.

시사점

1. 확인의 이익은 확인의 소에 공통적으로 적용되는 일반 요건이고 보험회사에 대해서만 추가적 요건을 요구할 법리적·정책적 근거가 있다고 보기 어려우므로, 다수의견이 타당한 것으로 생각된다.
2. 이와 별개로, 보험회사들은 소송관련 내부통제를 철저히 하여 불필요하거나 부적절한 소송이 제기되지 않도록 해야 하고, 소송절차나 비용 등으로 인한 보험계약자의 응소 부담을 줄이기 위한 방안도 모색되어야 할 것이다.

4. '심한 추간판탈출증'의 의미와 작성자 불이익 원칙 적용 요건
(대법원 2021. 10. 14. 선고 2018다279217 판결)

쟁점

후유장해의 일종인 '심한 추간판탈출증'에 해당하기 위해서는 '장해'에 해당하는 요소가 반드시 요구된다고 보아야 하므로, 이와 다른 원심의 해석*은 부당하다.

판단

1. 상해보험약관의 후유장해 관련 규정 중 '심한 추간판탈출증' 판정 기준의 해석이 문제된다.
   - 보험계약자 A가 가입한 B 보험회사의 상해보험약관 후유장해 관련 규정상 '심한 추간판탈출증'은 '추간판탈출증 (속칭 디스크)으로 인하여 추간판을 2마디 이상 수술하거나 하나의 추간판이라도 2회 이상 수술하고 마미신경증후군이 발생하여 하지의 현저한 마비 또는 대소변의 장해가 있는 경우'를 의미한다.
   - A는 부상으로 허리를 다쳐 추간판 2마디(요추 4번-5번, 요추 5번-천추 1번)에 추간판 내 고주파 열치료술을 받았으나 하지의 현저한 마비 또는 대소변의 장해가 발생하지는 않은 바, 이 경우 상해보험약관상 '심한 추간판탈출증'으로 볼 수 있는지가 문제된다.

'심한 추간판탈출증' 요건에 관한 원심의 해석 구분 심한 추간판탈출증 장해 판정 기준 해석

구분	심한 추간판탈출증 장해 판정 기준
주장 ①	(a) 추간판을 2마디 이상 수술한 경우
	(b) 하나의 추간판을 2회 이상 수술하고 마미신경증후군이 발생하여 하지의 현저한 마비 또는 대소변의 장해가 있는 경우 해석
주장 ②	(a) 추간판을 2마디 이상 수술하고 마미신경증후군이 발생하여 하지의 현저한 마비 또는 대소변의 장해가 있는 경우
	(b) 하나의 추간판을 2회 이상 수술하고 마미신경증후군이 발생하여 하지의 현저한 마비 또는 대소변의 장해가 있는 경우

2. 대법원은 후유장해의 일종인 '심한 추간판탈출증'에 해당하기 위해서는 '장해'에 해당하는 요소가 반드시 존재하여야 하므로, 이를 요건으로 하지 않는 주장 ① (a)는 합리적인 해석이라고 볼 수 없고, 결과적으로 주장 ②만이 유일한 합리적 해석이므로 작성자 불이익 원칙이 적용되지 않는다고 판단한다.

- 이러한 기준에 따라 장해분류표 총칙의 정의 조항과 장해분류별 판정 기준에 관한 여러 조항을 포함하여 약관의 전체적인 논리적 맥락 속에서 위 약관조항이 갖는 의미를 살펴보면, '심한 추간판탈출증'에 해당하기 위해서는 장해의 필수적인 표지인 '육체의 훼손상태나 기능상실 상태(즉, 장해 상태)'에 해당하는 요소가 반드시 포함되어 있어야 한다.
- 그런데 원심이 채택한 주장 ① (a)에 의하면 추간판을 2마디 이상 수술한 경우에는 장해 요소가 없더라도 심한 추간판탈출증에 해당되는 것으로 해석되는 바, 이러한 해석은 합리적인 해석이라고 볼 수 없다.
- 따라서 이 사건 약관 조항에 대한 유일한 합리적인 해석은 주장 ②이므로, 객관적으로 복수의 합리적 해석이 존재할 경우에 적용되는 작성자불이익 원칙적용은 본 사안에 적용될 수 없다고 판단한다.

3. 합리적인 약관해석을 위해서는 약관조항 자체의 의미 뿐 아니라 당해조항이 전체적인 논리적 맥락 속에서 갖는 의미를 고려해야 하는 바, 후유장해의 일종인 '심한 추간판탈출증'에 해당하기 위해서는 '장해'에 해당하는 요소가 반드시 요구된다고 보아야 하므로, 이와 다른 원심의 해석*은 부당하다.

시사점

1. 보충적 해석 원칙인 작성자 불이익 원칙을 적용하기에 앞서 보다 체계적이고 충실한 약관 해석이 선행될 필요가 있다는 점에서 판례의 결론이 타당하다고 생각된다.
    - 본 판례 사안의 경우, '심한 추간판탈출증' 판정 기준 문언만 보면 원심과 같이 두 가지 해석이 가능하다고 볼 여지도 있으나, 해당 약관조항은 기본적으로 '후유장해'에 관한 것이라는 점, 후유장해는 수술이나 사고 이후 남아있는 육체의 훼손상태나 기능상실 상태를 의미하는 것이므로 이러한 장해상태가 인정되지 않는 한 추간판을 2마디 이상 수술하였다는 사실만으로 후유장해를 인정할 수는 없다는 점을 고려할 때, 장해상태를 요건으로 하지 않는 주장 ① (a)는 합리적 해석이라고 볼 수 없을 것이다.
2. 작성자 불이익 원칙은 보충적 해석원칙이므로 작성자 불이익 원칙을 적용하기 전에 보다 체계적이고 충실한 약관해석이 선행될 필요가 있다는 점에서 판례의 결론이 타당하다고 생각된다.
    * 원심은 추간판을 2마디 이상 수술한 경우에는 장해가 없더라도 심한 추간판탈출증으로 볼 수 있다는 전제에서, 대상 약관 조항에 대해 두 가지 합리적 해석(장해 요소를 요구하는 해석과 그렇지 않은 해석)이 가능하다고 보고 작성자 불이익 원칙을 적용하였다.
3. 대법원은 수술하였다고 하더라도 마미신경증이나 대소변장해가 동반되어야 한다.

5. 당뇨망막병증 치료를 위한 수술의 의미
(대법원 2015.5.28 선고, 2012다50087 판결)

쟁점

약관에서 수술의 의미를 구체적으로 명확하게 제한하고 있지 않고 레이저 광응고술도 넓은 의미의 수술에 포함되는지 여부

판단

甲이 乙 보험회사와 체결한 보험계약의 특정질병보장특약 약관에서 당뇨병 등을 '9대 질환'으로 규정하면서, '보험기간 중 피보험자가 책임개시일 이후에 9대 질환으로 진단 확정되고, 9대 질환의 치료를 직접목적으로 하여 수술을 받았을 때 수술급여금을 지급한다.'고 규정하고 있는데, 甲이 당뇨병 진단을 받고 당뇨합병증인 당뇨망막병증을 치료받기 위하여 레이저 광응고술을 받은 사안에서, 특정질병보장특약의 보장대상인 '9대 질환 중 당뇨병'에는 한국표준질병사인분류의 '당뇨병(E10 -E14)'이라는 항목군에 속하는 세분류 단위에 기재된 질병도 포함된다고 보아야 하고, 당뇨망막병증은 한국표준질병사인분류 '당뇨병(E10 -E14)' 항목군의 4단위,5단위분류에 기재되어 있고, 甲은 당뇨망막병증의 치료를 직접적인 목적으로 레이저 광응고술을 받은 것이 분명하며, 특정질병보장특약 약관에서 수술의 의미를 구체적으로 명확하게 제한하고 있지 않고 레이저 광응고술도 넓은 의미의 수술에 포함될 여지가 충분히 있으므로, 甲이 받은 레이저 광응고술은 특정질병보장특약 약관에서 규정한 '9대질환의 치료를 직접목적으로 받은 수술'에 해당한다고 한 사례.

시사점

당시 수술의 정의를 명확히 하지 않았으므로 작성자불이익 해석의 원칙에 따라 수술로 볼 수 있으므로 甲이 받은 레이저 광응고술은 특정질병보장특약 약관에서 규정한 '9대 질환의 치료를 직접목적으로 받은 수술'에 해당한다.

문제

보험약관의 해석원칙에 관한 설명으로 옳지 않은 것은? ▶2019년 제42회 기출문제

① 보험약관의 내용은 개별적인 계약체결자의 의사나 구체적 사정을 고려함 없이 평균적 고객의 이해가능성을 기준으로 그 문언에 따라 객관적이고 획일적으로 해석하여야 한다.
② 보험계약당사자가 명시적으로 보험약관과 다른 개별약정을 하였다면 그 개별약정이 보통약관에 우선한다.
③ 보험약관은 신의성실의 원칙에 따라 공정하게 해석되어야 한다.
④ 약관조항이 다의적으로 해석될 여지가 없더라도 계약자보호의 필요성이 있을 때 우선적으로 작성자불이익의 원칙을 적용할 수 있다.

정답 ④

해설 작성자불이익의 원칙은 약관조항이 다의적으로 해석될 여지가 있고, 불명확할 때 그러한 약관을 작성한 보험자에게 불이익하게 해석해야 한다는 원칙이다.

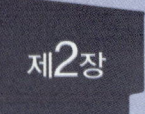

제2장 보험계약

1. 보험기간중 사망후 신장기요양보험 진단비 보험 등급판정
(보험금지급거부, 객관적·통일적 해석의 원칙)
(대법원 2023. 10. 12. 선고 2020다232709, 232716 판결)

쟁점

1. 보험계약의 주요한 부분인 보험사고나 보험금액의 확정절차를 결정하는 방법
2. 보험약관의 해석에서 객관적·획일적 해석의 원칙 / 보험약관의 내용 등에 무효라고 볼 만한 사정이 없는데도 보험약관을 함부로 배척하거나 보험약관 내용을 그 목적과 취지 등과 달리 개별 사건마다 임의로 해석할 수 있는지 여부(소극)
3. 갑이 을 보험회사와 체결한 보험계약의 약관에는 '피보험자가 보험기간 중 사망할 경우 보험계약은 소멸한다.'는 조항과 '신(新)장기간병요양진단비 보험금은 피보험자가 보험기간 중 노인장기요양보험 수급대상으로 인정되었을 경우 지급한다.'는 조항을 두고 있음.
4. 그런데, 갑이 국민건강보험공단에 장기요양인정을 신청하여 장기요양등급 판정을 받았으나, 그 판정 전에 사망한 사안에서, 위 보험계약에서 보험금 지급사유로 정한 '피보험자가 보험기간 중 노인장기요양보험 수급대상으로 인정되었을 경우'에는 특별한 사정이 없는 한 '피보험자가 보험기간 중 국민건강보험공단 등급판정위원회에 의하여 장기요양등급을 판정받은 경우'를 말함.
5. 따라서, 피보험자가 노인장기요양보험 수급대상에 해당할 정도의 심신상태임이 확인되었다고 하더라도 장기요양등급 판정을 받지 않은 상태에서 보험계약이 소멸하였다면 보험기간 중 보험금 지급사유가 발생하였다고 볼 수 없는데도, 이와 달리 본 원심판단에 법리오해의 잘못이 있다고 한 사례

판단

1. 보험계약의 주요한 부분인 보험사고나 보험금액의 확정절차는 보험증권이나 약관에 기재된 내용에 의해 결정되는 것이 보통이고, 보험증권이나 약관의 내용이 명확하지 않은 경우에는 이에 더하여 당사자가 보험계약을 체결하게 된 경위와 과정, 동일한 종류의 보험계약에 관한 보험회사의 실무처리 관행 등 여러 사정을 참작하여 결정하여야 한다.
2. 보험약관은 신의성실의 원칙에 따라 당해 약관의 목적과 취지를 고려하여 공정하고 합리적으로

해석하되, 개개의 계약당사자가 기도한 목적이나 의사를 참작함이 없이 평균적 고객의 이해가 능성을 기준으로 보험단체 전체의 이해관계를 고려하여 객관적·획일적으로 해석하여야 한다. 보험약관이 비록 보험자가 다수의 보험계약자와 계약을 체결하기 위하여 일방적으로 마련한 것이라고 하더라도, 보험약관의 내용 등이 보험계약자의 정당한 이익과 합리적인 기대에 반할 뿐 아니라 사적자치의 한계를 벗어나는 등 무효라고 볼 만한 사정이 없다면, 법원이 이를 함부로 배척하거나 보험약관 내용을 그 목적과 취지 등과 달리 개별 사건마다 임의로 해석하여서는 안 된다.

3. 이 을 보험회사와 체결한 보험계약의 약관에는 '**피보험자가 보험기간 중 사망할 경우 보험계약은 소멸한다.**'는 조항과 '**신(新)장기간병요양진단비 보험금은 피보험자가 보험기간 중 노인장기요양보험 수급대상으로 인정되었을 경우 지급한다.**'는 조항을 두고 있는데, 갑이 국민건강보험공단에 장기요양인정을 신청하여 **장기요양등급 판정을 받았으나 그 판정 전에 사망한 사안**에서, 위 보험계약에서 **보험금 지급사유로 정한** '피보험자가 보험기간 중 노인장기요양보험 수급대상으로 인정되었을 경우'는 특별한 사정이 없는 한 '**피보험자가 보험기간 중 국민건강보험공단 등급판정위원회에 의하여 장기요양등급을 판정받은 경우**'를 말하고, 피보험자가 노인장기요양보험 수급대상에 해당할 정도의 심신상태임이 확인되었다고 하더라도 **장기요양등급 판정을 받지 않은 상태에서 보험계약이 소멸하였다면 보험기간 중 보험금 지급사유가 발생하였다고 볼 수 없는데도,** 이와 달리 보험기간 중 장기요양등급 판정을 받지 못하더라도 그 원인으로서 장기요양이 필요하다는 사실이 확인되면 보험금 지급사유가 발생한다고 본 원심판단에 보험약관 해석에 관한 법리오해의 잘못이 있다고 한 사례.

2. 보험계약존재의 확인
(대법원 2020. 10. 29. 선고 2019다267020 판결)

쟁점

계약의 존속을 기대할 수 없는 중대한 사유가 있는 때에는 상대방은 그 계약을 해지함으로써 장래에 향하여 그 효력을 소멸시킬 수 있는지에 대한 여부.

판단

보험계약은 장기간의 보험기간 동안 존속하는 계속적 계약일 뿐만 아니라, 도덕적 위험의 우려가 있어 당사자의 윤리성과 선의성이 강하게 요구되는 특성이 있으므로 당사자 사이에 강한 신뢰관계가 있어야한다. 따라서 보험계약의 존속 중에 당사자 일방의 부당한 행위 등으로 인하여 계약의 기초가 되는 신뢰관계가 파괴되어 계약의 존속을 기대할 수 없는 중대한 사유가 있는 때에는 상대방은 그 계약을 해지함으로써 장래에 향하여 그 효력을 소멸시킬 수 있다.

시사점

신뢰관계를 파괴하는 당사자의 부당한 행위가 해당 보험계약의 주계약이 아닌 특약에 관한 것이라 하더라도 그 행위가 중대하여 이로 인해 보험계약 전체가 영향을 받고 계약 자체를 유지할 것을 기대할 수 없다면, 특별한 사정이 없는 한 해지의 효력은 해당 보험계약 전부에 미친다고 보아야 한다. 예를 들어 주말에만 바람을 핀다고 하더라도 전체적으로 바람을 피운 것과 같은 효과이다.

참고자료

> 보험계약자 측이 입원치료를 지급사유로 보험금을 청구하거나 이를 지급받았으나 그 입원치료의 전부 또는 일부가 필요하지 않은 것으로 밝혀진 경우, 입원 치료를 받게 된 경위, 보험금을 부정 취득할 목적으로 입원치료의 필요성이 없음을 알면서도 입원을 하였는지 여부, 입원치료의 필요성이 없는 입원 일수나 그에 대한 보험금 액수, 보험금 청구나 수령 횟수, 보험계약자 측이 가입한 다른 보험계약과 관련된 사정, 서류의 조작 여부 등 여러 사정을 종합적으로 고려하여 보험계약자 측의 부당한 보험금 청구나 보험금 수령으로 인하여 보험계약의 기초가 되는 신뢰관계가 파괴되어 보험계약의 존속을 기대할 수 없는 중대한 사유가 있다고 인정된다면 보험자는 보험계약을 해지할 수 있고, 위 계약은 장래에 대하여 그 효력을 잃는다.

질문 1 보험약관에 규정하지 않았으나 민법 제2조에 근거한 보험계약의 해지여부는?

질문 2 위의 해지가 가능하다고 할 때 특약에 관한 신의성실의 원칙을 위반하였다는 이유로 주계약까지 함께 해지할 수 있는지 여부는?

> 답변 1)
> ① 한편, 이러한 <u>상법 제653조에 의한 해지권</u>은 신의성실의 원칙을 정한 민법 제2조에 근거한 것으로서 보험계약 관계에 당연히 전제된 것이므로, 보험자에게 사전에 설명할 의무가 있다거나 보험자가 이러한 해지권을 행사하는 것이 상법 제663조나 약관의 규제에 관한 법률 제9조 제2호[사업자에게 법률에서 규정하고 있지 아니하는 해제권 또는 해지권을 부여하여 고객에게 부당하게 불이익을 줄 우려가 있는 조항]를 위반한 것이라고 볼 수 없다.
> ② 또한, 보험자가 보험금 지급에 관한 심사를 하는 단계에서 지급요건을 충족하지 못한 것을 밝히지 못하고 보험금을 지급했다는 이유만으로, 보험자가 이러한 해지권을 행사하는 것이 <u>보험계약상 신의성실의 원칙 위반이라고 볼 수도 없다.</u>
> ③ 다만 이러한 해지권은 보험약관에 명시되어 있지 않고 또 구체적 사안에서 해지사유가 있는지 여부가 명확하지 않은 면이 있을 뿐만 아니라, 보험자가 부당한 보험금 청구를 거절하거나 기지급보험금을 반환받는 것을 넘어서 보험계약 자체를 해지하는 것은 자칫 보험계약자 측에 불이익이 될 수 있다는 점을 고려하면, 구체적 사안에서 보험자가 이와 같은 해지권을 행사할 수 있는지는 신중하고 엄격하게 판단하여야 한다.

> **답변 2)**
> 보험계약은 당사자의 윤리성과 선의성이 강하게 요구되는 특성으로 인하여 당사자 사이에 강한 신뢰관계를 요구한다. 따라서 보험계약이 당사자 일방의 부당한 행위로 계약의 기초가 되는 신뢰관계가 파괴되어 상대방이 그 계약을 해지하는 경우, 신뢰관계를 파괴하는 당사자의 부당한 행위가 해당 보험계약의 주계약이 아닌 특약에 관한 것이라 하더라도 그 행위가 중대하여 이로 인해 보험계약 전체가 영향을 받고 계약 자체를 유지할 것을 기대할 수 없다면, 특별한 사정이 없는 한 해지의 효력은 해당 보험계약 전부에 미친다고 보아야 한다.

3. 약관설명의무의 범위, 착오로 인한 취소
   (대법원 2018. 4. 12. 선고 2017다229536 판결)

쟁점

1. 보험회사 또는 보험모집종사자가 고객과 보험계약을 체결하거나 모집하는 경우, 개별 보험상품의 특성과 위험성을 알 수 있는 보험계약의 중요사항을 고객에게 설명하여야 할 의무를 부담하는지 여부(적극) 및 이때 설명의무의 정도를 판단하는 방법과 기준/보험약관만으로 보험계약의 중요사항을 설명하기 어려운 경우, 상품설명서 등 추가 자료를 활용하는 등의 방법으로 이를 설명하여야 하는지 여부(적극)

2. 보험회사 또는 보험모집종사자가 설명의무를 위반하는 바람에 고객이 보험계약의 중요사항을 제대로 이해하지 못한 채 착오에 빠져 보험계약을 체결하였고, 착오가 없었다면 보험계약을 체결하지 않았거나 적어도 동일한 내용으로 보험계약을 체결하지 않았을 것임이 명백한 경우, 착오를 이유로 보험계약을 취소할 수 있는지 여부(적극)

판단

1. 보험회사 또는 보험모집종사자가 고객과 보험계약을 체결하거나 모집하는 경우, 개별 보험 상품의 특성과 위험성을 알 수 있는 보험계약의 중요사항을 고객에게 설명하여야 할 의무를 부담한다. 이 때 설명의무의 정도를 판단하는 방법과 기준/보험약관만으로 보험계약의 중요사항을 설명하기 어려운 경우, 상품설명서 등 추가 자료를 활용하는 등의 방법으로 이를 설명하여야 한다.

2. 보험회사 또는 보험모집종사자가 설명의무를 위반하는 바람에 고객이 보험계약의 중요사항을 제대로 이해하지 못한 채 착오에 빠져 보험계약을 체결하였고, 착오가 없었다면 보험계약을 체결하지 않았거나 적어도 동일한 내용으로 보험계약을 체결하지 않았을 것임이 명백한 경우, 착오를 이유로 보험계약을 취소할 수 있다.

시사점

1. 보험회사 또는 보험모집종사자가 고객에게 보험계약의 중요사항에 관하여 어느 정도의 설명을 하여야 하는지는 보험 상품의 특성 및 위험도 수준, 고객의 보험가입경험 및 이해능력 등을 종합하여 판단하여야 한다. 다만 구 보험업법(2010. 7. 23. 법률 제10 394호로 개정되기 전의 것) 제97조 제1항, 제95조 제1항, 구 보험업법시행령(2011. 1. 24. 대통령령 제22637호로 개정되기 전의 것) 제42조 등에서 규정하는 보험회사와 보험모집종사자의 의무내용이 유력한 판단 기준이 된다. 그리고 보험계약의 중요사항은 반드시 보험약관에 규정된 것에 한정된다고 할 수 없으므로, 보험약관만으로 보험계약의 중요사항을 설명하기 어려운 경우에는 보험회사 또는 보험모집종사자는 상품설명서 등 적절한 추가 자료를 활용하는 등의 방법을 통하여 개별 보험 상품의 특성과 위험성에 관한 보험계약의 중요사항을 고객이 이해할 수 있도록 설명하여야 한다.

2. 보험회사 또는 보험모집종사자가 설명의무를 위반하는 바람에 고객이 보험계약의 중요사항을 제대로 이해하지 못한 채 착오에 빠져 보험계약을 체결하였고, 착오가 없었다면 보험계약을 체결하지 않았거나 적어도 동일한 내용으로 보험계약을 체결하지 않았을 것임이 명백한 경우, 착오를 이유로 보험계약을 취소할 수 있다.

4. 연금액변동 설명의무
(대법원 2015.11.17 선고, 2014다81542호 판결)

쟁점

계약당시 설계사가 연금액의 변동이 있을 것을 설명하지 않았다면 설명의무를 위반한 것이므로 약관규제법에 따라 약관을 계약의 내용으로 규정할 수 없다.

판단

계약자 갑은 A보험회사와 연금보험계약을 체결하였다. 연금보험약관에는 '연금지급액은 연금 지급 당시의 1년 만기 정기예금이율의 변동에 영향을 받고, 1년 만기 정기예금이율이 변동될 경우 위 각 지급형태에 따라 지급되는 연금액이 달라질 수 있다'고 규정되어 있다. 계약 당시에 A보험회사가 송부한 보험증권에는 "연금은 10년간에 걸쳐 3개월마다 1,821,380원을 계약 해당 일에 총 40회 지급하여 드립니다." 라고 기재되어 있으며, 증거로 제출한 보험증권의 3단 부분이 훼손되었다. 한편, A보험회사의 전산정보에는 3단 부분에 "1년 만기 정기예금이율의 변동이 있을 경우 상기 예정연금액과 실제연금액은 차이가 있을 수 있습니다."라는 기재가 있다.

질문 1 계약당시 설계사가 연금액의 변동이 있을 것을 설명하지 않았다면 설명의무를 위반한 것인가?

질문 2 A보험회사는 보험증권상의 금액을 지급하여야 하는가?

[약관설명의무]
[1] 보험자 또는 보험계약의 체결 또는 모집에 종사하는 자는 보험계약을 체결할 때에 보험계약자 또는 피보험자에게 보험약관에 기재되어 있는 보험 상품의 내용, 보험료율의 체계 및 보험 청약서 상 기재사항의 변동사항 등 보험계약의 중요한 내용에 대하여 구체적이고 상세하게 설명할 의무를 지고, 보험자가 이러한 보험약관의 설명의무를 위반하여 보험계약을 체결한 때에는 약관의 내용을 보험계약의 내용으로 주장할 수 없다. [상법 제638조의3제1항, 약관의 규제에 관한 법률(이하 '약관규제법'이라고 한다) 제3조 제3항, 제4항].
이와 같은 설명의무 위반으로 보험약관의 전부 또는 일부의 조항이 보험계약의 내용으로 되지 못하는 경우 보험계약은 나머지 부분만으로 유효하게 존속하고, 다만 유효한 부분만으로는 보험계약의 목적 달성이 불가능하거나 그 유효한 부분이 한쪽 당사자에게 부당하게 불리한 경우에는 그 보험계약은 전부 무효가 된다. (약관규제법 제16조). 그리고 나머지 부분만으로 보험계약이 유효하게 존속하는 경우에 보험계약의 내용은 나머지 부분의 보험약관에 대한 해석을 통하여 확정되어야 하고, 만일 보험계약자가 확정된 보험계약의 내용과 다른 내용을 보험계약의 내용으로 주장하려면 보험자와의 사이에 다른 내용을 보험계약의 내용으로 하기로 하는 합의가 있었다는 사실을 증명하여야 한다. (약관규제법 제4조).

[2] 민사소송에서 당사자 일방이 일부가 훼손된 문서를 증거로 제출하였는데 상대방이 훼손된 부분에 잔존 부분의 기재와 상반된 내용이 기재되어 있다고 주장하는 경우, 문서제출자가 상대방의 사용을 방해할 목적으로 문서를 훼손하였다면 법원은 훼손된 문서 부분의 기재에 대한 상대방의 주장을 진실한 것으로 인정할 수 있을 것이나, (민사소송법 제350조), 그러한 목적 없이 문서가 훼손되었다고 하더라도 문서의 훼손된 부분에 잔존 부분과 상반되는 내용의 기재가 있을 가능성이 인정되어 문서 전체의 취지가 문서를 제출한 당사자의 주장에 부합한다는 확신을 할 수 없게 된다면 이로 인한 불이익은 훼손된 문서를 제출한 당사자에게 돌아가야 한다.

답변 1) ○
그러므로 약관규제법에 따라 약관을 계약의 내용으로 규정할 수 없다.

답변 2) ✕
이 사건 보험증권에 기재된 금액을 이 사건 보험계약에 따른 연금액으로 인정하기 위하여는, 앞서 본 바와 같은 이 사건 보험약관에 대한 설명의무 위반만으로는 부족하고, 원고가 이 사건 보험계약 체결당시 피고와 그러한 내용의 합의를 하였다는 사실을 증명하여야 한다. 보험증권은 보험계약이 성립한 이후 보험계약의 성립과 그 내용을 증명하기 위하여 보험자가 작성하여 보험계약자에게 교부하는 증권으로서 보험계약 체결 당시에 교부되는 서류가 아니라는 점을 더하여 보면, 훼손되어 그 일부만이 제출된 이 사건 보험증권에 3개월마다 1,821,380원씩의 연금을 지급한다는 기재가 있다고 하더라도, 이러한 사정만으로 위 금액을 이 사건 보험계약에 따른 연금액으로 하기로 하는 원고와 피고 사이의 합의가 있었다고 인정하기는 어렵다.

시사점

A보험회사는 설명의무는 맞지만, 보험증권상의 금액을 다 지급할 수는 없다. 불이익은 훼손된 문서를 제출한 당사자에게 불이익이 돌아가야 한다.(증거가 없다.)

5. 약관설명 미이행과 보험자대위
(대법원 2014.11.27 선고, 2012다14562 판결)

쟁점

보험자가 면책약관에 대한 설명의무를 위반하여 약관의 규제에 관한 법률 제3조 제4항에 따라 면책약관(책임제한)을 계약내용으로 주장하지 못한다. 그러므로 도난금액에 대한 보험금을 지급하여야 한다.

판단

운송인 甲외국보험회사는 수하인 乙주식회사와 운송보험계약을 체결하고, 乙회사가 송하인 丙주식회사에서 수입하는 귀금속을 丙회사의 중국 공장에서 乙회사의 서울 사무실까지 항공 및 육상으로 운송하던 중 귀금속 일부를 도난(육상운송 중) 당하였다. 운송계약 당시 작성하여 송하인에게 교부한 항공화물운송장에 기재된 甲보험회사의 책임제한에 관한 계약조건에는 '송하인이 고가의 신고를 하고 소정의 추가요금을 지불하지 않는다면, 甲보험사의 책임은 위 항공화물운송장에 의하여 운송물당 미화 10달러 또는 1파운드당 미화 9.07달러 중 더 큰 금액으로 제한된다.' 라고 되어 있다.

질문 1 계약당시 甲이 乙에게 책임제한에 대한 계약조건을 설명하지 않았다면, 이 약관내용대로 보험금액을 제한할 수 없다?

질문 2 이 운송보험은 항공운송과 육상운송이 결합된 계약으로서 위 책임제한에 대한 계약조건은 항공운송화물장의 뒷면에 기재되었으므로 육상운송에는 적용되지 않는다?

질문 3 甲보험회사가 乙주식회사에 약관설명의무를 위반한 결과 면책약관을 주장하지 못하게 되어 보험금을 지급하였다면, 보험자대위권을 행사할 수 없다?

1. 상법 제682조 에서 정한 제3자에 대한 보험자대위가 인정되기 위하여는 보험자가 피보험자에게 보험금을 지급할 책임이 있는 경우이어야 한다. 보험자가 보험약관에 정하여져 있는 중요한 내용에 해당하는 면책약관에 대한 설명의무를 위반하여 약관의 규제에 관한 법률 제3조 제4항에 따라 해당 면책약관을 계약의 내용으로 주장하지 못하고 보험금을 지급하게 되었더라도, 이는 보험자가 피보험자에게 보험금을 지급할 책임이 있는 경우에 해당하므로 보험자는 보험자대위를 할 수 있다.

2. 운송인 甲외국법인이 수하인 乙주식회사와 운송계약을 체결하고, 乙회사가 송하인 丙주식회사에서 수입하는 귀금속을 丙회사의 중국 공장에서 乙회사의 서울사무실까지 항공 및 육상으로

운송하던 중 귀금속 일부를 도난당한 사안에서, 운송계약 당시 작성하여 송하인에게 교부한 항공화물운송장에 기재된 甲법인의 책임제한에 관한 계약조건은 약관으로서 항공운송과 육상운송이 결합된 위 운송계약의 내용을 이루므로, 적용범위를 제한하는 특별한 규정이 없는 한 위 책임제한 규정이 육상운송구간을 포함한 운송계약 전반에 적용된다고 한 사례.

3. 상법 제54조의 상사법정이율이 적용되는 '상행위로 인한 채무'에는 상행위로 인하여 직접 생긴 채무뿐만 아니라 그와 동일성이 있는 채무 또는 그 변형으로 인정되는 채무도 포함된다.

> 답변 1) ○
> 보험자가 면책약관에 대한 설명의무를 위반하여 약관의 규제에 관한 법률 제3조 제4항에 따라 면책약관 (책임제한)을 계약내용으로 주장하지 못한다. 그러므로 도난금액에 대한 보험금을 지급하여야 한다.
>
> 답변 2) ×
> 이 사건 항공화물운송장 뒷면에 기재된 책임제한에 관한 계약조건은 약관으로서 항공운송과 육상운송이 결합된 이 사건 운송계약의 내용을 이룬다고 할 것이므로, 그 적용범위를 제한하는 특별한 규정이 없는 한, 위 책임제한 규정은 육상운송구간을 포함한 이 사건 운송계약 전반에 적용된다고 할 것이다. 따라서 비록 이 사건 도난사고가 육상운송구간에서 발생하였다고 하더라도 이 사건 화물에 대하여 고가의 신고가 되고 또한 소정의 추가요금이 지불되지 않았다면 피고의 책임은 위 계약조건에 정해진 범위내로 제한된다고 보아야 한다.
>
> 답변 3) ×
> 甲이 보험조건에 부합하는지 여부에 관하여 심사한 결과, 이 사건 보험조건 및 그 위반 시의 효과를 乙회사에 제대로 설명하지 아니하였음을 이유로 그 보험조건을 적하보험계약의 내용으로 삼지 않기로 하고 보험금을 지급하였다면, 원고는 면책약관에 대한 설명의무를 위반하여 해당 면책약관을 계약의 내용으로 주장할 수 없게 됨으로써 피보험자인 乙회사에 보험금을 지급할 책임이 있었던 것이므로, 적법하게 보험자대위를 할 수 있다.

시사점

甲보험회사가 乙주식회사에 약관설명의무를 위반한 결과 면책약관을 주장하지 못하게 되어 보험금을 지급하였다고 하더라도 보험자대위권을 행사할 수 있다. 면책약관에도 불구하고 보험금을 지급하면, \특혜지급(비채변제)이므로 대위불가(법률상 원인행위가 있는데도 불구하고 보험금을 지급한 경우) 그러나, 면책약관에 해당하나 약관교부설명 의무위반으로 보험금을 지급한 경우에는 대위가능(법률상 원인 행위 없이 보험금을 지급)

문제 상법상 보험약관의 교부 / 설명의무에 대한 설명으로 옳지 않은 것은? (다툼이 있는 경우 판례에 의함)

① 보험자는 보험계약자의 대리인에게 보험약관을 교부하거나 설명할 수도 있다.
② 약관의 규제에 관한 법률이 규정하는 약관의 명시 / 설명의무와 중복 적용된다.
③ 약관 조항 가운데 이미 법령에 의하여 정하여진 것을 되풀이 하거나 부연하는 정도에 불과한 사항도 이를 설명하여야 한다.
④ 보험청약서나 안내문의 송부만으로 그 약관에 대한 보험자의 설명의무를 이행하였다고 추인하기에는 부족하다.

정답 ③

해설 보험약관에 정하여진 중요한 사항이라고 하더라도 보험계약자 또는 그 대리인이 잘 알고 있는 사항, 거래상 일반적이고 공통된 것이어서 보험계약자가 별도의 설명 없이도 충분히 예상할 수 있었던 사항이나 법령에 정하여진 것을 되풀이하거나 부연하는 정도에 불과한 사항은 설명할 필요가 없다.'고 판시(대법원 2016다276177호, 19.5.30선고)하였는데, 지문에서 설명하여야 한다고 했으므로 틀린 지문으로 정답입니다.

① '대리인에 의하여 보험계약을 체결한 경우에 대리인이 안 사유는 그 본인이 안 것과 동일한 것으로 한다.'라고 규정되어 있으며, 대법원 2001다23973호(01.7.27선고) 판례에 의하면, '그 설명의무의 상대방은 반드시 보험계약자 본인에 국한되는 것이 아니라, 보험자가 보험계약자의 대리인과 보험계약을 체결한 경우에는 그 대리인에게 보험약관을 설명함으로서 족하다.'고 판시하고 있음.(상법 제646조)

② '상법 제638조의3 제2항은 약관규제법 제3조 제4항과의 관계에서는 그 적용을 배제하는 특별규정이라고 할 수 없으므로, 보험약관이 상법 제638조의3 제2항의 적용대상이라 하더라도 약관규제법 제3조 제4항 역시 적용이 된다.'고 판시하여 중첩적용설의 견해를 취하고 있다.'고 판시하였다.(대법원 98다32564호, 98.11.27선고)

④ 설명이 부족하다고 판단되면, 상품설명서 등 추가자료로 설명하여야 한다고 판시하였다.(대법원 2017다229536호, 2018.4.12선고)

제3장 고지의무

> 1. 보험계약자가 고지의무를 위반하여 보험회사와 보험계약을 체결한 경우, 보험금 편취를 위한 고의의 기망행위를 인정하기 위한 요건 및 이때 사기죄의 기수시기(=보험금을 지급받았을 때)
> (대법원 2019. 4. 3. 선고 2014도2754 판결)

쟁점

3년이 지나면 해지할 수 없고 해지할 수 없으면 보상한다고 해석된다. 그런데, 고지의무위반 계약 후 3년 이내에 발생한 보험사고를 3년이 지나서 청구하면 받을 수 있는지에 대해 그동안은 보험회사가 보험금지급을 거절할 이유가 없었으므로 지급하여 왔으나, 본 대법원 판결이후 보험회사가 이런 경우 보험금지급을 거절할 수 있는 기준이 되었다.

판단

1. 당뇨병과 고혈압이 발병한 상태임을 숨기고 乙 생명보험 주식회사와 피고인을 보험계약자로, 甲을 피보험자로 하는 2건의 보험계약을 체결한 다음, 고지의무 위반을 이유로 乙 회사로부터 일방적 해약이나 보험금 지급거절을 당할 수 없는 이른바 면책기간 2년을 도과한 이후 甲의 보험사고 발생을 이유로 乙 회사에 보험금을 청구하여 당뇨병과 고혈압 치료비 등의 명목으로 14회에 걸쳐 보험금을 수령하여 편취하였다는 내용으로 기소된 사안에서, 피고인의 보험계약 체결행위와 보험금 청구행위는 乙 회사를 착오에 빠뜨려 처분행위를 하게 만드는 일련의 기망행위에 해당하고 乙 회사가 그에 따라 보험금을 지급하였을 때 사기죄는 기수에 이른다.
2. 대법원은 보험계약사기의 경우에도 보험금 수령 시점에 기수가 된다고 보았다.
3. 보험계약사기도 실제 보험금을 지급받은 때에 기수가 된다고 판단함으로써, 보험금사기와 보험계약사기 모두 보험금 수령 시에 보험사기 기수가 성립하게 된다.

시사점

1. 기망행위로 보험계약을 체결하였으나 아직 보험금을 청구하지는 않은 단계에서 적발된 경우, 보험사기방지 특별법상 보험사기죄가 성립되는지에 대한 법리적 검토가 필요하다.

2. 대상 판결의 주된 쟁점은 보험사기의 기수시기이나, 사실관계를 살펴보면 기수시기 외에도 보험사기 실행의 착수시기, 보험사기 유형별 범죄구성요건 등 다양한 쟁점이 문제된다.

3. 관련 쟁점으로, 고의적 고지의무위반 등 기망행위로 보험계약을 체결하였으나 보험금은 청구하지 않은 상태에서 입건된 경우, 보험사기방지 특별법상 보험사기죄의 구성요건을 충족하는지 여부가 문제된다.

- 보험사기방지 특별법은 '보험사고의 발생, 원인, 또는 내용에 관하여 보험자를 기망하여 보험금을 청구하는 행위'를 보험사기행위로 정의하고, 보험사기행위로 보험금을 취득하거나 제3자에게 취득하게 한 경우 보험사기죄로 처벌하고 있다.

- 위 규정의 해석과 관련하여, 기망에 의해 보험계약을 체결하였으나 보험금을 청구하지 않은 상태에서 보험사기방지 특별법상 보험사기죄에 해당되는지 여부가 문제될 수 있다.

> ☞ 상법 제651조에 의하면, 고지의무를 위반한 경우에 3년 이내의 보험사고에 대해서는 해지할 수 있고 해지 전 사고는 보상하지 않는다.
> 반대로 해석하면 3년이 지나면 해지할 수 없고 해지할 수 없으면 보상한다고 해석된다. 그런데, 고지의무위반 계약 후 3년 이내에 발생한 보험사고를 3년이 지나서 청구하면 받을 수 있는지에 대해 그동안은 보험회사가 보험금 지급을 거절할 이유가 없었으므로 지급하여왔으나, 본 대법원 판결 이후 보험회사가 이런 경우 보험금 지급을 거절할 수 있는 기준이 되었다.
> 잘못된 판결이라고 할 수 있겠지만 대법원 판결이므로 반대된 판결이 나오기 전까지는 유효하다고 할 것이다. 결론적으로 고지의무위반으로 계약 체결 후 3년 이내에 보험사고를 3년이 지나서 청구하더라도 보험금을 받을 수가 없다.

4. 고지의무위반으로 계약 체결 후 3년 이내에 보험사고를 3년이 지나서 청구하더라도 보험금을 받을 수가 없다.

2. 자동차보험계약을 체결하면서 피보험차량의 실제소유자에 대하여 고지하지 않은 사안에서 고지의무위반 여부
(대법원 2011.11.10선고 2009다80309 판결)

◎ 요지

갑이 자신을 기명피보험자로 하여 자동차보험계약을 체결하면서 피보험차량의 실제소유자에 대하여 고지하지 않은 사안에서 위 보험계약에서 기명피보험자인 갑이 피보험차량을 실제 소유하고 있는지는 상법 제651조에서 정한 '중요한 사항'에 해당한다고 볼 수 없고, 나아가 갑이 자신을 기명피보험자로 하여 보험계약을 체결한 것이 피보험자에 관한 허위고지(부실고지)에 해당한다고 할 수 없다.

시사점

1. '자기를 위하여 자동차를 운행하는 자'라고 함은 사회통념상 당해 자동차에 대한 운행을 지배하여 그 이익을 향수하는 책임주체로서의 지위에 있다고 할 수 있는 사람을 말하고, 이 경우 운행의 지배는 현실적인 지배에 한하지 아니하고 사회통념상 간접지배 내지는 지배가능성이 있다고 볼 수 있는 경우도 포함한다.
2. 자동차 보험계약에서 보험료율의 산정은 피보험차량의 소유 여부에 따라 달라지는 것이 아니라 기명피보험자의 연령·성향·운전 및 사고경력 등에 따라 달라진다고 볼 수 있으므로, 차량을 실제 소유하고 있는지 여부는 '중요한 사항'에 해당한다고 볼 수 없다.
3. 따라서, 자신을 기명피보험자로 하여 이 사건 보험계약을 체결한 것이 피보험자에 관한 허위고지에 해당한다고 할 수 없다.

3. 청약서상 질문표

(대법원 2004. 6. 11. 선고 2003다18494 판결)

요지

보험계약자나 피보험자가 보험계약 당시에 보험자에게 고지할 의무를 지는 상법 제651조에서 정한 '중요한 사항'이란 보험자가 보험사고의 발생과 그로 인한 책임부담의 개연율을 측정하여 보험계약의 체결 여부 또는 보험료나 특별한 면책조항의 부가와 같은 보험계약의 내용을 결정하기 위한 표준이 되는 사항으로서 객관적으로 보험자가 그 사실을 안다면 그 계약을 체결하지 아니하든가 또는 적어도 동일한 조건으로는 계약을 체결하지 아니하리라고 생각되는 사항을 말하고, 어떠한 사실이 이에 해당하는가는 보험의 종류에 따라 달라질 수밖에 없는 사실인정의 문제로서 보험의 기술에 비추어 객관적으로 관찰하여 판단되어야 하는 것이나, 보험자가 서면으로 질문한 사항은 보험계약에 있어서 중요한 사항에 해당하는 것으로 추정되고(상법 제651조의2), 여기의 서면에는 보험청약서도 포함될 수 있으므로, 보험청약서에 일정한 사항에 관하여 답변을 구하는 취지가 포함되어 있다면 그 사항은 상법 제651조에서 말하는 '중요한 사항'으로 추정된다.

시사점

1. 보험자가 서면으로 질문한 사항은 보험계약에 있어서 '중요한 사항'에 해당하는 것으로 추정된다.
2. 보험청약서에 일정한 사항에 관하여 답변을 구하는 취지가 포함되어 있다면 보험청약서도 포함된다.

4. 냉동창고 공사를 고지하지 않은 경우 고지의무위반여부
(대법원 2012.11.29 선고 2010다38663 판결)

요지

1. 甲이 손해보험업을 영위하는 乙 주식회사와 냉동창고건물에 관한 보험계약을 체결하였는데, 체결 당시 보험의 목적인 건물이 완성되지 않아 잔여공사를 계속하여야 한다는 사정을 乙 회사에 고지하지 않았음.
2. 위 냉동창고건물은 형식적 사용승인에도 불구하고 냉동설비공사 등 주요 공사가 완료되지 아니하여 잔여공사를 계속하여야 할 상황이었고, 이러한 공사로 인하여 완성된 냉동창고건물에 비하여 현저히 높은 화재 위험에 노출되어 있었음.
3. 또한, 위험의 정도나 중요성에 비추어 甲은 보험계약을 체결할 때 이러한 사정을 고지하여야 함을 충분히 알고 있었거나 적어도 현저한 부주의로 인하여 이를 알지 못하였다고 봄이 타당하다는 이유로, 이와 달리 본 원심판결에 고지의무 위반에 관한 법리오해의 위법이 있다고 한 사례.

시사점

1. 甲이 손해보험업을 영위하는 乙 주식회사와 냉동창고건물에 관한 보험계약을 체결하였는데, 체결 당시 보험의 목적인 건물이 완성되지 않아 잔여공사를 계속하여야 한다.
2. 보험계약체결시 공사를 계속하여야 한다는 사정을 乙 회사에 고지하지 않은 사안에서, 제반 사정에 비추어 甲은 위와 같은 사정을 고지하여야 함을 충분히 알고 있었거나 적어도 현저한 부주의로 인하여 알지 못하였다.
3. 따라서, 이를 고지하지 않았으므로 고지의무 위반에 해당한다.

문제 고지의무에 관한 설명으로 옳지 않은 것은?   ▶2018년 제41회 기출문제

① 고지의무제도의 인정근거에 관하여 학설은 신의성실설, 최대선의설, 기술적 기초설 등 다양하게 대립하고 있다.
② 통설은 고지의무의 법적 성질을 간접의무로 해석한다.
③ 보험자가 서면으로 질문한 사항은 중요한 사항으로 추정한다.
④ 판례는 일관하여 인보험에서 다른 보험자와의 보험계약의 존재여부에 대하여 서면으로 질문하였더라도 고지의무의 대상이 아니라고 보았다.

정답 ④

해설 다른 인보험에 가입한 사실은 고지의무의 대상이 되는 중요한 사항인가?에 대하여 판례와 통설은 고지의무의 대상이 되는 중요한 사항에 해당하는 것으로 본다(대판 2004.6.11., 2003다18494).

제4장 보험계약의 성립

1. 설명위반 변액보험 해약환급금과 손해배상액 공제
   (대법원 2014.10.27 선고, 2012다22242 판결)

쟁점

보험계약의 중요사항은 반드시 보험약관에 규정된 것에 한정된다고 할 수 없으므로, 보험약관만으로 보험계약의 중요사항을 설명하기 어려운 경우에는 보험회사 또는 보험모집종사자는 상품설명서 등 적절한 추가 자료를 활용하는 등의 방법으로 개별 보험 상품의 특성과 위험성에 관한 보험계약의 중요사항을 고객이 이해할 수 있도록 설명하여야 한다.

판단

1. 보험회사 또는 보험모집종사자는 고객과 보험계약을 체결하거나 모집할 때 보험료의 납입, 보험금·해약환급금의 지급사유와 금액의 산출기준은 물론이고, 변액보험계약인 경우 투자형태 및 구조 등 개별 보험상품의 특성과 위험성을 알 수 있는 보험계약의 중요사항을 명확히 설명함으로써 고객이 정보를 바탕으로 보험계약 체결여부를 합리적으로 판단을 할 수 있도록 고객을 보호하여야 할 의무가 있고, 이러한 의무를 위반하면 민법 제750조 또는 구 보험업법(2010.7.23. 법률 제10394호로 개정되기 전의 것, 이하 같다) 제102조 제1항에 따라 이로 인하여 발생한 고객의 손해를 배상할 책임을 부담한다.

2. 여기에서 보험회사 또는 보험모집종사자가 고객에게 보험계약의 중요사항에 관하여 어느 정도의 설명을 하여야 하는지는 보험 상품의 특성 및 위험도 수준, 고객의 보험가입경험 및 이해능력 등을 종합하여 판단하여야 하지만, 구 보험업법 제97조 제1항, 제95조 제1항, 구 보험업법 시행령(2001.1.24. 대통령령 제22637호로 개정되기 전의 것) 제42조 등에서 규정하는 보험회사와 보험모집종사자의 의무내용이 유력한 판단기준이 된다.

3. 그리고, 보험계약의 중요사항은 반드시 보험약관에 규정된 것에 한정된다고 할 수 없으므로, 보험약관만으로 보험계약의 중요사항을 설명하기 어려운 경우에는 보험회사 또는 보험모집종사자는 상품설명서 등 적절한 추가 자료를 활용하는 등의 방법으로 개별 보험 상품의 특성과 위험성에 관한 보험계약의 중요사항을 고객이 이해할 수 있도록 설명하여야 한다.

4. 보험계약체결에 설명의무위반이 있는 경우에 이후 보험약관에 따른 해약환급금이 지급되었다면, 보험계약자가 설명의무 위반으로 입은 손해는 납입한 보험료 합계액에서 지급받은 해약환급금액을 공제한 금액 상당이다.

5. 甲이 乙보험회사의 보험모집인 丙이 보험계약체결 당시 보험계약의 중요한 내용을 충분히 설명하지 아니하였음을 이유로 乙회사를 상대로 손해배상을 구하였는데, 乙회사가 보험계약이 실효됨에 따라 甲이 해약환급금을 지급받을 수 있으므로 사실심 변론종결시를 기준으로 인정되는 해약환급금 상당액을 손해액에서 공제하여야 한다고 주장함.

6. 이러한 사안에서, 해약환급금 청구권에 관하여 소멸시효가 완성될 수 있는 점, 발생한 손해상당액이 납입보험료 전액임을 기초로 과실상계를 하여 배상액을 산정한 손해배상소송의 사실심 변론종결 후 또는 그와 같은 손해배상금 지급 후에 보험계약자가 보험자를 상대로 해약환급금을 청구하는 경우에는 신의칙상 보험자가 약관에 따른 해약환급금 중 보험자측의 과실비율에 상응하는 금액의 지급을 거절할 수 있다고 볼 수 있는 점 등을 고려하면, 해약환급금이 실제로 지급되지 않은 이상 손해액에서 공제할 수 없다고 한 사례.

시사점

보험계약체결에 설명의무위반이 있는 경우에 이후 보험약관에 따른 해약환급금이 지급되었다면, 보험계약자가 설명의무 위반으로 입은 손해는 납입한 보험료 합계액에서 지급받은 해약환급금액을 공제한 금액 상당이다.

문제 보험약관의 교부·설명의무에 관한 설명으로 옳지 않은 것은? (다툼이 있는 경우 판례에 의함)

▶ 2019년 제42회 기출문제

① 보험자가 약관의 설명의무를 위반한 경우 보험계약자는 일정한 기간 내에 보험계약을 취소할 수 있다.
② 설명의무위반 시 보험자가 일정한 기간 내에 취소를 하지 아니하면 보험약관에 있는 내용이 계약의 내용으로 편입되는 것으로 본다.
③ 보험자는 보험계약 체결 시 보험계약자에게 해당 보험약관을 교부하는 동시에 설명해야 할 의무를 부담한다.
④ 보험약관을 보험계약자에게 설명해야 할 부분은 약관전체를 의미하는 것이 아니라 약관의 중요한 내용을 설명하는 것으로 족하다.

정답 ②

해설 보험자가 설명의무를 위반한 경우 약관의 규제에 관한 법률 제3조 제4항에서는 "사업자가 해당 약관을 계약의 내용으로 주장할 수 없다."고 규정한다. 이 의미는 보험자는 계약의 내용으로 주장할 수 없다. 그런데 보험계약자가 3개월 이내에 취소하지 않은 경우에 대해서는 명문의 규정이 없다. 이럴 경우에 판례는 상법과 약관의 규제에 관한 법률이 중첩적으로 적용된다고 보아, 보험계약자가 3개월 이내에 취소하지 않는 경우 약관의 규제에 관한 법률에 따라 계약의 내용이 되지 않는다고 한다(중첩적 적용설, 약관에 대한 계약설).

제5장 보험금 지급의무와 면책사유

1. 재해사망특약 관련 판결의 기판력의 범위
(대법원 2019다249305호, 2022.10.27판결)

경과 및 쟁점

1. A의 배우자 B는 2010년 1월 상부 위장관 출혈로 응급실에서 치료를 받던 중 혈액이 기도로 흡입되어 심폐정지 및 이로 인한 뇌손상이 발생하여 의식불명 식물인간 상태에 있다가 2016년 11월 사망했다.
2. A는 B가 식물인간 상태일 때 기존에 가입한 X보험회사의 재해사망보험특약에 따른 보험금(1급 장해)을 청구하였으나 소멸시효 완성으로 기각되었고(이하, '선행소송'), B의 사망 이후 다시 특약에 따른 보험금(사망)을 청구했다.
3. 선행소송에서 법원은 이 사건 사고는 재해에 해당하고 B는 약관상 보험금 지급 대상인 1급 장해에 해당하나, 보험금청구권의 소멸시효가 완성되었다고 보고 보험금 청구를 기각하였고 해당 판결은 대법원에서 확정되었다.
4. 그 후 B가 사망하자 A는 B의 사망을 원인으로 재해사망보험금을 청구하였으나, X보험회사는 이 사건 사고는 재해에 해당하지 않고, 이미 선행소송에서 A가 패소하였으므로 선행소송의 기판력에 의해 다시 소송을 제기하는 것은 금지된다고 보고 보험금 지급을 거절하였으며, 원심법원은 이 사건 청구는 선행소송과 동일한 재해를 이유로 동일한 보험금을 청구하는 것으로서 소송물이 동일하므로 선행소송의 확정판결의 기판력에 저촉된다고 판단한다.

판단

대법원은 1급 장해 상태에 따른 보험금 청구와 사망에 따른 보험금 청구는 동일한 재해를 원인으로 하고 있더라도 별개의 청구라고 봄이 타당하므로 이 사건 청구는 선행소송 확정판결의 기판력에 저촉되지 않는다고 판단한다.

시사점

다만, 위와 같은 판단이 장해보험금과 사망보험금을 중복 지급해야 한다는 취지는 아니므로, 재해사망특약상 장해보험금 청구 소송에서 승소하여 보험금을 지급받은 이후 사망에 이르렀다는 이유로 다시 보험금 청구 소송을 제기하는 것은 기판력과 무관하게 재해사망특약 약관 해석상 허용되지 않는다는 점을 명시한다.

2. 보험금 부정취득 목적 인정 시 보험금 반환청구권 소멸시효
(대법원 2021. 7. 22. 선고 2019다277812 판결)

쟁점

대법원은 신속한 권리관계 확정의 필요성 및 보험료 반환청구권의 소멸시효 기간(3년)과의 형평성 등을 고려할 때, 보험금 반환청구권에 대해 5년의 상사소멸시효가 적용된다고 판단한다.

판단

1. 보험금 부정취득 목적으로 다수의 보험계약에 가입하였다는 점이 확인되어 보험계약이 무효가 되고, 이에 따라 보험회사가 기지급한 보험금의 반환을 구하는 경우, <u>보험금 반환청구권에 대해 10년의 민사소멸시효가 적용되는지 5년의 상사소멸시효가 적용되는지가 문제된다</u>.
   - **(판단기준)** 대법원은 상사계약이 무효인 경우에 발생하는 부당이득 반환청구권에 대해서는 원칙적으로 10년의 민사소멸시효 기간이 적용되지만, 부당이득 반환청구권이 (i) 상사계약에 기초하여 이루어진 급부 자체의 반환을 구하는 것으로 (ii) 여러 사정에 비추어 상거래 관계와 같은 정도로 신속하게 해결할 필요성이 있는 경우에는 5년의 상사 소멸시효 기간이 유추적용된다고 보고 있다.
   - **(기존판례)** 기존판례는 엇갈리고 있는데, (i) 보험계약이 무효가 되어 기지급 보험금에 대해 부당이득 반환청구를 하는 경우에는 상거래 관계와 같은 정도로 신속하게 해결할 필요성이 있다고 볼 근거가 없으므로 <u>10년의 민사소멸시효</u>가 적용된다고 본 사례와, (ii) 화재가 피보험자의 고의에 의해 발생하였다는 이유로 기지급한 보험금에 대해 부당이득 반환청구를 하는 경우 <u>5년의 상사소멸시효</u>가 적용된다고 본 사례가 있다.
2. 대법원은 신속한 권리관계 확정의 필요성 및 보험료 반환청구권의 소멸시효 기간(3년)과의 형평성 등을 고려할 때, 보험금 반환청구권에 대해 5년의 상사소멸시효가 적용된다고 판단한다.

3. 위 판결 이후 대법원은 '실제 발생하지 않은 보험사고의 발생을 가장하여 청구·수령된 보험금 상당 부당이득 반환청구'에 대해서도 5년의 상사소멸시효가 적용된다고 판단하였다.
    - 위 사건의 경우, 보험계약자가 보험사기로 기소되어 유죄판결을 받았고, 원심에서는 10년의 소멸시효를 적용하여 보험금 반환청구를 인용하였으나, 대법원은 5년의 상사소멸시효를 적용하여 보험금 반환청구권이 시효로 소멸하였다고 판단하였다.

시사점

1. 보험금 반환청구권의 소멸시효를 5년으로 보게 되면, 보험금 지급 후 5년이 경과한 후 보험사기 사실이 드러난 경우에는 보험금 환수가 불가능해진다.
    - 이 경우 형사판결을 통해 보험사기 사실이 확인되더라도 이미 지급한 보험금은 별도의 부당이득 반환소송을 통해 환수해야 하는데, 5년의 소멸시효를 적용할 경우 보험금 환수가 곤란해지는 상황이 발생할 수 있다.
2. 보험사기로 인해 부당하게 지급된 보험금을 환수하는 경우에는 권리관계의 신속한 확정이나 형평성보다 불법적 이익을 확실히 환수하는 것이 더욱 중요할 것이다.
    - 보험사기 이외의 사유로 보험계약이 무효가 된 경우에는 권리관계의 신속한 확정 및 보험료 반환청구권과의 형평성을 고려하여 5년의 상사소멸시효를 적용하는 것이 타당할 수 있다.
3. 대법원은 '실제 발생하지 않은 보험사고의 발생을 가장하여 청구·수령된 보험금 상당 부당이득 반환청구'에 대해서도 5년의 상사소멸시효가 적용된다고 판시하였다.

3. 자동차보험 면책사유인 '고의'의 의미
(대법원 2020. 7. 23. 선고 2018다276799 판결)

경과

운전자 X는 동료 Y가 차량 보닛에 올라타자 Y를 떼어놓기 위해 차량을 서서히 움직이다가 급제동을 하였고, Y는 차량에서 떨어지면서 도로바닥에 머리를 부딪쳐 하지부전마비 및 인지기능저하 등 중상해를 입었다.

쟁점

갑은 을이 영구장해와 중증 의존 상태에 이르는 중상해를 입게 되리라는 것까지 인식하고 용인하였다고 볼 수는 없으므로, 을의 손해는 갑의 고의에 의한 손해라고 할 수 없어 위 사고에 대하여는 '피보험자의 고의에 의한 손해'를 보험자가 보상하지 아니하는 사항으로 정한 자동차보험의 면책약관이 적용되지 않는다.

판단

1. 대법원은 피보험자가 피해자의 상해에 대해서는 인식·용인하였으나 사망이나 중상해 등에 대해서는 인식·용인하였다고 볼 수 없는 경우 사망 등에 관한 손해는 '피보험자의 고의로 인한 손해'에 해당하지 않는다고 판단한다.
2. 이 사건의 경우 X는 Y가 차량에서 떨어지면서 약간의 상해를 입으리라는 점은 예상할 수 있었지만 영구장해와 중증 의존상태에 이르는 중상해를 입게 되리라는 것까지 인식·용인하였다고는 볼 수 없다고 판단한다.
3. 가해 차량 운전자가 의도한 결과와 피해자에게 실제 발생한 결과의 차이, 가해 차량 운전자와 피해자와의 관계, 사고 경위와 전후 사정 등에 비추어 갑은 을이 영구장해와 중증의존상태에 이르는 중상해를 입게 되리라는 것까지 인식하고 용인하였다고 볼 수는 없으므로, 을의 손해는 갑의 고의에 의한 손해라고 할 수 없어 위 사고에 대하여는 '피보험자의 고의에 의한 손해'를 보험자가 보상하지 아니하는 사항으로 정한 자동차보험의 면책약관이 적용되지 않는다.

> **판례)**
> 자동차보험의 피보험자인 갑이 을 등 직장동료들과의 모임을 마치고 그들을 귀가시켜 주기 위해 가해차량을 운전하여 우선 을을 그가 사는 아파트 앞 도로에서 내려주었는데, 을이 가해차량을 가로막고 '술 한잔 더하자'며 보닛위에 올라타자, 갑이 그를 떼어 놓기 위해 가해 차량을 서서히 움직이다가 급제동하는 바람에 을이 가해차량에서 떨어지면서 도로 바닥에 머리를 부딪쳐 외상성 경막하출혈 등의 상해를 입었고, 그로 인해 하지부전마비 및 인지기능저하 등으로 노동능력을 일부 상실하는 영구장해와 매일 8시간 개호가 필요한 중증 의존 상태에 처하게 된 사안에서, 가해차량운전자가 의도한 결과와 피해자에게 실제 발생한 결과의 차이, 가해 차량 운전자와 피해자의 관계, 사고경위와 전후 사정 등에 비추어 갑은 을이 영구장해와 중증 의존 상태에 이르는 중상해를 입게 되리라는 것까지 인식하고 용인하였다고 볼 수는 없으므로, 을의 손해는 갑의 고의에 의한 손해라고 할 수 없어 위 사고에 대하여는 피보험자의 고의에 의한 손해를 보험자가 보상하지 아니하는 사항으로 정한 자동차보험의 면책약관이 적용되지 않는다고 한 사례.

시사점

1. 대법원은 승용차 보닛 위에 사람이 매달려 있는 상태에서 지그재그로 운행하여 도로에 떨어트려 상해나 중상해를 입게 한 사안에서 미필적 고의가 인정되어 보험회사가 면책된다고 보았다.
    - 반면, 피해자가 보닛 위에 매달려 있는 상태에서 운행하여 발생한 사고임에도, 차량에서 추락한 피해자가 인근 공사 장 철제 빔에 부딪혀 중상해를 입은 사안 및 사망한 사안의 경우에는 그러한 결과 발생에 대한 고의를 인정하기 어렵다는 이유로 면책을 부정하였다.
2. 이번 판결은 상해에 대한 인식·의욕은 있으나 사망 및 중상해에 대한 인식·의욕은 없는 경우 그 사망 및 중상해 관련 손해는 '고의로 인한 손해'에 해당하지 않는다고 판시하였다.
3. 부상이나 장해는 예측 가능한 손해이므로 고의사고로 면책적용이 가능하지만, 사망이나 중증장해는 예측가능한 손해가 아니므로 중과실로 부책하여야 한다.

4. 재해사망 소멸시효
(대법원 2016.9.30선고, 2016다218713 판결)

쟁점

회사가 특약에 기한 재해사망보험금 지급의무가 있음에도 지급을 거절하였다는 사정만으로는 甲 회사의 소멸시효 항변이 권리남용에 해당하지 않는다.

판단

甲 보험회사와 보험계약을 체결한 乙이 계약의 책임개시일로부터 2년후 자살하였는데 수익자인 丙이 甲 회사를 상대로 재해사망특약에 기한 보험금의 지급을 구한 사안에서, 보험사가 소멸시효의 완성을 주장하는 경우

질문 1 보험사의 소멸시효완성 주장은 신의성실원칙에 반한다?

> 답변 1) X
> 丙의 재해사망보험금 청구권은 소멸시효의 완성으로 소멸하였고, 甲 회사가 특약에 기한 재해사망보험금 지급의무가 있음에도 지급을 거절하였다는 사정만으로는 甲 회사의 소멸시효 항변이 권리남용에 해당하지 않는다.

채무자의 소멸시효에 기한 항변권의 행사도 우리 민법의 대원칙인 신의성실의 원칙과 권리남용금지의 원칙의 지배를 받는 것이어서, 채무자가 시효완성 전에 채권자의 권리행사나 시효중단을 불가능 또는 현저히 곤란하게 하였거나, 그러한 조치가 불필요하다고 믿게 하는 행동을 하였거나, 객관적으로 채권자가 권리를 행사할 수 없는 장애사유가 있었거나, 또는 일단 시효완성 후에 채무자가 시효를 원용하지 아니할 것 같은 태도를 보여 권리자가 그와 같이 신뢰하게 하였거나, 채권자 보호의 필요성이 크고 같은 조건의 다른 채권자가 채무의 변제를 수령하는 등의 사정이 있어 채무이행의 거절을 인정함이 현저히 부당하거나 불공평하게 되는 등의 특별한 사정이 있는 경우에는 채무자가 소멸시효의 완성을 주장하는 것이 신의성실의 원칙에 반하여 권리남용으로서 허용될 수 없다.

다만, 실정법에 정하여진 개별 법제도의 구체적 내용에 좇아 판단되는 바를 신의칙과 같은 일반조항에 의한 법원칙을 들어 배제 또는 제한하는 것은 중요한 법가치의 하나인 법적안정성을 후퇴시킬 우려가 있다. 특히 소멸시효제도는 법률관계의 주장에 일정한 시간적 한계를 설정함으로써 그에 관한 당사자 사이의 다툼을 종식시키려는 것으로서, 누구에게나 무차별적·객관적으로 적용되는 시간의 경과가 1차적인 의미를 가지는 것으로 설계되었음을 고려하면, 법적 안정성의 요구는 더욱 선명하게 제기된다. 따라서 소멸시효 완성의 주장이 신의성실의 원칙에 반하여 허용되지 아니한다고 평가하는 것은 신중을 기할 필요가 있다.

시사점

소멸시효의 완성은 주장해도 좋다. 보험금 지급은 거절해도 된다.

5. 무보험차상해담보 중복보험 구상권소멸
(대법원 2016. 12. 29. 선고 2016다217178 판결)

쟁점

무보험자동차에 의한 상해담보는 상해보험의 성질과 함께 손해보험의 성질도 갖고 있는 손해보험형 상해보험이므로 하나의 사고에 관하여 여러 개의 무보험자동차상해담보가 체결되고 그 보험금액의 총액이 피보험자가 입은 손해액을 초과하는 때에는 중복보험규정이 준용되어 보험자는 각자의 보험금액의 한도에서 연대책임을 지고, 이 경우 각 보험자 사이에서는 각자의 보험금액의 비율에 따른 보상책임을 진다.

판단

어느 자동차 사고에 대해 수 개의 무보험차상해특약이 체결되었을 때,

질문 1 무보험차 상해특약의 법적 성질은 상해보험인가?

질문 2 만일 어느 한 쪽의 보험금 지급채무에 대한 소멸시효가 완성되었다면, 다른 한 쪽의 보험금 지급채무도 함께 소멸하는가?

질문 3 어느 한 쪽의 보험사가 사건의 발생사실, 중복보험처리사실 등을 다른 한쪽의 보험사에게 고지하지 않아 다른 한쪽의 보험사의 구상채권이 소멸시효로 완성되었으면 신의칙 위반 또는 권리남용에 해당한다?

> **답변 1) O**
> 무보험자동차에 의한 상해담보특약(이하 '무보험자동차특약보험'이라 한다)은 상해보험의 성질과 함께 손해보험의 성질도 갖고 있는 손해보험형 상해보험이므로 하나의 사고에 관하여 여러 개의 무보험자동차특약보험계약이 체결되고 그 보험금액의 총액이 피보험자가 입은 손해액을 초과하는 때에는 손해보험에 관한 상법 제672조 제1항이 준용되어 보험자는 각자의 보험금액의 한도에서 연대책임을 지고, 이 경우 각 보험자 사이에서는 각자의 보험금액의 비율에 따른 보상책임을 진다.

답변 2) X

상법 제672조 제1항의 연대채무는 각 보험자 사이에 주관적 공동관계가 있다고 보기 어려우므로, 각 보험자는 그 보험금 지급채무에 대하여 부진정연대관계에 있다고 봄이 타당하다. 그러므로 피고의 소외인에 대한 보험금 지급채무의 소멸시효가 완성되었다고 하더라도, 이는 채권자를 만족시키는 사유가 아니어서 상대적 효력이 있음에 불과하여 원고에게 대항할 수 없다.

답변 3) X

시사점

연대채무는 각 보험자 사이에 주관적 공동관계가 있다고 보기 어려우므로, 각 보험자는 그 보험금 지급채무에 대하여 부진정연대관계에 있다고 봄이 타당하다. 그러므로 피고의 소외인에 대한 보험금 지급채무의 소멸시효가 완성되었다고 하더라도, 이는 채권자를 만족시키는 사유가 아니어서 상대적 효력이 있음에 불과하여 원고에게 대항할 수 없다. 각각 소멸시효가 적용된다.

문제 보험자의 면책사유에 관한 설명 중 옳지 않은 것은? (다툼이 있는 경우 판례에 의함)

▶2023년 제46회 기출문제

① 사망을 보험사고로 한 보험계약에서 사고가 보험계약자 또는 피보험자나 보험수익자의 고의로 인하여 발생한 경우에 보험자는 면책되는데, 보험자의 책임이 개시된 시점부터 2년이 경과한 이후 자살에 대하여 보험자가 보상책임을 진다는 보험약관은 무효이다.
② 보험사고가 전쟁 기타의 반란으로 인하여 생긴 때에는 당사자간에 다른 약정이 없으면 보험자는 보험금을 지급할 책임이 없다.
③ 손해보험에서 보험 목적의 성질, 하자 또는 자연소모로 인한 손해는 보험사가 이를 보상할 책임이 없다.
④ 보험약관상 약정면책사유는 원칙적으로 보험약관의 교부·설명의무의 대상이다.

정답 ①

해설 상법 제659조 제1항은, 보험사고가 보험계약자 또는 피보험자가 보험수익자의 고의로 인하여 생긴 때에는 보험자가 보험금 지급책임을 면한다고 판시(대법원 2005다49713호 판례, 06.3.10선고)하고 있으나, 실무상 생명보험약관에서는 보험계약일로부터 2년이 경과한 생명보험계약에 대해서는 피보험자의 고의로 인한 사고에도 불구하고 보험금 지급책임을 부담하도록 하고 있다. 이는 생명보험금은 보험수익자에게 지급된다는 특수성을 반영한 것이므로 틀린 지문으로 정답입니다.

제6장 보험료

1. 보험료 환급 시 수수료 반환 요건
(대법원 2022.8.11선고, 2022다229745호 판결)

경과 및 쟁점

1. X보험회사는 Y카드사와 모집위탁계약을 체결하였는데, Y사 텔레마케터들의 판매 과정에서 불완전판매가 발생하여 X와 Y는 각각 금감원으로부터 제재를 받았고, X보험회사는 저축보험 가입 고객들에게 납입보험료와 해지환급금의 차액을 포함한 보험료 전액을 반환하였다.
2. 이후 X는 Y에게 보험대리점계약 제6조 제2항에 따라 관련 계약에 대한 수수료 전액 반환을 청구하였으나, Y는 보험료 반환이 Y의 전적인 잘못에 의한 것이 아닌 이상 수수료 전액 반환은 부당하다고 다투었다.
   - 원심은 Y의 주장을 받아들여 X의 청구 중 대리점계약 제6조 제2항에 따른 수수료 반환 청구는 기각하고, 대신 채무불이행에 기한 손해배상청구를 인용하면서 Y의 책임을 20%로 제한하였다.

판단

1. 대법원은 수수료 반환 규정은 보험계약의 효력이 전부 또는 일부라도 상실되어 X보험사가 보험료를 환급하게 되는 경우 정산관계를 정한 것으로, Y카드사의 전적인 잘못으로 보험료를 환급한 경우에만 적용된다고 볼 근거는 없다고 판단하고, 원심판결을 파기환송하였다.
2. 대리점과 보험회사의 귀책사유가 중첩적으로 작용하여 보험계약의 효력이 상실된 경우까지 대리점계약 제6조 제2항에 의해 대리점이 수수료 전액을 반환토록 하는 것은 부당하다할 수 있으나, 수수료 반환 규정에 과실상계나 책임제한에 관한 사항이 포함되어 있지 않더라도 신의칙 및 형평의 원칙에 따라 합리적으로 반환범위를 제한할 수 있으므로, 수수료 반환 규정에서 수수료 전액을 반환하도록 하고 있다는 사정만으로 반환 요건을 Y카드사가 전적으로 잘못한 경우로 제한할 수는 없다고 보았다.

시사점

수수료 반환 규정 문언에서 귀책사유의 유무나 정도를 수수료 반환 요건으로 명시하고 있지 않은 점, 귀책사유여하를 불문하고 보험료가 환급되면 그 계약에 대한 수수료도 반환토록 하는 것이 동 규정의 취지인 것으로 보이는 점을 고려할 때, 대리점의 전적인 책임으로 보험료를 환급한 경우에만 수수료 반환 규정이 적용된다고 해석하기는 어려운 바, 대법원의 판단은 타당해 보인다.

2. 이행보증보험금
(대법원 2020. 3. 12. 선고 2016다225308 판결)

쟁점

채무자의 정당한 사유 없는 주계약의 불이행이 보험사고이고, 주계약의 해제·해지는 보험사고의 내용을 이루는 것이 아니라 보험금청구권의 행사요건에 불과하다고 봄이 타당하다.

판단

1. 이행보증보험약관에서 보험계약자인 채무자의 정당한 사유 없는 주계약의 불이행을 보험사고로 명시하면서 주계약의 해제·해지는 보험기간 안에 있을 것을 요하지 않는다고 정하고 있다면, 특별한 사정이 없는 한 채무자의 정당한 사유없는 주계약의 불이행이 보험사고이고, 주계약의 해제·해지는 보험사고의 내용을 이루는 것이 아니라 보험금청구권의 행사요건에 불과하다고 봄이 타당하다(대법원 2014. 7. 24. 선고 2013다27978 판결 등 참조).
2. 수급인이 계약기간 중에 회생절차개시신청을 하였다고 하더라도, 그러한 사정만으로 당해 계약의 이행이 그의 귀책사유로 불가능하게 되었다고 단정할 수는 없고, 회생절차개시신청 전후의 계약 이행 정도, 회생절차개시신청에 이르게 된 원인, 회생절차개시신청 후의 영업의 계속 혹은 재개 여부, 당해 계약을 이행할 자금사정 기타 여건 등 제반 사정을 종합하여 계약의 이행불능 여부를 판단하여야 한다.

시사점

예를 들어 사귀는 것이 주계약이라면, 사귀지 않는 것이 보험사고이므로 사귀는 계약을 해지하는 것은 사고가 아니다. (보험금청구권의 행사요건이다.)

3. 계속보험료 미납관련
   (대법원 2000다25002호(02.7.26선고))

◎ 요지

'보험계약상의 일부 보험금에 관한 약정지급사유가 발생한 후에 그 보험계약이 계속보험료 미납으로 해지 또는 실효되었다는 보험회사 직원의 말만 믿고 해지환급금을 수령하였다면 이는 보험계약을 해지하는 의사로서 한 행위라고 할 수 없다.'고 판시하였다.

📖 시사점

즉, 보험회사직원의 말은 허위이므로 무효다.

4. 보험계약자가 선일자수표로 보험료를 납입한 경우에 교부일
   (대법원 88다카33367호, 89.11.28선고)

◎ 요지

선일자수표는 대부분의 경우 당해 발행일자 이후의 제시기간내의 제시에 따라 결제되는 것이라고 보아야 하므로 선일자수표가 발행 교부된 날에 액면금의 지급효과가 발생된다고 볼 수 없으니, 보험약관상 보험자가 제1회 보험료를 받은 후 보험청약에 대한 승낙이 있기 전에 보험사고가 발생한 때에는 제1회 보험료를 받은 때에 소급하여 그때부터 보험자의 보험금 지급책임이 생긴다고 되어 있는 경우에 있어서 보험모집인이 청약의 의사표시를 한 보험계약자로부터 제1회 보험료로서 선일자수표를 발행받고 보험료 가수증을 해주었더라도 그가 선일자수표를 받은 날을 보험자의 책임발생 시점이 되는 제1회 보험료의 수령일로 보아서는 안된다고 판시하였다.

📖 시사점

1. 보험모집인이 선일자수표를 받은 날을 제1회 보험료 수령일로 인정하지 않는다.
2. 수표의 결재일이 보험료 수령일이다.

5. 보험사고의 발생이 필연적으로 예견되는 경우 보험계약을 무효로 할 것인지 여부(소극)
(대법원 2010. 12. 9. 선고, 2010다66835호)

요지

비록 보험계약 체결 이전에 근이양증 진단을 받았다고 하더라도 보험사고(사망 또는 제1급 장해 발생)가 보험계약 체결 이전에 발생하지 않은 이상 위 보험계약이 무효라고 할 수 없다고 한 사례

시사점

상법 제644조는 보험계약당시 보험사고가 이미 발생한 때에 그 계약을 무효로 한다고 규정하고 있으므로 설사 시간의 경과에 따라 보험사고의 발생이 필연적으로 예견된다고 하더라도 보험계약 체결 당시 이미 보험사고가 발생하지 않은 이상 상법 제644조를 적용하여 보험계약을 무효로 할 것은 아닌 바, 피보험자가 비록 이 사건 보험계약체결 이전에 근이양증 진단을 받았다고 하더라도 보험사고가 위 보험계약 체결이전에 발생하지 않은 이상 위 보험계약이 무효라고 할 수 없다고 판시계약 체결 이전에 발생하지 않은 이상 위 보험계약이 무효라고 할 수 없다고 한 사례이다.

문제 상법상 보험계약의 부활에 대한 설명으로 옳지 않은 것은? (다툼이 있는 경우 판례에 의함)
▶2021년 제44회 기출문제

① 보험계약이 부활될 경우 해지 또는 실효되기 전의 보험계약은 효력을 회복하여 보험계약이 유효하게 존속되게 된다. 이 경우 만약 보험계약이 해지되고 부활되기 이전에 보험사고가 발생하였다면 보험자는 보험금을 지급하여야 한다.
② 보험계약자는 일정한 기간 내에 보험자에게 연체보험료에 약정이자를 붙여 지급하고 해당 보험계약의 부활을 청구할 수 있다.
③ 보험계약상의 일부 보험금에 관한 약정지급사유가 발생한 후에 그 보험계약이 계속보험료 미납으로 해지 또는 실효되었다는 보험회사 직원의 말만 믿고 해지환급금을 수령하였다면 보험계약의 부활을 청구할 수 있다.
④ 보험계약의 부활은 계속보험료를 납입하지 않아 보험계약이 해지되었으나 해지환급금은 지급되지 않은 경우에 인정되는 제도이다.

정답 ①

해설 부활계약의 경우 보험자의 보상책임의 경우를 살펴보면, 부활계약이후에는 정상적인 계약과 동일하게 효력이 발생되나, 실효기간동안은 담보되지 않습니다. 계속보험료 미납을 이유로 보험자가 계약을 해지한 경우 보험계약은 장래를 향하여 소멸하므로 해지 이후의 보험사고에 대한 지급책임이 없으나, 해지 이전에 발생한 보험사고에 대해서는 여전히 보험금 책임을 부담하므로 보험자가 이미 지급한 보험금의 반환을 청구할 수 없다고 판시(대법원99다67413호, 01.4.10선고)하였는데, 해지 이후에 부활전에 보험금을 지급한다고 했으므로 틀린 지문으로 정답입니다.

②, ④번은, '계속보험료가 지급되지 아니한 경우 보험자의 계약해지에 의하여 보험계약이 해지되고, 해약환급금이 지급되지 아니한 경우에 보험계약자는 일정한 기간내에 연채보험료에 약정이자를 붙여 보험자에게 지급하고 그 계약의 부활을 청구할 수 있다.'고 규정(상법 제650조 제2항).

③번은, '보험계약상의 일부 보험금에 관한 약정지급사유가 발생한 후에 그 보험계약이 계속보험료 미납으로 해지 또는 실효되었다는 보험회사 직원의 말만 믿고 해지환급금을 수령하였다면 이를 보험계약을 해지하는 의사로서 한 행위라고 할 수 없다.'고 판시(대법원 2000다25002호, 02.7.26선고)하였다. 즉, 보험회사직원의 말은 허위이므로 무효다.

제7장 통지의무

1. '이륜차 운행 시 통지의무'에 관한 설명의무 면제 여부
(대법원 2021. 8. 26. 선고 2020다291449 판결)

경과 및 쟁점

1. 음식점 직원 A는 오토바이로 음식배달을 하던 중 사고를 당하여 척수손상의 중상해를 입게 되었고, 이에 기존에 가입한 상해보험계약 5건(1건은 이륜차 부담보 특약가입)에 기하여 보험금을 청구하였으나 지급이 거절되었다.
2. 대법원은 이륜차 계속 사용 시 통지의무는 설명의무 대상이고, A가 관련 약관 내용을 알았거나 알 수 있었다고 보기 어려우므로, B(보험사)는 설명하지 않은 약관 조항에 근거하여 보험계약을 해지할 수 없다고 판단했다.
   - A가 과거 오토바이를 보유하며 이륜차 부담보특약을 체결한 경험이 있다 하더라도, 그러한 사정만으로 이륜차 계속 사용사실이 통지의무 대상이라는 점까지 알았을 것이라고 보기는 어렵다고 본 것이다.
3. 이륜차 계속 사용 시 통지의무가 발생한다는 점 및 통지를 하지 않을 경우 보험계약이 해지되고 보험금이 지급되지 않을 수 있다는 점은 설명의무의 대상이고, 보험계약자가 과거 이륜차부담보 특약 체결 경험이 있다고 하여 설명의무가 면제되는 것은 아니다.

판단

1. 보험계약자는 이륜차 사용 시 위험이 증가한다는 점은 예상할 수 있지만, 나아가 이러한 사항이 통지의무 대상이고 통지하지 않을 경우 보험금을 지급받지 못한다는 점까지 예상하기는 어려울 것으로 보인다.
2. 이상과 같은 점을 고려할 때, 이륜차운행 시 통지의무는 설명의무 대상이고, 과거 이륜차부담보 특약을 체결한 적이 있다는 점만으로는 설명의무가 면제되지 않는다고 본 대법원 판례는 타당하다고 생각 된다.
3. 이륜차 운행 시 위험도가 높아지고 보험료에 영향을 미친다는 점은 별도로 설명하지 않더라도 알 수 있으나, 보험기간 중간에 이륜차를 운행하게 될 경우 이를 적극적으로 보험회사에 통지

해야 한다는 점까지 보험계약자가 예상하기는 어렵고, 금소법도 통지의무 관련 사항을 설명의 무대상으로 정하고 있는 점에 비추어 볼 때, 설명의무가 면제되지 않는다고 본 대법원 판례는 타당한 것으로 보인다.

시사점

이륜차 부담보특약 체결경험이 있다고 하더라도 설명하여야 한다.

2. 상해보험 직업변경 통지의무
(대법원 2014.7.24 선고, 2013다217108 판결)

쟁점

1. 보험자가 부담하는 보험약관에 대한 명시·설명의무의 내용과 보험자의 명시·설명의무가 면제되는 경우, 보험자가 보험약관의 명시·설명의무를 위반하여 보험계약을 체결한 경우, 약관의 내용을 보험계약의 내용으로 주장할 수 있는지 여부가 문제된다.(소극)
2. 갑이 자신을 주피보험자, 을을 종피보험자로 하여 병 보험회사와 보험계약을 체결할 당시 병 회사가 '보험계약을 체결한 후 피보험자가 직업 또는 직무를 변경하게 된 때에는 보험계약자 또는 피보험자는 지체 없이 병 회사에 알려야 한다.'는 약관 조항에 관하여 명시·설명의무를 지는지 문제된 사안에서, 병 회사에 명시·설명의무가 인정되지 않는다고 본 원심판결에 법리오해의 위법이 있다고 한 사례

참고자료 및 시사점

문제 다음 설명 중에서 가장 옳지 않은 것은 ?

① 보험가입당시 대학생이던 피보험자가 보험가입 이후에 방송장비대여 업종에서 화물자동차를 운전하게 되었다면, 보험회사에게 통지해야 할 중요한 사항이다.
② 보험가입 이후에 피보험자의 직업 또는 직무가 변경 시 보험자에게 알리도록 규정한 사항은 상법 제652조 및 제653조에서 정한 규정을 단순히 부연·되풀이 한 것이므로 계약당시에 보험자가 알려야 할 약관의 중요한 사항에 해당하지 않는다.
③ 만일, 직업·직무변경 통지조항이 약관의 중요한 사실임에도 불구하고 보험가입당시에 보험회사가 이 사실을 알리지 않았다면, 가입 이후에 피보험자의 직업변경의 사실을 보험자에게 알리지 않았다고 해도 보험자는 통지의무위반을 이유로 계약을 해지할 수 없다.
④ 계약당시에 계약자인 甲은 자신을 주피보험자로 하고 자신의 아들인 乙을 종피보험자로 계약하였다고 해도, 乙은 피보험자에 해당하므로 자신의 직무변경사실에 대한 통지의무를 부담한다.

정답 ②

해설 위 약관 조항은 상법 제652조 제1항 및 제653조가 규정하는 '사고발생의 위험이 현저하게 변경 또는 증가된' 경우에 해당하는 사유들을 개별적으로 규정하고 있는 것이어서 상법 제652조 제1항이나 제653조의 규정을 단순히 되풀이하거나 부연한 정도의 조항이라고 할 수 없다.

3. 상해보험 오토바이 운전통지의무
  (대법원 2014.7.24 선고, 2012다62318 판결)

쟁점

갑이 을 보험회사와 아들 병을 피보험자로 하여 상해보험계약을 체결한 이후에 오토바이를 운전하다가 두개골 골절 등 상해를 입자 후유장해 보험금을 청구하였는데, 을 회사가 오토바이 운전에 따른 위험의 증가를 통지하지 않았다는 이유로 보험계약의 해지의사를 표시한 사안

참고자료 및 시사점

통지의무위반과 인과관계가 있는 사고로 후유장해를 입었으므로 보험자는 보험금 지급책임을 면할 수 있다.

문제 보험청약서에 오토바이 소유 또는 운전여부를 묻는 조항에 '아니오' 라고 답한 피보험자가 가입이후에 오토바이 운전면허를 취득한 사실을 통지하지 않고 이후 오토바이 운전 중 사고로 후유장해를 입게 되었다. 다음 설명 중에서 가장 옳지 않은 것은?

① 보험가입 이후에 오토바이를 계속적으로 운전하는 경우에는 상법 제652조에 따라 '사고발생의 위험이 현저하게 변경 또는 증가된 사실'에 해당한다.
② 보험청약서에 오토바이 소유 또는 운전여부를 묻는 질문이 있던 것은 보험계약체결 당시 피보험자가 오토바이 운전을 하였다면 보험회사는 보험계약을 체결하지 않았거나 적어도 그 보험료로는 보험을 인수하지 않았을 것이라고 추정할 수 있다.
③ 피보험자가 보험가입 당시 청약서의 오토바이 운전여부를 묻는 질문에 답하였다면, 피보험자는 오토바이 운전이 보험인수나 보험료 결정에 영향을 미친다는 점을 알게 된 것이다.
④ 보험자는 통지의무 위반을 이유로 계약을 해지할 수 있으나 보험금 지급책임은 전부 부담하여야 한다.

정답 ④

해설 통지의무위반과 인과관계가 있는 사고로 후유장해를 입었으므로 보험자는 보험금 지급책임을 면할 수 있다.

문제 상법상 보험계약자 등은 보험기간 중 고의 또는 중대한 과실로 사고발생의 위험을 현저하게 변경 또는 증가시키지 않을 의무를 부담하는데, 이에 관한 설명으로 옳지 않은 것은? (다툼이 있는 경우 판례에 의함) ▶2023년 제46회 기출문제

① 사고발생의 위험이 현저하게 변경 또는 증가된 사실이라 함은 그 변경 또는 증가된 위험이 보험계약의 체결 당시에 존재하고 있었다면 보험자가 보험계약을 체결하지 않았거나 적어도 그 보험료로는 보험을 인수하지 않았을 것으로 인정되는 정도의 것을 말한다.
② 보험수익자가 이 의무를 위반한 경우 상법 제 653조에 따라 지체 없이 보험자에게 통지하여야 한다.
③ 보험계약자 등이 이 의무위반이 있는 경우 보험자는 그 사실을 안 날로부터 1월 내에 보험료의 증액을 청구하거나 계약을 해지할 수 있다.
④ 피보험자의 직종에 따라 보험금 가입한도에 차등이 있는 생명보험계약에서 피보험자가 위험이 현저하게 증가된 직종으로 변경한 경우 이는 상법 제653조상의 위험의 현저한 변경·증가에 해당한다.

정답 ②

해설 보험기간 중에 보험계약자, 피보험자 또는 보험수익자의 고의 또는 중대한 과실로 인하여 사고발생의 위험이 현저하게 변경 또는 증가된 때에는 보험자는 그 사실을 안 날부터 1월내에 보험료의 증액을 청구하거나 계약을 해지할 수 있다.'고 규정(상법 제653조 [보험계약자 등의 고의나 중과실로 인한 위험증가와 계약해지])되어 있는데, 이를 위험유지의무라고 하며, 이는 변경·증가금지의무이므로 별도의 통지의무는 없는데, 틀린 지문으로 정답입니다.

제8장 타인을 위한 보험계약

1. 타인을 위한 보험계약
(대법원 2006.11.9선고, 2005다55817호 판결)

판단

상법 제639조에 의하면 보험계약자는 특정 또는 불특정의 타인을 위하여 보험계약을 체결할 수 있고, 타인을 위한 생명보험에 있어서 보험수익자의 지정 또는 변경에 관한 상법 제733조는 상법 제739조에 의하여 상해보험에도 준용되므로 상해보험계약을 체결하는 보험계약자는 자유롭게 특정 또는 불특정의 타인을 수익자로 지정할 수 있다. 또한, 정액보험형 상해보험의 경우 보험계약자가 보험수익자를 지정한 결과, 피보험자와 보험수익자가 일치하지 않게 되었다고 하더라도 그러한 이유만으로 보험수익자 지정행위가 무효가 될 수 없다고 판시하였다.

시사점

1. 계약자의 의사표시에서 타인을 위한 것이다라는 의사표시를 하여야 한다. (학설은 의사표시를 하지 않으면 자기를 위한 계약으로 추정한다.)
2. 타인의 위임이 필요하지 않다. 타인의 위임여부와 관계없이 유효하다. 다만, 손보에서는 타인의 위임이 없어도 보험자에게 고지하여야 한다. 그렇지 않으면 보험계약체결 사실을 알지 못하였다는 이유로 보험자에게 대항하지 못한다. 그러나, 인보험은 고지하지 않아도 된다.
3. 인보험에서는 타인은 반드시 특정할 필요가 없다. 타인의 범위는 문제가 없다. 그러나, 손보는 사고 발생할 때까지 확정하면 된다. 인보는 보험계약자가 보험수익자를 지정한다,

문제 타인을 위한 보험계약에 관한 설명으로 옳지 않은 것은? (다툼이 있는 경우 판례에 의함)

▶2023년 제46회 기출문제

① 보험계약자는 타인의 위임이 없더라도 그 타인을 위하여 보험계약을 체결할 수 있다.
② 손해보험에서 보험계약자는 청구권대위의 제3자의 범위에서 배제되지 않는다.
③ 손해보험에서 보험계약자가 그 타인에게 보험사고의 발생으로 생긴 손해의 배상을 한 때에는 보험계약자는 그 타인의 권리를 해하지 아니하는 범위 안에서 보험자에게 보험금액의 지급을 청구할 수 있다.
④ 보험계약자가 타인의 생활상 부양을 목적으로 타인을 보험수익자로 하는 생명보험계약을 체결하였는데, 위 보험계약이 민법 제103조 소정의 선량한 풍속 기타 사회질서에 반하여 무효로 되더라도, 보험자가 이미 보험수익자에게 보험금을 급부한 경우에는 그 반환을 청구할 수 없다.

정답 ④

해설 '보험계약의 전부 또는 일부가 무효인 경우에 보험계약자와 피보험자가 선의이며 중대한 과실이 없는 때에는 보험자에 대하여 보험료의 전부 또는 일부의 반환을 청구할 수 있다. 보험계약자와 보험수익자가 선의이며, 중대한 과실이 없는 때에도 같다.' 고 규정(상법 제648조 [보험계약의 무효로 인한 보험료 반환 청구])하고 있으며, 무효인 계약은 처음부터 법률상 무효이므로 그로 인한 이득은 반환하여야 한다고 규정(민법 제741조)하고 있으므로 각각 지급받은 보험료와 보험금은 상대방에게 반환하여야 한다.

memo

www.epasskorea.com

이패스코리아 보험계약법 판례집

이패스코리아 보험계약법 판례집

PART 02

손해보험 통칙

- 제1장   손해보험 통칙
- 제2장   손해방지의무
- 제3장   보험자대위
- 제4장   손해보험계약의 소멸 · 변경
- 제5장   화재보험
- 제6장   운송보험
- 제7장   해상보험
- 제8장   책임보험
- 제9장   자동차보험
- 제10장 보증보험

손해보험통칙

1. 중복보험에 대한 분담금 초과손해 구상여부
(대법원 2023. 6. 1. 선고 2019다237586 판결)

쟁점

1. 무보험자동차에 의한 상해담보특약을 맺은 보험자가 피보험자에게 보험금을 지급한 경우, 상법 제729조 단서에 따라 피보험자의 배상의무자에 대한 손해배상청구권을 대위행사할 수 있는지 여부(적극) 및 그 범위

2. 하나의 사고에 관하여 여러 개의 무보험자동차에 의한 상해담보특약이 체결되고 보험금액의 총액이 피보험자가 입은 손해액을 초과하는 경우, 손해보험에 관한 상법 제672조 제1항이 준용되어 중복보험자 중 1인이 피보험자에게 보험약관에서 정한 기준에 따라 보험금을 지급하였다면 다른 중복보험자를 상대로 각자의 보험금액의 비율에 따른 분담금의 지급을 청구할 수 있는지 여부(적극) / 보험금을 단독으로 지급한 중복보험자가 다른 중복보험자로부터 분담금 전부 또는 일부를 지급받아 만족을 얻은 경우, 상법 제729조 단서에 따라 피보험자에 대한 배상의무자를 상대로 보험자대위에 의한 청구권을 행사할 수 있는지 여부(적극) 및 그 범위

판단

1. 피보험자가 무보험자동차에 의한 교통사고로 상해를 입었을 때에 그 손해에 대하여 배상할 의무자가 있는 경우에 보험자가 약관에 정한 바에 따라 피보험자에게 그 손해를 보상하는 것을 내용으로 하는 무보험자동차에 의한 상해담보특약은 손해보험으로서의 성질과 함께 상해보험으로서의 성질도 갖고 있는 손해보험형 상해보험으로서, 상법 제729조 단서에 따라 당사자 사이에 다른 약정이 있는 때에는 보험자는 피보험자의 권리를 해하지 아니하는 범위 안에서 피보험자의 배상의무자에 대한 손해배상청구권을 대위행사할 수 있다. 한편 무보험자동차에 의한 상해담보특약의 보험자는 피보험자의 실제 손해액을 기준으로 위험을 인수한 것이 아니라 보험약관에서 정한 보험금 지급기준에 따라 산정된 금액만을 제한적으로 인수한 것이므로, 무보험자동차에 의한 상해담보특약을 맺은 보험자가 피보험자에게 보험금을 지급한 경우 상법 제729조 단서에 따라 피보험자의 배상의무자에 대한 손해배상청구권을 대위행사할 수 있는 범위는 피보험자가 배상의무자에 대하여 가지는 손해배상청구권의 한도 내에서 보험약관에서 정한 보험금 지급기준에 따라 정당하게 산정되어 피보험자에게 지급된 보험금액에 한정된다.

2. 하나의 사고에 관하여 여러 개의 무보험자동차에 의한 상해담보특약이 체결되고 그 보험금액의 총액이 피보험자가 입은 손해액을 초과하는 때에는 손해보험에 관한 상법 제672조 제1항이 준용되어 보험자는 각자의 보험금액의 한도에서 연대책임을 지고, 이 경우 각 보험자 사이에서는 각자의 보험금액의 비율에 따른 보상책임을 진다. 이러한 경우 중복보험자 중 1인이 단독으로 피보험자에게 보험약관에서 정한 보험금 지급기준에 따라 정당하게 산정된 보험금을 지급하였다면 상법 제672조 제1항에 근거하여 다른 중복보험자를 상대로 각자의 보험금액의 비율에 따라 산정한 분담금의 지급을 청구할 수 있다. 그리고 이러한 청구권은 상법 제729조 단서에 근거하여 당사자 사이에 다른 약정이 있어 피보험자의 권리를 해하지 아니하는 범위 안에서 피보험자에 대한 배상의무자를 상대로 행사할 수 있는 보험자대위에 의한 청구권과 별개의 권리이므로, 그 중복보험자는 각 청구권의 성립 요건을 개별적으로 충족하는 한 어느 하나를 먼저 행사하여도 무방하고 양자를 동시에 행사할 수도 있다. 따라서 보험금을 단독으로 지급한 중복보험자가 다른 중복보험자로부터 분담금 전부 또는 일부를 지급받아 만족을 얻었다고 하더라도 피보험자에 대한 배상의무자를 상대로 보험자대위에 의한 청구권을 행사할 수 있고, 다만 그 범위는 보험약관에 따라 정당하게 산정되어 지급된 보험금 중 그 보험금에서 위와 같이 만족을 얻은 부분을 제외한 나머지 금액의 비율에 상응하는 부분으로 축소된다고 봄이 타당하다.

2. 보험금 산정기준
(대법원 2019. 12. 27 선고 2016다224428, 224435 판결)

쟁점

'출고가'의 해석과 피보험이익의 산정이 문제 된 사안에서, 乙 회사가 지급할 보험금의 산정기준이 되는 '출고가'란 소비자를 비롯한 시장에 '출고가'라는 이름으로 공개되는 가격을 의미

판단

이동통신회사인 甲 주식회사의 폰세이브 부가서비스는 고객이 도난당하거나 분실한 휴대전화 단말기를 대신하여 새로운 단말기를 구입할 때 구매대금 중 일부를 대리점에 지급하는 방식으로 금전 지원을 하는 것인데, 甲 회사가 위 부가서비스에 가입한 고객을 피보험자로 하여 乙 보험회사와 체결한 보험계약의 보상내용이 문제된 사안에서, 위 보험계약의 보상내용은 甲 회사가 피보험자인 고객에게 단말기를 새로 구입하는 데 소요되는 비용을 지급하고 乙 회사로부터 피보험자인 고객을 대신하여 고객이 지급받아야 할 보험금을 지급받는 것이라고 본 원심판단에 보험의 구조 등에 관한 법리오해의 잘못이 없다.

사례)
이동통신회사인 甲 주식회사가 폰세이프 부가서비스에 가입한 고객을 피보험자로 하여 乙 보험회사와 체결한 보험계약에서 보험금산정기준이 되는 '출고가'의 해석과 피보험이익의 산정이 문제 된 사안에서, 乙 회사가 지급할 보험금의 산정기준이 되는 '출고가'란 소비자를 비롯한 시장에 '출고가'라는 이름으로 공개되는 가격을 의미하고, 위 보험계약의 피보험이익은 피보험자인 고객이 단말기를 도난당하거나 분실하였을 경우 이를 새로 구입하는데 소요되는 비용 상당액, 즉 위 '출고가' 상당액이라고 본 원심판단에는 보험가액의 산정, 보험금산정요소인 출고가의 해석 등에 관한 법리오해의 잘못이 없다.

시사점

'출고가'란 공장의 출고가가 아닌 소비자를 비롯한 시장에 '출고가'라는 이름으로 공개되는 가격을 의미한다.

3. 가축보험과 초과보험, 사기
(대법원 2015.7.23 선고, 2015도6905호 판결)

쟁점

허위의 매매대금을 고지하여 초과보험이 된 것은 사기에 해당하는가? 피보험자가 보험사고를 임의로 조작하였음이 인정되지 아니하거나, 보험금을 청구하면서 허위서류를 제출하는 등 추가적인 기망행위를 하지 아니하였다고 하여 사기행위가 되지 않는 것은 아니다.

판단

갑은 A보험회사와 말에 대하여 가축재해보험을 체결하면서 보험목적물인 말(馬)의 매매대금을 사실과 다르게 고지하여 보험금액이 보험목적물의 가액을 현저히 초과하는 초과보험을 가입하였다. A보험회사는 가축재해보험의 보험목적물의 시세변동이 흔하므로 협정보험가액에 의하여 보험금을 지급하고 있다. 이후 보험사고가 발생하자 갑은 말의 가액을 묵비한 채 보험계약에 따른 보험금을 수령하였다.

질문 1 허위의 매매대금을 고지하여 초과보험이 된 것은 사기에 해당하는가?

보험계약자가 보험계약 체결 시 보험금액이 목적물의 가액을 현저하게 초과하는 초과보험 상태를 의도적으로 유발한 후 보험사고가 발생하자 초과보험 사실을 알지 못하는 보험자에게 목적물의 가액을 묵비한 채 보험금을 청구하여 보험금을 교부받은 경우, 보험자가 보험금액이 목적물의 가액을 현저하게 초과한다는 것을 알았더라면 같은 조건으로 보험계약을 체결하지 않았을 뿐만 아니라 협정보험가액에 따른 보험금을 그대로 지급하지 아니하였을 관계가 인정된다면, 보험계약자가 초과보험 사실을 알지 못하는 보험자에게 목적물의 가액을 묵비한 채 보험금을 청구한 행위는 사기죄의 실행행위로서의 기망행위에 해당한다.

답변 1) ○
피보험자가 보험사고를 임의로 조작하였음이 인정되지 아니하거나, 보험금을 청구하면서 허위서류를 제출하는 등 추가적인 기망행위를 하지 아니하였다고 하여 사기행위가 되지 않는 것은 아니다.

시사점

상법상 사기로 인한 초과보험도 형법상 사기죄에 해당한다.

4. 상당인과관계
(대법원 99다37603호, 99.10.26선고)

요지

'보험자가 벼락 등의 사고로 특정 농장 내에 있는 돼지에 대하여 생긴 손해를 보상하도록 하는 손해보험계약을 체결한 경우 벼락으로 인하여 전기공급이 중단되어 돼지가 질식사하였다면, 위 벼락사고는 보험계약상의 보험사고에 해당하고, 위 벼락과 돼지들의 질식사 사이에는 상당인과관계가 있는 손해'(대법원 99다37603호, 99.10.26선고)라고 판시

시사점

보험자가 보상할 손해는 보험사고와 상당인과관계가 있는 손해이므로 보험자가 담보하는 사고로 발생한 손해가 있고, 그 이후 담보하지 않은 사고로 손해가 확대되었다면 이미 생긴 손해는 보상하는데, 상당인과관계는 구체적인 사실관계에 따라 판단한다.

문제 손해보험계약에서 보험자는 보험사고로 인하여 생긴 피보험자의 재산상의 손해를 보상할 책임이 있으며, 보험사고와 피보험자가 직접 입은 재산상의 손해사이에는 상당인과관계가 있어야 한다는 것이 판례와 통설의 견해이다. 이때 상당인과관계에 관한 설명으로 옳지 않은 것은? (다툼이 있는 경우 판례에 의함) ▶2022년 제45회 기출문제

① 화재보험에 가입한 경우 화재가 발생하여 이를 진압하기 위해 뿌려진 물에 의해 보험의 목적물에 손해가 생긴 경우 보험사고와 손해 사이에는 상당인과관계가 인정되므로 보험자는 보상의무가 있다.
② 보험자가 벼락 등의 사고로 특정 농장 내에 있는 돼지에 대하여 생긴 손해를 보상하기로 하는 손해보험계약을 체결한 경우, 벼락으로 인해 농장에 전기공급이 중단되어 돼지들이 질식사하더라도 벼락에 의한 손해 발생의 확률은 현저히 낮으므로 위 벼락과 돼지들의 질식사 사이에 상당한 인과관계가 있다고 인정하기 힘들다.
③ 화재로 인한 건물 수리 시에 지출한 철거비와 폐기물처리비는 화재와 상당인과관계가 있는 건물수리비에 포함된다.
④ 근로자가 평소 누적된 과로와 연휴동안의 과도한 음주 및 혹한기의 노천작업에 따른 고통 등이 복합적인 원인이 되어 심장마비를 일으켜 사망하였다면 그 사망은 산업재해보상보험법상 소정의 업무상 사유로 인한 사망에 해당한다.

정답 ②

해설 상법 제675조[사고발생후의 목적멸실과 보상책임]에 의하면, '보험자가 보상할 손해는 보험사고와 상당인과관계가 있는 손해이므로 보험자가 담보하는 사고로 발생한 손해가 있고, 그 이후 담보하지 않은 사고로 손해가 확대되었다면 이미 생긴 손해는 보상한다.'라고 규정하고 있는데, 상당인과관계는 구체적인 사실관계에 따라 판단하므로 2번 지문은 보험자가 벼락 등의 사고로 특정농장내에 있는 돼지에 대하여 생긴 손해를 보상하도록 하는 손해보험계약을 체결한 경우 벼락으로 인하여 전기공급이 중단되어 돼지가 질식사하였다면, 위 벼락사고는 보험계약상의 보험사고에 해당하고, 위 벼락과 돼지들의 질식사 사이에는 상당인과관계가 있는 손해(대법원 99다37603호, 99.10.26선고)인데, 없다고 했으므로 틀린 지문으로 정답입니다.
① 화재보험 표준약관 제3조 제1항에 의하면, 보험자가 보상하여야 할 손해는 화재와 상당인과관계가 있는 모든 손해를 보상한다. 화재보험 표준약관에서는 화재에 따른 직접손해 뿐 아니라, 화재진압과정에서 발생하는 소방손해, 화재에 따른 피난손해를 보상한다.
③ 대법원 2002다64520호(03.4.25선고)
④ 대법원 89누6990호(90.2.13선고)

제2장 손해방지의무

1. 방수공사비용을 손해방지비용으로 인정할 수 있는지 문제된 사건
(대법원 2022. 3. 31. 선고 2021다201085, 201092 판결)

쟁점

상법 제680조 제1항에서 정한 '손해방지비용'의 의미 및 책임보험에서 건축물 등에 발생한 누수와 관련하여 실시된 방수공사의 비용이 손해방지비용에 해당하는지 판단하는 방법

판단

1. 상법 제680조 제1항은 "보험계약자와 피보험자는 손해의 방지와 경감을 위하여 노력하여야 한다. 그러나 이를 위하여 필요 또는 유익하였던 비용과 보상액이 보험금액을 초과한 경우라도 보험자가 이를 부담한다."라고 정하고 있다.
2. 여기에서 '손해방지비용'이란 보험자가 담보하고 있는 보험사고가 발생한 경우에 보험사고로 인한 손해의 발생을 방지하거나 손해의 확대를 방지함은 물론 손해를 경감할 목적으로 하는 행위에 필요하거나 유익하였던 비용을 말하는 것으로서, 원칙적으로 보험사고의 발생을 전제로 한다.
3. 피보험자의 책임 있는 사유로 제3자에게 발생한 손해를 보상하는 책임보험에서는 건축물 등에 누수가 발생하더라도 그것이 피보험자의 책임 있는 사유로 제3자에게 손해를 입힌 경우에 비로소 보상 대상이 된다.

시사점

누수 부위나 원인은 즉시 확인하기 어려운 경우가 많고, 그로 인한 피해의 형태와 범위도 다양하다. 또한 누수와 관련하여 실시되는 방수공사에는 누수 부위나 원인을 찾는 작업에서부터 누수를 임시적으로 막거나 이를 제거하는 작업, 향후 추가적인 누수를 예방하기 위한 보수나 교체 작업 등이 포함되므로 방수공사의 세부 작업 가운데 누수가 발생한 후 누수 부위나 원인을 찾는 작업과 관련된 탐지비용, 누수를 직접적인 원인으로 해서 제3자에게 손해가 발생하는 것을 미리 방지하는 작업이나 이미 제3자에게 발생한 손해의 확대를 방지하는 작업과 관련된 공사비용 등은 손해방지 비용에 해당할 수 있다.

2. 보증보험과 손해방지의무
(대법원 2018. 9. 13. 선고 2015다209347 판결)

쟁점

손해방지의무의 대상이 되는 손해는 피보험이익에 대한 구체적인 침해의 결과로서 생기는 손해만을 뜻하는 것이고, 보험자의 구상권과 같이 보험자가 손해를 보상한 후에 취득하게 되는 이익을 상실함으로써 결과적으로 보험자에게 부담되는 손해까지 포함된다고 볼 수는 없다.

판단

농협은 엘드건설에게 도급(공사)계약을 체결하였고 엘드건설의 공사이해에 대하여 건설공제조합이 보증계약을 체결하였다.

질문 1 위 보증계약은 보증보험과 유사하다 (○, ×)

질문 2 건설공제조합은 계약자인 채무자(엘드건설)에 대한 채권에 의한 상계로 보증채권자(농협)에게 대항할 수 있을까?

질문 3 손해방지의무에는 손해를 간접적으로 방지하는 행위가 포함된다 (○, ×)

질문 4 엘드건설이 부도로 공사이행을 할 수 없게 된 후 농협은 엘드건설에 대한 손해배상채권과 엘드건설의 공사대금채권을 상계할 수 있었으나 상계하지 않았고, 그 결과 건설공제조합이 보증채무를 이행한 후에 행사할 수 있었던 엘드건설에 대한 구상권을 행사할 수 없게 되었다면, 농협은 손해방지의무를 위반한 것인가?

답변 1) ○

답변 2) 있다.
but 이 사례에서 엘드건설이 채무회생절차를 밟는 경우 채무회생법상 회생채권의 소멸이 금지되므로 건설공제조합은 민법 제434조[보증인은 주채무자의 채권에 의한 상계로 채권자에게 대항할 수 있다]에 따른 상계로 보증채권자의 채권을 소멸시킬 수는 없다.

답변 3) ○
상법 제680조 본문은 "보험계약자와 피보험자는 손해의 방지와 경감을 위하여 노력하여야 한다."라고 정하고 있다. 위와 같은 피보험자의 손해방지의무의 내용에는 손해를 직접적으로 방지하는 행위는 물론이고 간접적으로 방지하는 행위도 포함된다.

답변 4) 아니다.
상계는 단독행위로서 상계를 할지는 채권자의 의사에 따른 것이고 상계적상에 있는 자동채권이 있다고 하여 반드시 상계를 해야 할 것은 아니다. 채권자가 주채무자에 대하여 상계적상에 있는 자동채권을 상계하지 않았다고 하여 이를 이유로 보증채무자가 보증한 채무의 이행을 거부할 수 없으며 나아가 보증채무자의 책임이 면책되는 것도 아니다(86다카1340 판결 참조). 또한 손해방지의무의 대상이 되는 손해는 피보험이익에 대한 구체적인 침해의 결과로서 생기는 손해만을 뜻하는 것이고, 보험자의 구상권과 같이 보험자가 손해를 보상한 후에 취득하게 되는 이익을 상실함으로써 결과적으로 보험자에게 부담되는 손해까지 포함된다고 볼 수는 없다.

시사점

상계는 반드시 하는 것은 아니다. 손방의무는 구체적인 침해의 결과이지, 구상금과 같이 보험금 지급 후, 생기는 이익을 상실하는 손해까지 포함된다고 볼 수 없다.

3. 예견면책사항과 손해방지의무
(대법원 2016.1.14 선고, 2015다6302 판결)

쟁점

계약당시 미국 법무부로부터 가격담합혐의가 있어 손해배상청구로 이어질 가능성이 있었다는 사실은 가격담합행위 등 예견면책사항은 당연히 고지사항이다.

판단

1. A보험회사는 갑주식회사와 임원배상책임보험을 체결하였다.

2. 계약체결 당시 갑주식회사의 가격담합 혐의가 있었다.
3. 해당사항은 약관상 "예견면책사항"에 해당한다.
4. A보험회사는 이 보험계약에 대하여 B재보험회사와 재보험계약을 체결하였다.

질문 1 계약당시 미국 법무부로부터 가격담합혐의가 있어 손해배상청구로 이어질 가능성이 있었다는 사실은 고지사항인가?

질문 2 만일 고지사항이라면, A보험회사가 해지권을 행사하지 않아서 보험금이 지급되게 되었다면 이 사항은 손해방지의무의 위반인가?

질문 3 만일 A보험회사의 손해방지의무위반이 있었다면 재보험계약의 경우에도 손해방지의무가 적용되는가?

보험계약자와 피보험자는 손해의 방지와 경감을 위하여 노력하여야 한다. (상법 제680조 제1항 전문). 보험계약자와 피보험자가 고의 또는 중대한 과실로 손해방지의무를 위반한 경우에는 보험자는 손해방지의무위반과 상당인과관계가 있는 손해, 즉 의무위반이 없다면 방지 또는 경감할 수 있으리라고 인정되는 손해액에 대하여 배상을 청구하거나 지급할 보험금과 상계하여 이를 공제한 나머지 금액만을 보험금으로 지급할 수 있으나, 경과실로 위반한 경우에는 그러하지 아니하다. 그리고 이러한 법리는 재보험의 경우에도 마찬가지로 적용된다.

> 답변 1) O
>
> 답변 2) ×
> 경과실에 의한 것이므로 손해방지의무위반이 아니다.
>
> 답변 3) O

시사점

손해방지의무위반은 맞다. 그러나, 경과실에 의한 위반사항은 실무상 중과실인 경우 늘어난 손해를 보상하지 않는다. 중과실이 아닌 경과실이므로 위반효과가 없다.

문제 손해방지비용에 대한 설명으로 옳지 않은 것은? (다툼이 있는 경우 판례에 의함)

▶ 2023년 제46회 기출문제

① 손해방지의무의 이행을 위해 필요 또는 유익하였던 비용과 보험계약에 따른 보상액의 합계액이 보험금액을 초과한 경우라도 보험자는 이를 부담한다.
② 보험사고 발생 이전에 손해의 발생을 방지하기 위해 지출된 비용은 손해방지비용에 포함되지 않는다.
③ 보험사고 발생 시 또는 보험사고가 발생한 것과 같이 볼 수 있는 경우에 피보험자의 법률상 책임여부가 판명되지 아니한 상태에서 피보험자가 손해확대방지를 위해 긴급한 행위로서 필요 또는 유익한 비용을 지출하였다면 이는 보험자가 부담하여야 한다.
④ 보험계약에 적용되는 보통약관에 손해방지비용과 관련한 별도의 규정이 있다면, 그 규정은 당연히 방어비용에 대하여도 적용된다고 할 수 있다.

정답 ④

해설 '① 보험계약자와 피보험자는 손해의 방지와 경감을 위하여 노력하여야 한다. 그러나, 이를 위하여 필요 또는 유익하였던 비용과 보상액이 보험금액을 초과한 경우라도 보험자가 이를 부담한다.'라고 규정(상법 제680조 [손해방지의무])하고 있으며, '① 피보험자가 제3자의 청구를 방어하기 위하여 지출한 재판상 또는 재판외의 필요비용은 보험의 목적에 포함된 것으로 한다. 피보험자는 보험자에 대하여 그 비용의 선급을 청구할 수 있다.'라고 규정(상법 제720조 [피보험자가 지출한 방어비용의 부담])하고 있고, '방어비용은 보험사고 발생이전에 지출되는 비용임에도 불구하고, 방어비용의 성격에 대해서는 책임보험의 본질적 내용을 구성하는 보험급여의 일종이라는 것이라고 판시(대법원 2005다21531호, 06.6.30선고, 보험급여설)하고 있으므로 손해방지비용은 상법 제720조 제1항에 의한 책임보험의 방어비용과도 성격이 다르므로 틀린 지문으로 정답입니다.

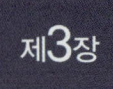

제3장 보험자대위

1. 화재보험 선처리 후, 책임보험사에 대한 보험자대위(차액설)
(대법원 2023. 4. 27. 선고 2017다239014 판결)

쟁점

1. 책임보험계약 피보험자의 과실로 발생한 화재에 의하여 다수 피해자가 손해를 입었으나 책임보험 한도액이 다수 피해자의 손해 합계액에 미치지 못하는 경우, 피해자들이 책임보험자에 대하여 직접청구권을 행사하여 책임보험 한도액의 범위 내에서 각자 전보 받지 못하고 남은 손해의 배상을 청구할 수 있는지 여부(적극)
2. 피해자와 체결한 화재보험계약에 따라 보험금으로 그 피해자의 손해를 전부 보상한 화재보험자가 책임보험자에게 보험자대위로 직접청구를 하는 경우, 화재보험자는 직접청구권을 행사하는 다른 피해자들에 대한 책임보험금 지급이 이루어진 다음 책임보험 한도액에 남은 금액에 한하여 지급받을 수 있는지 여부(원칙적 적극)

판단

1. 책임보험계약은 피보험자가 보험기간 중의 사고로 인하여 제3자에게 배상할 책임을 진 경우에 그로 인한 손해보상을 목적으로 한다. 책임보험제도는 피보험자의 재산상 손해를 전보할 뿐만 아니라 이를 통하여 실질적으로는 피해자를 보호하는데 주된 취지가 있다.
2. 상법 제724조가 규정하고 있는 피해자의 직접청구권은 책임보험의 보험사고가 발생할 때 피해자가 보험금액의 한도 내에서 책임보험자에 대해 직접 보상을 청구할 수 있도록 특별히 인정된 권리로서, 피해자에게 신속·확실한 구제기회를 부여함으로써 피해자를 두텁게 보호하기 위한 것이다.
3. 상법 제682조 제1항은 "손해가 제3자의 행위로 인하여 발생한 경우에 보험금을 지급한 보험자는 그 지급한 금액의 한도에서 그 제3자에 대한 보험계약자 또는 피보험자의 권리를 취득한다. 다만 보험자가 보상할 보험금의 일부를 지급한 경우에는 피보험자의 권리를 침해하지 아니하는 범위에서 그 권리를 행사할 수 있다."라고 규정한다. 위 규정의 취지는 피보험자가 보험자로부터 보험금액을 지급받은 후에도 제3자에 대한 청구권을 보유·행사하게 하는 것은 피보험자에게 손해의 전보를 넘어서 오히려 이득을 주게 되는 결과가 되어 손해보험제도의 원칙에 반하게 되

고 또 배상의무자인 제3자가 피보험자의 보험금 수령으로 인하여 책임을 면하게 하는 것도 불합리하므로 이를 제거하여 보험자에게 이익을 귀속시키려는 데 있다.

4. 따라서, 피해자인 피보험자의 이중이득이나 가해자인 제3자의 부당한 면책의 우려가 없는 경우에는 보험자의 보험자대위는 제한될 수 있다. 피보험자가 보험자로부터 보험금을 지급받고도 보상받지 못한 손해액이 남아 있는 경우 보험자가 보험자대위에 의하여 제3자에게 직접 청구할 수 있는 범위는 상법 제682조 제1항에 따라 피보험자가 제3자에 대하여 가지는 전체 손해배상청구권 중 미보상손해액을 공제한 나머지 부분에 한한다고 보는 것도 이러한 취지에서이다.

5. 위와 같은 상법상 보험자대위 제도와 책임보험에서의 피해자의 직접청구권 제도의 취지는 화재보험자가 피보험자에게 보험금을 지급한 다음 보험자대위로 가해자의 책임보험자에게 직접청구권을 행사하는 경우에도 마찬가지로 적용되어야 한다. 즉 책임보험계약의 피보험자의 과실로 발생한 화재에 의하여 다수 피해자가 손해를 입었으나 책임보험 한도액이 다수 피해자의 손해 합계액에 미치지 못하는 경우, 피해자들은 책임보험자에 대하여 직접청구권을 행사하여 책임보험 한도액의 범위 내에서 각자 전보받지 못하고 남은 손해의 배상을 청구할 수 있다.

6. 그러나, 피해자와 체결한 화재보험계약에 따라 보험금으로 그 피해자의 손해를 전부 보상한 화재보험자가 책임보험자에게 보험자대위로 직접청구를 하는 경우, 화재보험자는 직접청구권을 행사하는 다른 피해자들보다 우선하여 책임보험금을 지급받을 수 없고 특별한 사정이 없는 한 피해자들에 대한 책임보험금 지급이 이루어진 다음 책임보험 한도액에 남은 금액이 있다면 이에 대해서 지급받을 수 있을 뿐이라고 보아야 한다.

경과

A보험회사가 B주식회사와 피보험자를 B회사로 하여 그 소유의 건물과 동산을 보험목적물로 하는 화재보험계약을 체결하였고, C보험회사가 D주식회사와 피보험자를 D회사로 하여 그 소유의 건물과 동산을 보험목적물로 하는 화재보험계약을 체결하였는데, 위 보험계약은 각각 보험목적물의 보험금액이 사고발생시의 가액으로 산정한 총보험가액에 미치지 못하는 일부보험(각각 100만원 한도)에 해당하였으며, F가 운영하던 정비공장 (E보험회사에 화재배상 책임보험가입, 1사고당 200만원 한도) 에 화재가 발생하여 B,D회사의 건물 등으로 불길이 옮겨 붙는 화재사고가 발생하여 위 B,D회사의 보험목적물이 소실되는 손해가 발생하였고, A 보험회사가 B회사에, C보험회사가 D회사에 위 화재로 보험목적물에 발생한 손해에 대하여 보험금을 각각 100만원을 지급한 후, F와 그 보험자인 E 보험회사를 상대로 구상금 지급을 구하였다.

질문 1 상법 제682조 제1항 본문은 "손해가 제3자의 행위로 인하여 발생한 경우 보험금을 지급한 보험자는 그 지급한 금액의 한도에서 그 제3자에 대한 보험계약자 또는 피보험자의 권리를 취득한다."라고 정한다. 그러므로 A보험자와 C보험자는 각각 보험목적물(B와 D)와 관련된 피보험자의 제3자에 대한 권리를 취득할 수 있다 (○, ×)

질문 2 이 사고에서 보험목적물(B, D)에 발생한 손해는 각각 200이고 F의 과실은 60%이고, E보험회사에 1사고당 200만원 한도의 책임보험계약을 체결하였다고 할 때, A, C보험자가 각각 피보험자 B, D에게 100을 지급하였다면 B,D가 F에게 물을 수 있는 손해배상액은 어떻게 되나요?

질문 3 이 사고에서 보험목적물(B, D)에 발생한 손해는 각각 200이고 F의 과실은 60%라고 할 때, A, C 보험자가 각각 피보험자 B, D에게 100을 지급하였다면 A, C보험회사가 E보험회사에게 대위할 수 있는 금액은?

답변 1) O
보험자는 보험계약의 목적이 되는 피보험이익을 기준으로 보험목적물에 발생한 손해에 대하여 자신이 지급한 보험금의 한도내에서 보험계약자나 피보험자의 제3자에 대한 권리를 취득할 수 있다. 다만 보험자가 보상할 보험금의 일부를 지급한 경우에는 피보험자의 권리를 침해하지 아니하는 범위에서 그 권리를 행사할 수 있다."라고 규정한다. 따라서 보험자대위권 행사범위는 보험목적물을 대상으로 산정하며, 피보험자의 권리를 침해하지 아니하는 범위 내에서 이루어져야 한다.

답변 2)
상법 제682조 제1항 단서는 "보험자가 보상할 보험금의 일부를 지급한 경우에는 피보험자의 권리를 침해하지 아니하는 범위에서 그 권리를 행사할 수 있다."라고 하여 피보험자가 보험자로부터 수령한 보험금으로 전보되지 않고 남은 손해에 관하여 우선적으로 제3자에게 배상청구할 수 있도록 한다. 이는 일부보험에서 보험자가 보험금 전액을 피보험자에게 지급한 경우에도 마찬가지이다. 일부보험의 피보험자는 보험자로부터 수령한 보험금으로 전보되지 않고 남은 손해에 관하여 제3자를 상대로 그의 배상책임. (다만 과실상계 등에 의하여 제한된 범위내의 책임이다. 이하 같다)을 이행할 것을 청구할 수 있다. B.D공히 전체 손해액(200만원)에서 보험금으로 전보되지 않고 남은 손해액이 각각 100만원 이므로 E보험회사 및 F에게 각각 F의 과실분(60%금원)인 60만원씩을 청구할 수 있다. 그러므로 A.C보험회사는 각각 40만원을 대위한다.

답변 3)
E보험회사의 1사고당 책임보험한도액이 200만원인데, B.D에게 각각 60만원씩 120만원을 지급하였으므로 남은 손해액(80)에 대하여 A.C보험회사는 대위할 수 있다. 따라서, 각각 40만원씩 보험자대위에 의하여 E보험회사에게 청구할 수 있다.

시사점

보험자는 보험계약의 목적이 되는 피보험이익을 기준으로 보험목적물에 발생한 손해에 대하여 자신이 지급한 보험금의 한도 내에서 보험계약자나 피보험자의 제3자에 대한 권리를 취득할 수 있다.

각각 남은 손해액(100)에게 가해자의 과실분인 60%금원(60만원)을 E보험회사에 피해자 직접청구권에 의하여 청구할 수 있으며, 보험자는 B.D가 수령한 금원을 제외한 80만원의 범위 내에서 E보험회사는 상대로 보험자대위를 행사할 수 있다. (각각 40만원씩)

2. 보험자대위
(대법원 2020. 10. 15. 선고 2018다213811 판결)

쟁점

보험목적물에 대한 손해와 보험목적물이 아닌 재산에 대한 손해를 나누어 그 손해액을 판단하여야 하고, 보험목적물이 아닌 재산에 대한 손해액을 산정할 때 보험목적물에 관하여 수령한 보험금액을 고려하여서는 안 된다.

판단

1. 하나의 사고로 보험목적물과 보험목적물이 아닌 재산에 대하여 한꺼번에 손해가 발생한 경우, 보험목적물이 아닌 재산에 발생한 손해에 대해서는 보험계약으로 인한 법률관계를 전제로 하는 상법 제682조의 보험자대위가 적용될 수 없다.
2. 따라서 제3자의 행위로 발생한 사고로 인하여 피보험자에게 보험목적물과 보험목적물이 아닌 재산에 모두 손해가 발생하여, 피보험자가 보험목적물에 관하여 보험금을 수령한 경우, 피보험자가 제3자에게 해당 사고로 인한 손해배상을 청구할 때에는 보험목적물에 대한 손해와 보험목적물이 아닌 재산에 대한 손해를 나누어 그 손해액을 판단하여야 하고, 보험목적물이 아닌 재산에 대한 손해액을 산정할 때 보험목적물에 관하여 수령한 보험금액을 고려하여서는 아니 된다.
3. 만약에 피보험자 갑이 을 보험회사의 매장 내 물품A(180만원)을 보험목적물로 하는 화재보험계약을 乙보험회사와 체결한 후, 병이 소유한 건물의 지붕보강공사 중 발생한 화재사고로 인하여 갑의 매장 내 물품A뿐만 아니라, 가설창고 내 물품B(보험미부보)에 120만원 등이 소훼되는 손해가 발생하였다. 그런데, 갑이 을 회사로부터 보험목적물에서 발생한 손해액 전액인 보험금 180만원을 지급 받은 후, 병의 과실이 60%하고 가정한다.

질문 1 을 보험회사는 지급보험금 180만원 이내에서 병에 대하여 180만원 전액을 대위할 수 있다. (○, ×)

질문 2 갑은 120만원 전액을 손해배상청구할 수 있다. 갑의 전체손해액 중 보험금으로 전보되지 않고 남은 손해액이 병의 전체 손해배상책임액보다 많기 때문에 그 전체 손해배상책임액을 청구할 수 있다 (○, ×)

답변 1) ✕

보험자대위에 관한 상법 제682조의 규정은 피보험자가 보험자로부터 보험금액을 지급받은 후에도 제3자에 대한 청구권을 보유, 행사하게 하는 것은 피보험자에게 손해의 전보를 넘어서 오히려 이득을 주게 되어 손해보험제도의 이득금지의 원칙에 반하게 되고 또 배상의무자인 제3자가 피보험자의 보험금 수령으로 인하여 책임을 면하게 하는 것도 불합리하므로 이를 제거하여 보험자에게 이익을 귀속시키려는데 있다. 따라서, 손해보험의 보험사고에 관하여 동시에 불법행위나 채무불이행에 기한 손해배상책임을 지는 제3자가 있어 피보험자가 그를 상대로 손해배상청구를 하는 경우에, 피보험자는 보험자로부터 수령한 보험금으로 전보되지 않고 남은 손해에 관하여 제3자를 상대로 그의 배상책임을 이행할 것을 청구할 수 있다.

답변 2) ✕

병의 손해배상책임액은 갑의 손해 300만원의 60%인 180 만원이고, 갑은 을보험회사로부터 물품A의 손해 180 만원을 지급받았다. 따라서, 갑이 병에 대하여 청구할 수 있는 손해배상책임액은 물품B의 손해 120만원의 60%인 72만원이다. 제3자의 행위로 발생한 사고로 인하여 피보험자에게 보험목적물과 보험목적물이 아닌 재산에 모두 손해가 발생하여, 피보험자가 보험목적물에 관하여 보험금을 지급받은 경우, 피보험자가 제3자에게 손해배상을 청구할 때에는 보험목적물에 대한 손해와 보험목적물이 아닌 재산에 대한 손해를 구분하여 그 손해액을 판단하여야 하고, 보험목적물이 아닌 재산에 대한 손해액을 산정할 때에는 보험목적물에 관하여 수령한 보험금액을 고려하여서는 안 되기 때문이다.

시사점

보험목적물이 아닌 재산에 발생한 손해에 대해서는 보험계약으로 인한 법률관계를 전제로 하는 상법 제682조의 보험자대위가 적용될 수 없다. (적용하면 일부보험의 경우처럼 차액설이 된다)

3. 학교안전공제회와 배상책임보험

(대법원 2019. 12. 13. 선고 2018다287010 판결)

경과 및 쟁점

A선생님과 B선생님은 학교안전법상 학교안전공제의 피공제자이다. A선생님은 별도로 (교원)배상책임보험을 가입한 피보험자이다. A선생님은 경과실로 B선생님에게 손해를 입혔다.

질문 1 학교안전공제회가 B수급권자에게 공제급여를 지급한 경우 A에게 구상권을 행사할 수 있는가?

질문 2 학교안전공제회가 B수급권자에게 공제급여를 지급한 경우 A의 책임보험자에게 대위할 수 있는가? A의 경과실인 경우에도 마찬가지인가?

질문 3 이 사례에서 A가 피해자인 B에게 먼저 손해배상을 한 경우 학교안전공제회에 구상할 수 있는가?

질문 4 A의 책임보험자가 피해자인 B에게 손해배상을 한 경우 학교안전공제회에 구상할 수 있는가?

답변 1) ×
학교안전공제회가 수급권자에게 공제급여를 지급하면 가해자인 A에 대한 손해배상청구권을 대위취득하는 것이 원칙이다. 이 경우 피공제자의 고의·중과실로 인한 경우에는 A에게 구상할 수 있으나 경과실의 경우에는 구상할 수 없다(학안법 제44조). 학교안전공제회가 공제급여를 지급하면 B에 대한 A의 책임은 면하는데 반하여 학교안전공제회는 경과실로 인한 가해자A에게는 구상 할 수 없으므로 수급권자의 경과실로 인한 사고의 경우에는 학교안전공제회가 최종책임을 지는 것이다.

답변 2) ○
대위할 수 있다. A의 경과실. 중과실을 묻지 않고 책임보험자에게 구상할 수 있다. 피해자인 피공제자B가 가해자인 피공제자A의 책임보험자에 대하여 갖는 보험금직접청구권은 가해자인 피공제자에 대한 손해배상청구권과는 별개의 권리일 뿐만 아니라, 앞서 본 바와 같이 가해자인 피공제자가 경과실로 학교안전사고를 일으킨 경우에 학교안전공제회의 구상권 행사가 제한되는 것은 학교안전법이 그러한 피공제자를 특별히 보호하기 위한 취지를 근거로 한 것이므로, 이러한 취지를 넘어서 가해자인 피공제자의 책임보험자에게까지 이러한 규정을 확장하여 적용할 수는 없기 때문이다.

답변 3) ○
구상할 수 있다.

답변 4) ×
구상할 수 없다. 책임보험자도 피해자에게 손해배상금을 지급한 후 학교안전공제회에 구상할 수 있다고 보게 되면, 책임보험자로서는 그 피보험자가 학교안전공제의 피공제자로서 경과실로 보험사고를 일으켰다는 우연한 사정만으로 사회보장적 성격을 갖는 공제급여라는 재원으로 자신이 원래 졌어야 할 책임을 면하는 경제적 이익을 누리게 되어 부당하다. 결국 가해자인 피공제자의 책임보험자와 학교안전공제회 사이에서는 학교안전사고가 경과실에 의하여 발생하였는지 여부와 관계없이 책임보험자가 최종적으로 손해배상에 관한 부담을 진다고 보아야 한다.

시사점

1. A선생이 B선생에게 개인적으로 보상 후 안전공제에 청구가능여부

    1) 경과실 : 청구가능

    2) 중과실 : 청구불가

2. A선생이 B선생을 사상케한 경우, 학교안전공제가 선처리후 A선생에게 구상청구여부

    1) 경과실 : 구상불가

    2) 중과실 : 구상가능

3. A선생이 B선생을 사상케 한 경우, 학교안전공제가 선처리후 A선생의 책임보험사에 구상청구여부
   1) 경과실 : 구상가능
   2) 중과실 : 구상가능
4. A선생의 책임보험사가 선처리후, 학교안전공제에 구상청구가능여부
   1) 경과실 : 구상불가
   2) 중과실 : 구상불가

4. 일부보험의 보험자대위
(대법원 2019. 11. 14. 선고 2019다216589 판결)

쟁점

보험자는 보험계약의 목적이 되는 피보험이익을 기준으로 보험목적물에 발생한 손해에 대하여 자신이 지급한 보험금의 한도 내에서 보험계약자나 피보험자의 제3자에 대한 권리를 취득할 수 있다.

판단

甲 보험회사가 乙 주식회사와 피보험자를 乙 회사로 하여 그 소유의 건물과 동산을 보험목적물로 하는 보험계약을 체결하였고, 위 보험계약은 보험목적물의 보험금액이 사고발생 시의 가액으로 산정한 총 보험가액에 미치지 못하는 일부보험에 해당하였는데, 丙이 운영하던 정비공장에 화재가 발생하여 乙 회사의 건물 등으로 불길이 옮겨 붙는 화재사고가 발생하여 위 보험목적물(A) 뿐만 아니라 보험에 가입하지 아니한 별도 가건물 내 보관된 재고자산 등(B)이 소실되는 손해가 발생하였고, 甲 회사가 乙 회사에 위 화재로 보험목적물에 발생한 손해에 대하여 보험금을 지급한 후, 丙과 그 보험자인 丁 보험회사를 상대로 구상금 지급을 구하였다.

질문 1 상법 제682조 제1항 본문은 "손해가 제3자의 행위로 인하여 발생한 경우 보험금을 지급한 보험자는 그 지급한 금액의 한도에서 그 제3자에 대한 보험계약자 또는 피보험자의 권리를 취득한다."라고 정한다. 그러므로 甲보험자는 보험목적물(A)와 그 외의 자산(B)과 관련된 피보험자의 제3자에 대한 권리를 취득할 수 있다 (○ , ×)

질문 2 이 사고에서 보험목적물(A)에 발생한 손해는 100이고 丙의 과실은 70%라고 할 때, 甲 보험자가 피보험자 乙에게 20을 지급하였다면 ① 乙이 丙에게 물을 수 있는 손해배상액은 어떻게 되나요? ② 甲이 丙에게 대위할 수 있는 금액은?

질문 3 이 사고에서 보험목적물(A)에 발생한 손해는 100이고 丙의 과실은 70%라고 할 때, 甲 보험자가 피보험자 乙에게 70을 지급하였다면 ① 乙이 丙에게 물을 수 있는 손해배상액은? ② 甲이 丙에게 대위할 수 있는 금액은?

답변 1) ×
보험자는 보험계약의 목적이 되는 피보험이익을 기준으로 보험목적물에 발생한 손해에 대하여 자신이 지급한 보험금의 한도내에서 보험계약자나 피보험자의 제3자에 대한 권리를 취득할 수 있다. 따라서 보험자대위권 행사범위는 보험목적물을 대상으로 산정하여야 한다.

답변 2)
상법 제682조 제1항 단서는 "보험자가 보상할 보험금의 일부를 지급한 경우에는 피보험자의 권리를 침해하지 아니하는 범위에서 그 권리를 행사할 수 있다."라고 하여 피보험자가 보험자로부터 수령한 보험금으로 전보되지 않고 남은 손해에 관하여 우선적으로 제3자에게 배상청구할 수 있도록 한다. 이는 일부보험에서 보험자가 보험금 전액을 피보험자에게 지급한 경우에도 마찬가지이다. 일부보험의 피보험자는 보험자로부터 수령한 보험금으로 전보되지 않고 남은 손해에 관하여 제3자를 상대로 그의 배상책임. (다만 과실상계 등에 의하여 제한된 범위내의 책임이다. 이하 같다)을 이행할 것을 청구할 수 있다. 전체 손해액에서 보험금으로 전보되지 않고 남은 손해액(80)이 제3자의 손해배상책임액(70)보다 많을 경우에는 제3자에 대하여 그의 손해배상책임액 전부(70)를 이행할 것을 청구할 수 있다. 그러므로 甲은 0원 대위한다.

답변 3)
남은 손해액(30)이 제3자의 손해배상책임액(70)보다 적을 경우에는 그 남은 손해액(30)의 배상을 청구할 수 있다. 이 경우에 보험자가 제3자의 손해배상책임액(70)과 위 남은 손해액(30)의 차액 상당액(40)을 보험자대위에 의하여 제3자에게 청구할 수 있다.

시사점

남은 손해액(30)이 제3자의 손해배상책임액(70)보다 적을 경우에는 그 남은 손해액(30)의 배상을 청구할 수 있다. 이 경우에 보험자가 제3자의 손해배상책임액(70)과 위 남은 손해액(30)의 차액 상당액(40)을 보험자대위에 의하여 제3자에게 청구할 수 있다.

5. 자배법의 손해액 범위와 산재법 구상
(대법원 2017. 10. 12. 선고 2017다23119 판결)

쟁점

근로복지공단이 유족급여와 장의비를 지급한 경우 책임보험자에 대하여 대위 할 수 있는 금액은 책임보험금의 한도 내에서 피해자가 실제로 입은 손해액 가운데 위자료를 제외한 나머지 손해액에 한한다.

판단

1. 자동차손해배상보장법(이하 '자동차손배법'이라고 한다) 제3조에 기한 보험자의 배상책임은 사고와 상당인과관계 있는 법률상 손해일체를 내용으로 하는 것으로서, 사망사고의 경우 배상의 대상이 되는 손해에는 치료비 등 적극적 손해, 일실수입 등 소극적 손해 및 정신적 손해 모두를 포함하고, 자동차손배법 제5조에 기하여 책임보험자가 피해자에게 지급하여야 할 금액은 자동차손배법시행령에서 정한 책임보험금의 한도 내에서 피해자가 실제로 입은 손해액이므로, 자동차손배법시행령 제3조 제1항 제1호에 따라 책임보험자가 지급하여야 할 금액인 '피해자에게 발생한 손해액'도 적극적 손해, 소극적 손해 및 정신적 손해를 모두 포함하는 것으로 해석하여야 한다.

2. 산업재해보상보험법(이하 '산재보험법'이라고 한다) 제87조 제1항 본문은 "공단은 제3자의 행위에 따른 재해로 보험급여를 지급한 경우에는 그 급여액의 한도 안에서 급여를 받은 자의 제3자에 대한 손해배상청구권을 대위한다."라고 규정하고 있다. 여기서 '급여를 받은 자의 제3자에 대한 손해배상청구권'은 근로복지공단이 지급한 보험급여와 동일한 성질의 것으로서 상호보완의 관계에 있는 것에 한한다. 그런데 자동차손해배상보장법에 기한 배상책임의 대상이 되는 위자료는 산재보험법이 규정한 보험급여에 의하여 전보되지 아니하는 손해이므로, 근로복지공단이 산재보험법에 따라 지급한 보험급여에 기하여 피해자의 보험자에 대한 위자료청구권을 대위할 수 없다.

3. 자동차손해배상보장법 제5조 제1항은 피해자가 사망한 경우에는 손해배상을 받을 권리를 가진 자를 피해자로 규정하고 있으므로, 피재자의 유족이 지출한 장례비 손해는 같은 법 시행령 제3조 제1항 제1호에 규정된 '피해자에게 발생한 손해액'에 포함된다.

4. 피해자가 책임보험자를 상대로 자동차손해배상보장법(이하 '자동차손배법'이라고 한다)에 의한 직접청구권을 행사하는 경우에 책임보험자가 피해자에게 지급하여야 할 금액은 자동차손배법시행령 제3조 제1항 제1호에 정한 책임보험금의 한도 내에서 피해자가 실제로 입은 손해액이므로, 근로복지공단이 유족급여와 장의비를 지급한 경우 책임보험자에 대하여 대위 할 수 있는 금액은 책임보험금의 한도 내에서 피해자가 실제로 입은 손해액 가운데 위자료를 제외한 나머

지 손해액에 한한다. 자동차손배법시행령 제3조 제1항 제1호 단서는 자동차사고로 피해자가 사망한 경우 피해자에게 발생한 손해액이 2천만원 미만인 때에도 2천만원의 책임보험금을 지급하도록 규정하고 있으나, 이는 피해자에게 발생한 적극적 손해, 소극적 손해 및 정신적 손해의 손해액을 합친 금액이 2천만원에 미치지 못할 때에도 피해자에게 최소한 2천만원의 손해배상액이 지급되도록 하려는데 취지가 있는 것이지 피해자의 정신적 손해에 대한 손해배상청구권을 대위할 지위에 있지 않은 근로복지공단에게 그 부분까지 구상권을 행사할 수 있다는 뜻은 아니라고 보아야 한다.

시사점

위자료는 산재보험법이 규정한 보험급여에 의하여 전보되지 아니하는 손해이므로, 근로복지공단이 산재보험법에 따라 지급한 보험급여에 기하여 피해자의 보험자에 대한 위자료청구권을 대위할 수 없다.

6. 화재보험, 시설소유배책, 대위금액
(대법원 2015.1.29 선고, 2013다214529 판결)

쟁점

점포에 발생한 손해에 대하여 시설관리자 배상책임보험은 보상하지 아니하는 손해 중 하나로 '계약자 또는 피보험자가 소유, 점유, 임차, 사용하거나 보호, 관리, 통제하는 재물이 손해를 입음으로써 그 재물에 대하여 정당한 권리를 가지는 사람에 대한 손해에 대한 손해배상책임'을 정하고 있다. 이 사건 점포는 이 사건 면책조항에 정한 '피보험자가 임차한 재물'에 해당되고, 따라서 A보험회사는 이 사건 점포에 발생한 손해에 관한 배상책임에 대하여는 피고 책임보험계약에 따른 보상책임을 면한다고 할 것이다.

판단

갑은 을 소유 건물에서 주점을 운영하는 임차인으로서 주점영업과 관련한 재산종합보험을 A보험회사에 가입하였다. 재산종합보험은 점포, 집기의 화재보험(피보험자 을)과 시설관리자 배상책임보험(피보험자 갑)으로 구성되었다. 한편, 건물소유주인 을도 B보험회사에 건물의 화재보험을 가입하였다. 갑의 주점의 영업 중에 냉장고에서 발생한 화재로 점포 및 해당건물의 일부가 손해를 입었다.

질문 1 점포에 발생한 손해에 대하여 시설관리자 배상책임보험의 담보하는 사고인가?

질문 2 위 화재사고로 B보험회사는 을에게 330,000,000원(점포17,000,000원, 점포 외 건물 16,000,000원)을 화재보험금으로 지급하였고, A보험회사는 을에게 7,000,000원을 지급하였다. 이번 화재손해의 책임이 갑에게 70%, 을에게 30%가 있다고 할 때 B보험회사가 갑에게 대위 할 수 있는 금액은 얼마인가?

1. 건물의 임차인이 임차건물을 보험목적으로 하여 가입한 화재보험 (이하 '임차인화재보험' 이라고 한다) 과 건물의 소유자가 건물을 보험목적으로 하여 가입한 화재보험 (이하 '소유자 화재보험' 이라고 한다) 이 소유자를 피보험자로 하는 중복보험의 관계에 있는 경우, 임차인의 책임있는 사유로 임차건물에 화재가 발생하여 소유자 화재보험의 보험자가 소유자에게 건물에 관한 보험금을 지급하였다면, 소유자 화재보험의 보험자로서는 임차인 화재보험의 보험자로부터 상법 제672조 제1항에 따라 중복보험 분담금을 지급받았다고 하더라도 상법 제682조에 따라 임차인에 대하여 보험자대위에 의한 청구권을 행사할 수 있고, 다만 그 범위가 소유자에게 지급한 보험금에서 임차인화재보험의 보험자로부터 지급받은 중복보험분담금을 공제한 금액 중 보험자 대위에 의한 청구권의 상대방인 임차인의 책임비율에 따른 부담부분으로 축소될 뿐이다. 한편 임차인 화재보험의 보험자가 위 화재에 대한 임차인의 손해배상책임을 보상하는 책임보험자의 지위도 겸하고 있다면, 소유자 화재보험의 보험자는 책임보험 직접청구권에 관한 상법 제724조 제2항에 따라 같은 금액을 임차인 화재보험의 보험자에게 청구할 수 있다.

2. 甲이 乙소유의 건물 점포를 임차하여 주점을 운영하던 중 화재로 점포를 포함한 건물 일부가 소훼되었는데, 甲이 丙보험회사와 체결한 점포 등에 관한 재산종합보험계약 중 책임보험계약 특별약관에서 丙회사가 보상하지 아니하는 손해 중 하나로 '계약자 또는 피보험자가 소유, 점유, 임차, 사용하거나 보호, 관리, 통제하는 재물이 손해를 입음으로써 그 재물에 대하여 정당한 권리를 가지는 사람에 대한 손해에 대한손해배상책임'을 정한 사안에서, 甲이 乙로부터 임차하여 점유·사용하고 있던 점포는 면책조항에 정한 '피보험자가 임차한 재물' 에 해당하므로 丙회사는 점포에 발생한 손해에 관한 甲의 배상책임에 대하여는 책임보험계약에 따른 보상책임을 면한다고 한 사례.

> **답변 1)** ×
> 시설관리자배상책임보험은 보상하지 아니하는 손해 중 하나로 '계약자 또는 피보험자가 소유, 점유, 임차, 사용하거나 보호, 관리, 통제하는 재물이 손해를 입음으로써 그 재물에 대하여 정당한 권리를 가지는 사람에 대한 손해에 대한 손해배상책임'을 정하고 있다. 이 사건 점포는 이 사건 면책조항에 정한 '피보험자가 임차한 재물'에 해당되고, 따라서 A보험회사는 이 사건 점포에 발생한 손해에 관한 배상책임에 대하여는 피고 책임보험계약에 따른 보상책임을 면한다고 할 것이다.
>
> **답변 2)** 18,200,000원
> - 점포손해 : A회사가 지급한 17,000,000원에서 B회사가 중복보험으로 지급한 7,000,000원을 차감한 나머지 금액(10,000,000원)에서 갑의 책임비율인 70%에 해당하는 7,000,000원을 대위할 수 있다.
> - 점포 외의 손해 : A회사가 지급한 16,000,000원에서 갑의 책임비율인 70%에 해당하는 11,200,000 원을 대위 할 수 있다.

시사점

위 화재사고로 B보험회사는 을에게 330,000,000원(점포 17,000,000원, 점포 외 건물 16,000,000원)을 화재보험금으로 지급하였고, A보험회사는 을에게 7,000,000원을 지급하였다. 이번 화재손해의 책임이 갑에게 70%, 을에게 30%가 있다고 할 때 B보험회사가 갑에게 대위 할 수 있는 금액은 18,200,000원이다. 점포손해 : A회사가 지급한 17,000,000원에서 B회사가 중복보험으로 지급한 7,000,000원을 차감한 나머지 금액(10,000,000원)에서 갑의 책임비율인 70%에 해당하는 7,000,000원을 대위할 수 있다. 점포 외의 손해 : A회사가 지급한 16,000,000원에서 갑의 책임비율인 70%에 해당하는 11,200,000 원을 대위할 수 있다.

7. 손해배상청구에 있어 손해보험금 공제 범위에 관한 사건
(대법원 2015.1.22 선고, 2014다46211 판결)

쟁점

보험자는 보험계약의 목적이 되는 피보험이익을 기준으로 보험목적물에 발생한 손해에 대하여 자신이 지급한 보험금의 한도 내에서 보험계약자나 피보험자의 제3자에 대한 권리를 취득할 수 있다.

1. 손해보험의 보험사고에 관하여 동시에 불법행위나 채무불이행에 기한 손해배상책임을 지는 제3자가 있어 피보험자가 그를 상대로 손해배상청구를 하는 경우, 피보험자가 손해보험계약에 따라 보험자로부터 수령한 보험금을 제3자의 손해배상책임액에서 공제하여야 하는지 여부(소극)
2. 甲주식회사가 乙주식회사의 창고에서 발생한 화재로 인한 전체 손해액 중 丙보험회사로부터 수령한 손해보험금을 공제한 잔액을 손해배상으로 구한 사안에서, 乙회사의 손해배상책임액에서 甲회사가 수령한 손해보험금을 공제하여 乙회사의 최종 손해배상액을 산정한 원심판결에 법리오해의 잘못이 있다고 한 사례

판단

갑은 자신 소유의 공장을 A회사의 화재보험에 가입하였다. 그런데 갑의 건물에 인접한 건물에서 을이 자동차부품을 제조하는 공장을 운영하던 중에 화재가 발생하여 그 불이 옮겨 붙으면서 갑의 공장에 화재가 발생하였다. 갑의 손해는 660,000,000원이며, 실화책임법에 의하여 을이 부담할 경감된 배상책임액은 660,000,000원의 60%인 396,000,000원이다.

질문 1
갑이 A보험회사로부터 화재보험금으로 320,00,00원을 수령한 경우, 갑이 을에게 청구할 수 있는 손해배상액은 396,000,000원 - 320,000,000원인 76,000,000원이다?

1. 손해보험의 보험사고에 관해 동시에 불법행위나 채무불이행에 기한 손해배상책임을 지는 제3자가 있어 피보험자가 그를 상대로 손해배상청구를 하는 경우에 피보험자가 손해보험계약에 따라 보험자로부터 수령한 보험금은 보험계약자가 스스로 보험사고 발생에 대비해 그때까지 보험자에게 납입한 보험료의 대가적 성질을 지니는 것이다. 따라서 제3자의 손해배상책임과는 별개의 것이므로 이를 그의 손해배상책임액에서 공제할 것은 아니다.
2. 갑 주식회사가 을 주식회사의 창고에서 발생한 화재로 인한 전체 손해액 중 병 보험회사로부터 수령한 손해보험금을 공제한 잔액을 손해배상으로 구한 사안에서, 갑회사의 전체 손해액에서 갑회사가 수령한 손해보험금을 공제한 잔액이 실화책임에 관한 법률에 따라 경감된 을 주식회사의 손해배상책임액보다 적으므로 을 주식회사는 갑 주식회사에 손해배상책임액 전액을 지급할 의무가 있음에도 불구하고 을 주식회사의 손해배상책임액에서 갑 주식회사가 수령한 손해보험금을 공제하여 을 주식회사의 최종 손해배상액을 산정한 원심판결에 법리오해의 잘못이 있다고 한 사례이다.

> **답변 1) ✕**
> 손해보험의 보험사고에 관하여 동시에 불법행위나 채무불이행에 기한 손해배상책임을 지는 제3자가 있어 피보험자가 그를 상대로 손해배상청구를 하는 경우에, 피보험자가 손해보험계약에 따라 보험자로부터 수령한 보험금은 보험계약자가 스스로 보험사고의 발생에 대비하여 그때까지 보험자에게 납입한 보험료의 대가적 성질을 지니는 것으로서 제3자의 손해배상책임과는 별개의 것이므로 이를 그의 손해배상책임액에서 공제할 것이 아니다. 따라서 위와 같은 피보험자는 보험자로부터 수령한 보험금으로 전보되지 않고 남은 손해에 관하여 제3자를 상대로 그의 배상책임(다만 과실상계 등에 의하여 제한된 범위내의 책임이다. 이하 같다)을 이행할 것을 청구할 수 있는 바, 전체손해액에서 보험금으로 전보되지 않고 남은 손해액이 제3자의 손해배상책임액보다 많을 경우에는 제3자에 대하여 그의 손해배상책임액 전부를 이행할 것을 청구할 수 있고, 위 남은 손해액이 제3자의 손해배상책임액보다 적을 경우에는 그 남은 손해액의 배상을 청구할 수 있다. 후자의 경우에 제3자의 손해배상책임액과 위 남은 손해액의 차액 상당액은 보험자대위에 의하여 보험자가 제3자에게 이를 청구할 수 있다(상법 제682조). 그러므로 갑은 자신의 손해액 660,000,00 0원에서 지급받은 보험금인 320,000,000원을 차감하더라도 여전히 340,000,000원에 대한 손해가 남아 있으므로 을의 책임액 범위 내에서 그 복구하지 못한 손해액을 청구할 수 있다. 을의 책임액은 396,000,000원이므로 갑은 을에게 340,000,000원 전액을 청구할 수 있다.

시사점

남은 손해액(340,000,000원)이 제3자의 손해배상책임액(396,000,000원)보다 적을 경우에는 그 남은 손해액(340,000,000원)의 배상을 청구할 수 있다. 이 경우에 보험자가 제3자의 손해배상책임액(396,000,000원)과 위 남은 손해액(340,000,000원)의 차액 상당액(56,000,000원)을 보험자대위에 의하여 제3자에게 청구할 수 있다.

문제

피보험자인 甲은 보험자와 보험가액이 1억원인 자신소유의 건물에 대하여 보험금액을 6천만원으로 하는 화재보험에 가입하였다. 그러나 제3자인 乙의 방화로 6천만원의 손해가 발생하였다. 이에 따라 보험자는 일부보험 법리에 따라 보험가액 비율(6/10)인 3천 6백만원을 甲에게 지급하였다. 그런데 乙의 변제자력이 4천만원인 경우를 가정하였을 때 피보험자우선설(차액설)에 따라 보험자가 乙에게 청구할 수 있는 금액은 얼마인가?

▶ 2018년 제41회 기출문제

① 1천 6백만원
② 2천 4백만원
③ 3천만원
④ 4천만원

정답 ①

해설

1) 차액설(통설과 판례)

　차액설은 피보험자가 제3자로부터 우선적으로 손해를 배상받고 나머지가 있으면 보험자가 이를 대위할 수 있다는 견해로서 피보험자우선설이라고도 한다. 보험자는 피해자의 손해액을 충당한 나머지의 손해배상액, 즉, 그 차액에 대하여 만 청구권을 행사할 수 있다는 견해이다.

2) 차액설 판례 요지(대판 2015.1.22, 2014다64211 전원합의체)

　손해보험의 보험사고에 관하여 동시에 불법행위나 채무불이행에 기한 손해배상책임을 지는 제3자가 있어 피보험자가 그를 상대로 손해배상청구를 하는 경우에, 피보험자가 손해보험계약에 따라 보험자로부터 수령한 보험금은 보험계약자가 스스로 보험사고 발생에 대비하여 그때까지 보험자에게 납입한 보험료의 대가적 성질을 지는 것으로 제3자의 손해배상책임과는 별개의 것이므로 이를 그의 손해배상책임액에서 공제할 것이 아니다.
　따라서 위와 같은 피보험자는 보험자로부터 수령한 보험금으로 전보되지 않고 남은 손해에 관하여 제3자를 상대로 그의 배생책임(다만 과실상계 등에 의하여 제한된 범위 내의 책임이다. 이하 같다)을 이행할 것을 청구 할 수 있는 바, 전체손해액에서 보험금으로 전보되지 않고 남은 손해액이 제3자의 손해배상책임액보다 많을 경우에는 제3자에 대하여 그의 손해배상책임액 전부를 이행할 것을 청구 할 수 있고, 위 남은 손해액이 제3자의 손해배상책임액보다 적을 경우에는 그 남은 손해액의 배상을 청구 할 수 있다. 후자의 경우에 제3자의 손해배상책임액과 위 남은 손해액의 차액 상당액은 보험자대위에 의하여 보험자가 제3자에게 이를 청구할 수 있다(상법 제682조).

3) 문제의 해결

　피보험자 甲은 6천만원의 손해가 발생하였으나 보험자로부터 3천 6백만원만을 보상받았으므로 2천 4백만원의 손해가 남았다. 따라서 피보험자 甲은 제3자인 乙에게 2천4백만원을 청구할 수 있는데 乙의 변제 자력이 4천만원이므로 그 차액은 1천 6백만원이고 보험자대위에 의하여 보험자가 제3자인 乙에게 대위청구 할 수 있다.

제4장 손해보험계약의 소멸·변경

1. 보험목적의 양도조항이 강행규정인지 임의규정인지 여부
  (대법원 96.5.28선고, 96다6998호 판례)

판단

상법 제679조의 추정은 보험목적의 양수인에게 보험승계가 없다는 것이 증명된 경우에는 번복된다고 할 것인데, 보험목적의 양수인이 그 보험목적에 대한 1차 보험계약과 피보험이익이 동일한 보험계약을 체결한 사안에서 제1차 보험계약에 따른 보험금청구권에 질권이 설정되어 있어 보험사고가 발생할 경우에도 보험금이 그 질권자에게 귀속될 가능성이 많아 1차 보험을 승계할 이익이 거의 없고, 또한, 그 양수인이 그 보험목적에 대하여 손해의 전부를 지급받을 수 있는 필요 충분한 보험계약을 체결한 경우 양수인에게는 보험승계의 의사가 없었다고 봄이 상당하고 따라서 1차 보험은 양수인에게 승계되지 아니하였으므로 양수인이 체결한 보험이 중복보험에 해당하지 않는다. <u>피보험자가 보험의 목적을 양도하면서 보험계약자가 보험계약을 해지하거나 보험목적의 양수인이 보험승계를 거절하는 경우에는 양도의 추정은 번복된다고 할 것이므로 보험목적의 양도규정은 강행규정이 아니라, 임의규정이라고</u> 판시하였다.

시사점

- 양도의 효과
1. 그 건물에 가입된 화재보험 등의 권리가 양수인에게 이전되는 것으로 추정(양수인의 권리가 불안) ▶ 보험목적의 양수인에게 보험승계가 없다는 것이 증명된 경우에는 번복됨.
2. 양수인이 1차 보험계약과 피보험이익이 동일한 보험계약을 체결한 경우 1차 계약에 질권이 설정되어 있어서 보험사고발생으로 보험금이 지급된다 하더라도 질권자에게 지급될 가능성이 있으므로 1차 보험계약의 피보험이익이 없으므로 1차 보험계약이 양수인에게 승계되지 아니하였으므로 양수인이 체결한 보험계약이 중복보험에 해당하지 않는다. ☞ 따라서, 보험목적의 양도규정은 임의규정이다.

문제 보험목적의 양도에 대한 상법 제679조에 관한 설명으로 옳지 않은 것은? (다툼이 있는 경우 판례에 의함)

▶2016년 제39회 기출문제

① 보험의 목적의 양도인 또는 양수인은 보험자에 대하여 보험목적의 양도사실을 지체 없이 통지하여야 한다.
② 보험목적의 양도란 보험의 대상인 목적물을 개별적으로 타인에게 양도하는 것이다.
③ 피보험자가 보험의 목적을 양도한 때에는 양수인은 보험계약상의 권리와 의무를 승계한 것으로 추정한다.
④ 보험목적의 양도에 관한 상법 제679조의 규정은 강행규정이다.

정답 ④

해설 상법 제679조에서 피보험자가 보험의 목적을 양도된 때에는 보험계약으로 이하여 생긴 권리를 동시에 양도된 것으로 추정한다고 규정하는 취지는 보험의 목적이 양도된 경우 양수인의 양도인에 대한 관계에서 보험계약상의 권리도 함께 양도된 것으로 당사자의 통상의 의사를 추정하고 이것을 사회경제적 관점에서 긍정한 것이고, 같은 조에 위반한 법률행위를 공서양속에 반한 법률행위로서 무효로 보아야 할 것으로는 해석되지 아니하므로 위 규정은 임의규정이라고 할 것이다.(대판 1993.4.13, 92다8552).

제4장 손해보험계약의 소멸·변경 | 85

제5장 화재보험

1. 매수인의 화재보험금 청구권
(대법원 2016. 10. 27. 선고 2013다7769 판결)

쟁점

1. 매매의 목적물이 화재로 소실되면서 매도인의 목적물 인도의무를 이행할 수 없게 된 경우 매수인이 화재사고로 매도인이 지급받게 되는 화재보험금, 화재공제금에 대해 대상청구권을 행사할 수 있는지 여부(소극)
2. 매매의 목적물이 화재로 소실되면서 매도인이 화재보험금, 화재공제금을 지급받는 경우 매수인이 그 금액 전부에 대하여 대상청구권을 행사할 수 있는지(원칙적 적극) 및 인도의무를 이행할 수 있는 당시 매수인이 지급하였거나 지급하기로 약정한 매매대금 상당액의 한도 내로 그 범위가 제한되는지 여부(소극)
채권자가 채무자에게 청구할 수 있으므로 가능. 만약, 해지환급금 보험금 청구가능(물상대위권 가능)

판단

질문 1 화재사고로 인한 매도인의 화재공제금(보험금)에 대해 매수인이 그 청구권을 행사할 수 있는가?

질문 2 매수인이 청구할 수 있는 보험금은 그 목적물의 인도의무 이행불능 당시의 매수인이 지급하였거나 지급하기로 약정한 매매대금 상당액의 한도 내로 범위가 제한된다?

답변 1) ○

답변 2) ×

손해보험은 본래 보험사고로 인하여 생길 피보험자의 재산상 손해의 보상을 목적으로 하는 것으로(상법 제665조), 보험자가 보상할 손해액은 당사자 간에 다른 약정이 없는 이상 손해가 발생한 때와 곳의 가액에 의하여 산정하고(상법 제676조 제1항), 이 점은 손해공제의 경우도 마찬가지이므로, 매매의 목적물이 화재로 소실됨으로써 매도인이 지급받게 되는 화재보험금, 화재공제금에 대하여 매수인의 대상청구권이 인정되는 이상, 매수인은 특별한 사정이 없는 한 목적물에 대하여 지급되는 화재보험금, 화재공제금 전부에 대하여 대상청구권을 행사할 수 있고, 인도의무의 이행불능 당시 매수인이 지급하였거나 지급하기로 약정한 매매대금 상당액의 한도 내로 범위가 제한된다고 할 수 없다.

📖 시사점

매수인이 청구할 수 있는 보험금은 그 목적물의 인도의무 이행불능 당시의 매수인이 지급하였거나 지급하기로 약정한 매매대금 상당액의 한도 내로 범위가 제한되지 않는다.

2. 화재보험 양도담보권자의 추심권

(대법원 2014.9.25 선고, 2012다58609 판결)

ⓒ 요지

화재보험, 동산양도담보권자의 추심권 행사

📝 쟁점

1. 동산 양도담보권자가 물상대위권 행사로 양도담보 설정자의 화재보험금청구권에 대하여 압류 및 추심명령을 얻어 추심권을 행사하는 경우 제3채무자인 보험회사가 양도담보 설정 후 취득한 양도담보 설정자에 대한 별개의 채권을 가지고 상계로써 양도담보권자에게 대항할 수 있는지 여부(원칙적 소극)

2. 이 경우 공제금청구권에 대하여 물상대위권을 행사하는 경우에도 마찬가지인지 여부(적극)

판단

동산 양도담보권자는 양도담보 목적물이 소실되어 양도담보 설정자가 보험회사에 대하여 화재보험계약에 따른 보험금청구권을 취득한 경우 담보물 가치의 변형물인 화재보험금청구권에 대하여 양도담보권에 기한 물상대위권을 행사할 수 있는데, 동산 양도담보권자가 물상대위권 행사로 양도담보 설정자의 화재보험금청구권에 대하여 압류 및 추심명령을 얻어 추심권을 행사하는 경우 특별한 사정이 없는 한 제3채무자인 보험회사는 양도담보 설정 후 취득한 양도담보 설정자에 대한 별개의 채권을 가지고 상계로써 양도담보권자에게 대항할 수 없다. 그리고 이는 보험금청구권과 본질이 동일한 공제금청구권에 대하여 물상대위권을 행사하는 경우에도 마찬가지이다.

시사점

양도담보권자(은행)와 양도담보설정자(원소유자) 모두 보험금청구가능(피보험이익도 상존한다)

문제 화재보험증권에 기재하여야 할 사항으로 옳은 것을 모두 고른 것은?

▶2019년 제42회 기출문제

㉠ 보험의 목적
㉡ 피보험자의 주소, 성명, 상호
㉢ 보험계약 체결의 장소
㉣ 동산을 보험의 목적으로 한 때에는 그 존치한 장소의 상태와 용도
㉤ 보험계약자의 주민등록번호

① ㉠, ㉡, ㉣
② ㉠, ㉡, ㉤
③ ㉡, ㉢, ㉤
④ ㉡, ㉣, ㉤

정답 ①

해설 *화재보험증권 기재사항(상법 제685조)
화재보험증권에는 제666조에 게기한 사항 외에 다음의 사항을 기재하여야 한다.
1. 건물을 보험의 목적으로 한 때에는 그 소재지, 구조와 용도
2. 동산을 보험의 목적으로 한 때에는 그 존치한 장소의 상태와 용도
3. 보험가액을 정한 때에는 그 가액

*손해보험증권 기재사항(상법 제666조)
손해보험증권에는 다음의 사항을 기재하고 보험자가 기명날인 또는 서명하여야 한다.
1. 보험의 목적
2. 보험사고의 성질
3. 보험금액
4. 보험료와 그 지급방법
5. 보험기간을 정한 때에는 그 시기와 종기
6. 무효와 실권의 사유
7. 보험계약자의 주소와 성명 또는 상호
7의2. 피보험자의 주소, 성명 또는 상호
8. 보험계약의 연월일
9. 보험증권의 작성지와 작성년월일

제6장 운송보험

1. 운송보험에서의 구상금
(대법원 2014.11.27선고, 2012다14562 판결)

쟁점

1. 보험자가 면책약관에 대한 설명의무를 위반하여 약관규제법에 따라 면책약관을 계약의 내용으로 주장하지 못하고 보험금을 지급하게 된 경우 상법 제682조에서 정한 보험자대위를 할 수 있는지 여부(적극)
2. 운송인 갑 외국법인이 수하인 을 주식회사와 운송계약을 체결하고을 회사가 송하인 병 주식회사에 수입하는 귀금속을 병 회사의 중국공장에서 을 회사의 서울 사무실까지 항공 및 육상으로 운송하던 중 귀금속 일부를 도난당한 사안에서, 운송계약 당시 송하인에게 교부한 항공화물운송장에 기재된 갑 법인의 책임제한에 관한 계약조건이 육상운송구간을 포함한 운송계약 전반에 적용된다고 한 사례

판단

운송인 갑, 외국법인이 수하인 을 주식회사와 운송계약을 체결하고 을 회사가 송하인 병 주식회사에서 수입하는 귀금속을 병회사의 중국공장에서 을 회사의 서울사무실까지 항공 및 육상으로 운송하던 중 도난사고가 발생한 사안에서 운송계약당시 작성하여 송하인에게 교부한 항공화물운송장에 기재된 갑 법인의 책임제한에 관한 계약조건은 약관으로서 항공운송과 육상운송이 결합된 위 운송계약의 내용을 이룬다고 할 것이므로 그 적용 범위를 제한하는 특별한 규정이 없는 한, 위 책임제한 규정이 육상운송구간을 포함한 이 사건 운송계약 전반에 적용된다고 할 것이라고 판시하였다.

시사점

1. 운송보험은 실무상 유상운송이다.
2. 운송보험의 보험기간은 운송인이 송하인으로부터 수령한 때로부터 수하인에게 인도할 때까지 운송도중의 물건 손해를 말한다.

문제 상법상 운송보험에 관한 설명으로 옳지 않은 것은? ▶2020년 제43회 기출문제

① 운송보험계약의 보험자는 다른 약정이 없으면 운송인이 운송물을 수령한 때로부터 수하인에게 인도할 때까지 생길 손해를 보상할 책임이 있다.
② 운송물의 보험에 있어서는 발송한 때와 곳의 가액과 도착지까지의 운임 기타의 비용을 보험가액으로 한다.
③ 운송보험계약은 다른 약정이 없으면 운송의 노순 또는 방법을 변경한 경우 그 효력을 잃는다.
④ 보험사고가 송하인 또는 수하인의 고의 또는 중대한 과실로 인하여 발생한 때에는 보험자는 이로 인하여 생긴 손해를 보상할 책임이 없다.

정답 ③

해설
'보험계약은 다른 약정이 없으면 운송의 필요에 의하여 일시 운송을 중지하거나, 운송의 노순 또는 방법을 변경한 경우에도 그 보험계약의 효력을 잃지 않는다.'라고 규정(상법 제691조 [운송의 중지나 변경과 계약효력])하고 있으므로 필요에 의하여 일시 운송을 중지하거나 운송의 노순 또는 방법을 변경한 경우에도 그 효력을 잃지 아니한다. 그러나 해상보험의 경우에는 일시적인 운송중지나, 노순변경 등의 사유가 있으면 보험자는 보상책임을 지지 않는다.

제7장 해상보험

1. 영국법상 피보험이익
(대법원 2019. 12. 27 선고 2017다208232, 208249 판결)

쟁점

해상보험계약의 해석에 관하여는 영국법이 준거법인데, 보험증권에 피보험자로 기재되지 않은 회사는 영국법상 '현명되지 않은 본인 또는 노출되지 않은 본인의 법리'에 따라 위 보험계약의 피보험자가 될 수 없다.

판단

甲 외국법인이 소유한 선박의 선체용선자인 乙 주식회사로부터 선박의 관리를 위탁받은 丙 주식회사가 보험증권상 피보험자를 '소유자 甲 법인, 관리자 丙 회사'로 하여 丁 보험회사와 위 선박에 관하여 선박의 멸실 또는 훼손을 보험사고로 하는 선체보험계약이 포함된 보험계약을 체결하였는데, 보험사고 발생 후 甲 법인과 乙 회사가 각각 자신이 정당한 보험금청구권자라며 보험금의 지급을 구하자, 丁 회사가 채권자 불확지를 이유로 보험금을 변제 공탁한 사안에서, 위 보험계약의 해석에 관하여는 영국법이 준거법인데, 보험증권에 피보험자로 기재되지 않은 乙 회사는 영국법상 '현명되지 않은 본인 또는 노출되지 않은 본인의 법리'에 따라 위 보험계약의 피보험자가 될 수 없으므로, 같은 취지에서 자신이 보험계약상 피보험자에 해당된다는 乙 회사의 주장을 받아들이지 않은 원심판단은 정당하고, 거기에 영국법상 보험계약의 해석에 관한 법리오해 등의 잘못이 없다고 한 사례이다.

시사점

해상보험에서는 영국법상 '현명되지 않은 본인 또는 노출되지 않은 본인의 법리'에 따라 위 보험계약의 피보험자가 될 수 없다.

2. 영국해상보험법상 계약 내용 변경 시 고지의무의 범위
(대법원 2018. 10. 25. 선고 2017다272103 판결)

쟁점

영국 해상보험법상 최대선의의무는 해상보험계약의 체결·이행·사고발생 후, 보험금청구의 모든 단계에서 적용된다. 특히 계약의 체결 단계에서 가장 엄격하게 요구된다.

판단

영국 해상보험법(Marine Insurance Act 1906) 제17조는 '해상보험계약은 최대선의(utmost good faith)에 기초한 계약이며, 만일, 일방당사자가 최대선의를 준수하지 않았을 경우 상대방은 그 계약을 취소할 수 있다'고 규정한다. 영국 해상보험법상 최대선의의무는 해상보험계약의 체결·이행·사고발생 후, 보험금청구의 모든 단계에서 적용된다. 특히 계약의 체결 단계에서 가장 엄격하게 요구된다. 즉, 이러한 최대선의의 원칙에 기초하여 같은 법 제18조는 피보험자가 계약 체결 전에 알고 있는 모든 중요한 사항을 보험자에게 고지하도록 규정하고, 제20조는 피보험자 등이 보험계약 체결 이전 계약의 교섭 중에 보험자에게 한 모든 중요한 표시는 진실하여야 한다고 규정한다. 여기에서 중요한 사항이란 보험자가 보험료를 산정하거나, 위험을 인수할지 여부를 결정함에 있어서 그 판단에 영향을 미치는 모든 사항을 의미한다.

> **사례)**
> 영국 해상보험법상 최대선의의 의무는 보험계약체결 이후에도 계속되는 공정거래의 원칙(a principle of fair dealing)으로 계약전반에 있어서 준수되어야 하지만, 보험계약의 이행 단계에서도 최대선의의무를 광범위하고 일반적인 의무로 인정하면 피보험자에게 과도한 부담을 초래하고 계약관계의 형평을 훼손할 우려가 있다. 따라서 일단 계약이 성립된 이후에는 계약상대방의 편의를 증대시키기 위하여 적극적으로 행동할 것을 요구하는 정도에는 이르지 않고 상대방에게 손해를 일으키거나 계약관계를 해치지 않을 의무로 완화된다고 보아야 한다[Manifest shipping Co. Ltd v. Uni-Polaris shipping Co. Ltd.(The Star Sea), [2001] Lloyd's C.L.C.60 8]. 특히 영국 해상보험법상 보험계약 계속 중 기존계약의 내용을 추가 또는 변경할 때에는 해당 변경사항과 관련하여 중요한 사항에 대하여만 고지의무를 부담하는 것이지, 제18조에 규정된 고지의무와 같이 모든 중요한 사항에 대하여 고지하여야 하는 것은 아니다.

시사점

보험계약의 이행단계에서도 최대선의의무를 광범위하고 일반적인 의무로 인정하면 피보험자에게 과도한 부담을 초래하고 계약관계의 형평을 훼손할 우려가 있다. 따라서 일단 계약이 성립된 이후에는 계약상대방의 편의를 증대시키기 위하여 계약관계를 해치지 않을 의무로 완화된다고 보아야 한다.

3. 선하보험 지상[至上]약관

(대법원 2018. 3. 29. 선고 2014다41469 판결)

쟁점

선하증권에 일반적 준거법[영국 해상보험법] 조항이 있는데도 운송인의 책임범위에 관하여 국제협약을 입법화한 특정 국가의 법[미국 해상화물운송법]을 따르도록 규정하고 그것이 해당 국가 법률의 적용요건을 구비한 경우 운송인의 책임제한에 관하여는 위 국가의 법을 준거법으로 우선 적용하여야 하는지 여부(원칙적 적극)

판단

선하증권에 일반적 준거법[영국 해상보험법] 조항이 있는데도 운송인의 책임범위에 관하여 국제협약을 입법화한 특정국가의 법[미국 해상화물운송법]을 따르도록 규정하고 그것이 해당국가 법률의 적용요건을 구비한 경우, 운송인의 책임제한에 관하여는 위 국가의 법을 준거법으로 우선 적용하여야 한다.

> 국제계약에서 준거법 지정이 허용되는 것은 당사자자치(party autonomy)의 원칙에 근거하고 있다. 선하증권에 일반적인 준거법에 대한 규정이 있음에도 운송인의 책임범위에 관하여 국제협약이나 그 국제협약을 입법화 한 특정국가의 법을 우선 적용하기로 하는 이른바 '지상약관(Clause Paramount)'이 준거법의 부분지정(분할)인지 해당 국제협약이나 외국 법률규정의 계약내용으로의 편입인지는 기본적으로 당사자의 의사표시해석의 문제이다. 일반적 준거법조항이 있음에도 운송인의 책임범위에 관하여 국제협약을 입법화 한 특정국가의 법을 따르도록 규정하고, 그것이 해당 국가법률의 적용요건을 구비하였다면, 특별한 사정이 없는 한 운송인의 책임제한에는 그 국가의 법을 준거법으로 우선적으로 적용하는 것이 당사자의 의사에 부합한다.

시사점

일반적 준거법조항이 있음에도 운송인의 책임범위에 관하여 국제협약을 입법화 한 특정국가의 법을 따르도록 규정하고, 그것이 해당 국가 법률의 적용요건을 구비하였다면, 특별한 사정이 없는 한 운송인의 책임제한에는 그 국가의 법을 준거법으로 우선적으로 적용하는 것이 당사자의 의사에 부합한다.

4. 화물 수하인의 피보험이익

(대법원 2018. 3. 15. 선고 2017다240496 판결)

쟁점

매수인을 수하인으로 하여 항공화물운송인에게 운송물을 위탁하는 방법으로 물품을 인도하기로 하는 수출입매매계약이 체결된 경우, 특별한 사정이 없는 한 물품이 도착지에 도착함으로써 매수인이 운송인에 대하여 물품의 인도청구권을 취득하였을 때에 매도인으로부터 매수인에게 물품의 인도가 이루어지고 그 소유권이 매수인에게 이전된다.

판단

1. 운임 및 보험료 포함(Carriage and Insurance Paid, CIP) 조건으로 매수인을 수하인으로 하여 항공화물운송인에게 운송물을 위탁하는 방법으로 물품을 인도하기로 하는 수출입매매계약이 체결된 경우, 특별한 사정이 없는 한 물품이 도착지에 도착함으로써 매수인이 운송인에 대하여 물품의 인도청구권을 취득하였을 때에 매도인으로부터 매수인에게 물품의 인도가 이루어지고 그 소유권이 매수인에게 이전된다. 이 경우 매도인으로서는 운송계약의 대상인 수출물품이 목적지에 손상 없이 도착하여 상대방에게 무사히 인도되는 것에 관하여 기대이익(expected profit)을 포함하여 경제적 이익이 없다고 할 수 없으므로, 매도인과 보험회사 사이에 체결한 보험계약의 피보험이익이 매도인에게 없다고 볼 수 없다.

시사점

매도인으로서는 운송계약의 대상인 수출물품이 목적지에 손상 없이 도착하여 상대방에게 무사히 인도되는 것에 관하여 기대이익(expected profit)을 포함하여 경제적 이익이 없다고 할 수 없으므로, 매도인과 보험회사 사이에 체결한 보험계약의 피보험이익이 매도인에게 없다고 볼 수 없다.

5. 갑판멸실

(대법원 2016.6.23. 선고 2015다5194 판결)

쟁점

1. 외국적 요소가 있는 계약에서 당사자가 계약의 일부에 관하여만 준거법을 선택한 경우, 준거법 선택이 없는 부분에 관한 준거법(=계약과 가장 밀접한 관련이 있는 국가의 법)
2. 약관의 규제에 관한 법률 제3조 제3항 및 제4항 의 입법취지 및 고객이 약관의 내용을 충분히 잘 알고 있는 경우, 사업자가 고객에게 약관의 내용을 따로 설명할 필요가 있는지 여부(소극)
3. 영국해상보험법 및 관습에 따라 보험의 목적에 생긴 손해가 해상 고유의 위험으로 인하여 발생한 것이라는 점에 관한 증명책임의 소재(=피보험자) 및 증명의 정도[='증거의 우월(preponderance of evidence)'에 의한 증명]
4. 영국법의 적용을 받는 영국 런던 보험자협회(Institute of London Underwriters)의 적하약관(Institute Cargo Clause)에서 규정하고 있는 '갑판유실(甲板流失, Washing Overboard)'의 의미 및 이른바 '갑판멸실(甲板滅失, Los Overboard)'이 '갑판적재(甲板積載) 약관'(On-Deck Clause)의 담보범위에 포함되는지 여부(소극)

판단

1. 국제사법 제25조는 제1항 본문 및 제2항에서, "계약은 당사자가 명시적 또는 묵시적으로 선택한 법에 의한다.", "당사자는 계약의 일부에 관하여도 준거법을 선택할 수 있다."라고 규정하고, 제26조 제1항에서 "당사자가 준거법을 선택하지 아니한 경우에 계약은 그 계약과 가장 밀접한 관련이 있는 국가의 법에 의한다."라고 규정하고 있다. 따라서 외국적 요소가 있는 계약에서 당사자가 계약의 일부에 관하여만 준거법을 선택한 경우에 해당 부분에 관하여는 당사자가 선택한 법이 준거법이 되지만, 준거법 선택이 없는 부분에 관하여는 계약과 가장 밀접한 관련이 있는 국가의 법이 준거법이 된다.
2. 약관의 규제에 관한 법률 제3조 제3항이 사업자에 대하여 약관에 정하여져 있는 중요한 내용을 고객이 이해할 수 있도록 설명할 의무를 부과하고, 제4항이 이를 위반하여 계약을 체결한 경우에는 해당 약관을 계약의 내용으로 주장할 수 없도록 한 것은, 고객으로 하여금 약관을 내용으로 하는 계약이 성립되는 경우에 각 당사자를 구속하게 될 내용을 미리 알고 약관에 의한 계약을 체결하도록 함으로써 예측하지 못한 불이익을 받게 되는 것을 방지하여 고객을 보호하려는 데 입법 취지가 있다. 따라서 고객이 약관의 내용을 충분히 잘 알고 있는 경우에는 약관이 바로 계약내용이 되어 당사자에 대하여 구속력을 가지므로, 사업자로서는 고객에게 약관의 내용을 따로 설명할 필요가 없다.

3. 영국 해상보험법 및 관습에 의하면, 보험의 목적에 생긴 손해가 부보위험인 해상 고유의 위험으로 인하여 발생한 것이라는 점에 관한 증명책임은 피보험자가 부담하고, 증명의 정도는 이른바 '증거의 우월(preponderance of evidence)'에 의한 증명에 의한다.

4. 영국법의 적용을 받는 영국 런던 보험자협회(Institute of London Underwriters)의 적하약관(Institute Cargo Clause)에서 규정하고 있는 '갑판유실(갑판유실, Washing Overboard)'이란, 해수의 직접적인 작용으로 인하여 갑판 위에 적재된 화물이 휩쓸려 배 밖으로 유실되는 경우를 의미하는 제한적인 개념이므로, 악천후로 인한 배의 흔들림이나 기울어짐 등으로 인하여 갑판 위에 적재된 화물이 멸실되는 이른바 '갑판멸실(갑판멸실, Loss Overboard)'은 '갑판적재(갑판적재) 약관'(On-Deck Clause)의 담보범위에 포함되지 않는다.

6. 선박이 좌초 후 선원들의 하선으로 원주민들의 약탈은 보험사고에 기인하여 발생한 손해로 추정전손에 포함되는지 여부

(대법원87다카3070호, 91.5.14선고)

📋 쟁점

1. 선박보호약관상 추정전손에 관한 단일사고(Single Accident) 규정의 취지와 근인(Proximate Cause)의 원칙과의 관계
2. 선박의 좌초와 선원의 이선으로 인한 원주민의 약탈이 동일한 사고로부터 생기는 일연의 손해에 해당하는지 여부(적극)

📋 시사점

1. 선박보험약관상 추정전손 여부를 결정함에 있어서 단일사고규정은 단일사고로 인한 비용 또는 같은 사고에서 야기되는 일련의 손해로 인한 비용만을 고려하도록 규정한 것이다.
2. 단일사고(Single Accident) 규정은 보험목적물에 대한 전손만의 보험에 가입한 자가 어떤 보험사고로 손상을 입고도 이를 수리하지 아니하고 있다가 후의 보험사고로 입은 손해와 합하여 추정전손을 주장하지 못하도록 하기 위한 데에서 발단된 것이다.
3. 근인(Proximate Cause)의 원칙은 어떤 특정보험사고(담보위험)와 손해 사이의 인과관계에 관한 문제로서 수개의 보험사고를 한데 묶어 단일사고로 볼 수 있느냐의 문제와는 반드시 같다고 할 수 없고 오히려 단일사고의 문제는 각 손해와 보험사고 사이의 근인의 존재를 전제로 한 다음 단계의 문제이다.
4. 선박좌초 후 선원의 이선으로 인해 원주민이 선박을 약탈한 경우 원주민의 약탈은 선행의 주된 보험사고라 할 수 있는 좌초의 기회에, 좌초에 기인하여 발생한 것이라는 점에서 좌초와 약탈을 단일사고, 특히 동일한 사고로부터 생기는 일련의 손해(Sequence of damages arising from the same accident)에 해당한다.

7. 추정전손으로 인정되기 위한 선박수리비 판단의 근거 및 그 기준시점
(대법원 2002다21062호, 2002.6.28선고)

요지

영국 해상보험법의 규정과 관습에 의하면, 추정전손에 해당하는지 여부의 판단은 위부통지 당시에 객관적으로 실제 발생한 사실이 기초가 되어야 하고, 피보험자가 주관적으로 알고 있었던 사실이 그 판단의 기초가 되는 것은 아니며, 추정전손에 해당하는지 여부에 대한 판단의 기준시점은 보험자가 피보험자로 하여금 위부통지 혹은 그 통지에 대한 거절시점에서 소송이 제기된 것과 같은 지위에 있게 되는 것에 명시적으로 동의하지 않는 이상, 위부통지시의 사실관계가 아니고, 보험금 청구소송의 제소시(at the commencement of the action)에 존재하는 사실관계에 의하여 그 여부가 판단된다.

시사점

추정전손으로 인정되기 위한 선박수리비 판단의 근거 및 그 기준시점은 위부통지시의 사실관계가 아니고, 보험금 청구소송의 제소 시에 존재하는 사실관계에 의하여 그 여부가 판단된다고 판시하였다.

8. '보험증권에 영국의 법률과 관습에 따르기로 하는 규정과 아울러 감항증명서 발급을 담보한다는 내용의 명시적 규정이 있는 경우, 이 규정에 따라야 한다.'고 판시
(대법원 1994다60332호(96.10.11선고)

요지

보험증권에 그 준거법을 영국의 법률과 관습에 따르기로 하는 규정과 아울러 감항증명서의 발급을 담보한다는 내용의 명시적 규정이 있는 경우 이는 영국 해상보험법 제33조 소정의 명시적 담보에 관한 규정에 해당하고, 명시적 담보는 위험의 발생과 관련하여 중요한 것이든 아니든 불문하고 정확하게(exactly) 충족되어야 하는 조건(condition)이라 할 것인데, 해상보험에 있어서 감항성 또는 감항능력이 '특정의 항해에 있어서의 통상적인 위험에 견딜 수 있는 능력'(at the time of the insurance able to perform the voyage unless any external accident should happen)을 의미하는 상대적인 개념으로서 어떤 선박이 감항성을 갖추고 있느냐의 여부를 확정하는 확정적이고 절대적인 기준은 없으며 특정 항해에 있어서의 특정한 사정에 따라 상대적으로 결정되어야 하는 점 등에 비추어 보면, 부보선박이 특정 항해에 있어서 그 감항성을 갖추고 있음을 인정하는 감항증명서는 매 항해시마다 발급받아야 비로소 그 담보조건이 충족된다.

시사점

1. 명시적 담보는 위험의 발생과 관련하여 중요한 것이든 아니든 불문하고 정확하게(exactly) 충족되어야 하는 조건을 말한다.
2. 어떤 선박이 감항성을 갖추고 있느냐의 여부를 확정하는 확정적이고 절대적인 기준은 없으며 특정 항해에 있어서의 특정한 사정에 따라 상대적으로 결정되어야 하는 점 등에 비추어 보면, 부보선박이 특정 항해에 있어서 그 감항성을 갖추고 있음을 인정하는 감항증명서는 매 항해시마다 발급받아야 비로소 그 담보조건이 충족된다.
3. 해상보험에 있어서 감항성 또는 감항능력은 '특정의 항해에 있어서의 통상적인 위험에 견딜 수 있는 능력'(at the time of the insurance able to perform the voyage unless any external accident should happen)을 의미하는 상대적인 개념이다.

문제
보험위부에 대한 설명으로 옳지 않은 것은? (다툼이 있는 경우 판례에 의함)

▶ 2021년 제44회 기출문제

① 추정전손의 판단 기준시점은 위부통지시의 사실관계가 아니고, 보험금 청구소송의 제소 시에 존재하는 사실관계에 의하여 그 여부가 판단된다.
② 추정전손을 판단하는 주요 근거로의 선박수리비는 해당 보험사고로 인하여 발생한 손해에 한정되어야 하며, 보험사고로 인하여 발생하지 않은 수리비는 제외한다.
③ 선박이 좌초 후 선원들의 하선으로 인해 원주민이 선박을 약탈하는 손해가 발생한 경우, 원주민의 약탈은 선행하는 주된 보험사고인 좌초에 기인하여 발생한 것이 아닌 선원의 부주의에 의한 별건의 손해로서 추정전손의 계산에 포함되지 않는다.
④ 선박이 수선불능이며 다른 선박으로 적하의 운송을 할 수 없는 경우에는 원칙적으로 선박에 적재된 적하도 위부할 수 있다.

정답 ③

해설 피보험자가 보험사고로 인하여 자기의 선박 또는 적하의 점유를 상실하여 이를 회복할 가능성이 없거나, 회복하기 위한 비용이 회복하였을 때의 가액을 초과하리라고 예상될 경우에 위부할 수 있다고 규정(상법 제710조 ①)하고 있으며, 여기에서 점유상실이란, 선박의 침몰, 포획, 전쟁, 외국의 압류 등과 같이 피보험자의 통제를 벗어난 것을 의미합니다. '선박이 좌초 후 선원들의 하선으로 인해 원주민이 선박을 약탈하는 손해가 발생한 경우, 원주민의 약탈은 선행하는 주된 보험사고인 좌초에 기인하여 발생한 것이라는 점에서 좌초와 약탈을 단일사고, 특히, 이 사건 보험약관의 동일한 사고로부터 생기는 일련의 손해에 해당한다.'고 판시(대법원 87다카3070호, 91.5.14선고)하였다. 따라서, 선박이 좌초 후 선원들의 하선으로 원주민들의 약탈은 보험사고에 기인하여 발생한 손해로 추정전손에 포함되나, 아니라고 했으므로 틀린 지문으로 정답입니다.

① '추정전손의 판단 기준시점은 위부통지시의 사실관계가 아니고, 보험금청구소송의 제소 시에 존재하는 사실관계에 의하여 그 여부가 판단된다.'고 판시(대법원 2002다21062호(2002.6.28선고)하였다.

② '추정전손을 판단하는 주요 근거로의 선박수리비는 해당 보험사고로 인하여 발생한 손해에 한정되어야 하며, 보험사고로 인하여 발생하지 않은 수리비는 제외되어야 한다.'고 판시(대법원 2000다21062호, 02.6.28선고)하였다.

④ 선박이 수선불능이며 다른 선박으로 적하의 운송을 할 수 없는 경우에는 원칙적으로 선박에 적재된 적하도 위부할 수 있다. 단, 이 경우 선장이 지체 없이 다른 선박으로 적하의 운송을 계속할 때에는 피보험자는 그 적하의 보험위부를 할 수 없다.(상법 제712조)

제8장 책임보험

1. 피해자직접청구권과 자동차시세하락
(대법원 2019. 4. 11. 선고 2018다300708 판결)

쟁점

피해자의 직접청구권에 따라 보험자가 부담하는 손해배상채무는 보험계약을 전제로 하는 것이다. 보험계약에 따른 보험자의 책임한도액의 범위 내에서 인정되어야 한다는 취지이다. 따라서, 법원이 보험자가 피해자에게 보상하여야 할 손해액을 산정하면서 자동차종합보험약관의 지급기준에 구속될 것을 의미하는 것은 아니다.

판단

1. 교통사고 피해차량의 소유자인 甲이 가해차량의 보험자인 乙 보험회사를 상대로 차량의 교환가치 감소에 따른 손해에 관해 상법상 직접청구권을 행사하였으나, 乙 회사가 자동차 종합보험약관의 대물배상 지급기준에 '자동차 시세 하락의 손해'에 대해서는 수리비용이 사고 직전 자동차 거래가액의 20%를 초과하는 경우에만 일정액을 지급하는 것으로 규정하고 있다는 이유로 이를 거절하였다.
   → 피해차량은 교통사고로 통상의 손해에 해당하는 교환가치 감소의 손해를 입었고, 위 약관조항은 보험자의 책임한도액을 정한 것이 아니라 보험금 지급기준에 불과하여 乙 회사가 보상하여야 할 손해액을 산정하면서 법원이 약관조항에서 정한 지급기준에 구속될 것은 아니므로, 乙 회사는 甲에게 상법 제724조 제2항에 따라 교환가치감소의 손해를 배상할 의무가 있다.
2. 대법원은, 손해배상청구권 행사에 따라 법원이 손해액을 산정할 때에는 약관상 지급기준의 구속을 받지 않는데, 직접청구권의 법적 성질은 손해배상청구권이고, 시세하락손해 관련 자동차보험약관규정은 지급기준에 불과하므로, 법원은 위 약관 규정과 관계없이 시세하락손해를 인정할 수 있다고 판단한다.
3. 피해자가 직접청구권을 행사하여 법원이 보험자가 피해자에게 보상해야 할 손해액을 산정할 때 그 청구권의 성격은 손해배상청구권이므로, 이 경우 법원은 보험자의 '책임한도액' 범위 내에서 손해액을 산정하여야 하나 약관의 '지급기준'에는 구속되지 않는다고 본다.

- 자동차보험약관상 시세하락손해 관련 규정은 '책임한도액'이 아닌 '지급기준'에 관한 것이므로, 법원은 손해액 산정 시 이에 구속되지 않는다고 본다.

4. 따라서 수리비용이 사고 직전 자동차 거래가액의 20%를 초과해야 한다는 약관상 요건을 충족하지 못하였음에도 시세하락손해를 보상해야 한다고 판단한다.

시사점

1. 직접청구권이 피해자보호를 위해 특별히 도입되었다는 점을 감안하더라도, 보험계약상 보장대상에서 제외되는 항목까지 보상하도록 하는 것은 부당하다.
2. 직접청구권은 피해자보호를 위해 도입된 것이나, 보험자 입장에서 직접청구권의 상대방이 됨으로 인해 보험계약상 피보험자에게 부담하는 의무보다 무거운 의무를 부담하게 되는 것은 부당하다.
3. 대법원은 시세하락손해 관련 약관규정이 '지급기준'에 불과하여 법원이 이에 구속받지 않는다고 판시하고 있으나, 위 규정의 '인정기준액' 부분은 지급기준으로 보더라도 '지급대상'은 약관에 의한 보상대상에 한정하는 것이므로 '책임한도'를 의미한다고 봄이 타당하다.
4. 따라서 시세하락손해 관련 약관규정을 단순히 지급기준으로 보아 직접청구권 행사시 이를 고려하지 않아도 된다는 것이 대법원의 입장이다.

> ※ 피해자직접청구권의 법적성질은 보험자가 피보험자의 피해자에 대한 손해배상채무를 병존적으로 인수한 것이기 때문이다.(손해배상청구권)
> 1) 피해자의 직접청구권에 따라 보험자가 부담하는 손해배상채무는 보험계약을 전제로 하는 것이다. 보험계약에 따른 보험자의 책임한도액의 범위내에서 인정되어야 한다는 취지이다.
> 2) 그럼에도 불구하고 법원이 보험자가 피해자에게 보상하여야 할 손해액을 산정하면서 자동차종합보험약관의 지급기준에 구속될 것을 의미하는 것은 아니다.

5. 계약항변은 책임한도 지급조건은 가능하나, 지급기준항변은 불가하다.

2. 피해자직접청구권의 책임범위
(대법원 2019. 1. 17 선고 2018다245702 판결)

쟁점

피해자에게 인정되는 직접청구권의 법적 성질은 보험자가 피보험자의 피해자에 대한 손해배상채무를 병존적으로 인수한 것으로서 피해자가 보험자에 대하여 가지는 손해배상청구권이고, 피보험자의 보험자에 대한 보험금청구권의 변형 내지는 이에 준하는 권리가 아니다.

판단

상법 제724조 제2항에 의하여 피해자에게 인정되는 직접청구권의 법적 성질은 보험자가 피보험자의 피해자에 대한 손해배상채무를 병존적으로 인수한 것으로서 피해자가 보험자에 대하여 가지는 손해배상청구권이고, 피보험자의 보험자에 대한 보험금청구권의 변형 내지는 이에 준하는 권리가 아니다. 그러나 이러한 피해자의 직접청구권에 따라 보험자가 부담하는 손해배상채무는 보험계약을 전제로 하는 것으로서 보험계약에 따른 보험자의 책임한도액의 범위 내에서 인정되어야 한다. (대법원 2014. 9. 4. 선고 2013다71951 판결, 대법원 2017. 5. 18. 선고 2012다86895, 8690 1 전원합의체 판결 참조).

> 사례)
> 원고가 피고를 상대로 어린이놀이시설 배상책임 공제계약에 따른 손해배상을 구한 사안에서, 피고가 '위 공제계약 보통약관에 따라 상해등급 및 후유장해등급에 따른 공제금 지급한도 내에서 책임을 부담한다.'는 취지로 주장하여 공제계약에 따른 보험자의 책임한도액에 관한 항변을 하였으므로, 원심으로서는 위 약관규정이 보험자의 책임한도액을 규정한 것인지 등을 심리하여 위 항변의 당부나 그 인정범위에 대하여 판단하였어야 하는데도, 피해자의 직접청구권에 따라 보험자가 부담하는 손해배상채무의 범위에 관한 법리를 오해하여 책임 한도액에 관한 항변에 대한 판단을 누락하였다는 이유로 원심판결을 파기 환송한 사례

시사점

상해등급 및 후유장해등급에 따른 공제금 지급한도 내에서 책임을 부담한다.'는 취지로 주장하여 공제계약에 따른 보험자의 책임한도액에 관한 항변이 있다.

3. 채무이행보조자 책임

(대법원 2018. 12. 13 선고 2015다246186 판결)

📋 쟁점

민법 제391조 (채무자의 이행보조자의 고의·과실도 채무자의 고의·과실로 본다)에 의한 채무불이행책임이다.

⚖ 판단

甲주식회사는 복합화물운송주선사업 등을 영위하는 회사로 乙보험회사와 화물배상책임보험계약을 체결하였고, 그 후, 丙주식회사 등과 운송주선계약을 체결하여 수입화물에 대한 해상운송, 보세창고 보관, 통관작업 진행, 국내 배송을 위임받았는데, 위 화물이 인천항에 도착한 후 甲회사와 거래하던 丁주식회사 운영의 보세창고에 입고되었다가 원인불명의 화재로 모두 전소되자, 甲회사는 乙회사를 상대로 책임보험금의 지급을 구하였다.

질문 1 이 사고로 인하여 甲의 손해배상책임이 발생하는가?

질문 2 손해배상책임이 발생한다면 그러한 손해배상책임의 법적성질은?

> **답변 1)**
> 甲회사는 위 화물의 운송과정에서 운송인의 선택과 운송계약 체결뿐만 아니라 인천항 보세창고 보관, 통관절차 진행, 국내배송 (또는 그 운송계약 체결) 까지 위임받았고, 위임 받은 사무를 선량한 관리자의 주의로써 이행할 의무가 있으며, 丁회사의 위 화물에 대한 보관은 甲회사의 의사관여 아래 이루어진 甲회사의 채무이행행위에 속하는 행위이므로, 丁회사를 甲회사의 이행보조자라고 봄이 타당하다.
>
> **답변 2)**
> 민법 제391조 (채무자의 이행보조자의 고의 · 과실도 채무자의 고의. 과실로 본다)에 의한 채무불이행책임이다.

1. 상법 제15조에 의하면, 운송주선인은 자기나 그 사용인이 운송물의 수령, 인도, 보관, 운송인이나 다른 운송주선인의 선택, 기타 운송에 관하여 주의를 해태하지 아니하였음을 증명하지 아니하면 운송물의 멸실, 훼손 또는 연착으로 인한 손해를 배상할 책임을 면하지 못한다. 한편 민법 제391조에 정하고 있는 '이행보조자'로서 피용자는 채무자의 의사 관여 아래 그 채무의 이행행위에 속하는 활동을 하는 사람이면 충분하고 반드시 채무자의 지시 또는 감독을 받는 관계에 있어야 하는 것은 아니다. 따라서, 그가 채무자에 대하여 종속적인 지위에 있는지, 독립적인 지위에 있는지는 상관없다.

2. 운송주선인은 위탁자를 위하여 물건운송계약을 체결할 것 등의 위탁을 인수하는 것을 본래적인 영업목적으로 하나, 이러한 운송주선인이 다른 사람의 운송목적의 실현에 도움을 주는 부수적

인 업무를 담당할 수도 있는 것이어서 상품의 통관절차, 운송물의 검수, 보관, 부보, 운송물의 수령인도 등의 업무를 담당하고 있는 것이 상례이다.

시사점

민법 제391조에 정하고 있는 '이행보조자'로서 피용자는 채무자의 의사 관여 아래 그 채무의 이행 행위에 속하는 활동을 하는 사람이면 충분하고 반드시 채무자의 지시 또는 감독을 받는 관계에 있어야 하는 것은 아니다. 따라서, 그가 채무자에 대하여 종속적인 지위에 있는지, 독립적인 지위에 있는지는 상관없다.

4. 해상적하책임보험 피해자 직접청구권의 준거법
(대법원 2017. 10. 26. 선고 2015다4259 판결)

쟁점

외국적 요소가 있는 책임보험계약에서 제3자 직접청구권의 행사에 관한 법률관계에 대하여는 그 기초가 되는 책임보험계약에 적용되는 국가의 법이 가장 밀접한 관련이 있다고 보이므로, 그 국가의 법이 준거법으로 된다고 해석함이 타당하다.

판단

제3자가 외국의 법률이 준거법인 책임보험계약의 피보험자에 대하여 대한민국 법률에 의하여 손해배상청구권을 갖게 되어 우리나라에서 보험자에 대한 직접청구권을 행사할 경우의 준거법을 정하는 기준에 관하여 국제사법에는 직접적인 규정이 없다. 그러나 외국적 요소가 있는 책임보험계약에서 제3자 직접청구권의 행사에 관한 법률관계에 대하여는 그 기초가 되는 책임보험계약에 적용되는 국가의 법이 가장 밀접한 관련이 있다고 보이므로, 그 국가의 법이 준거법으로 된다고 해석함이 타당하다.

> **사례**
> 영국해운회사 A가 한국의 ○○화재보험회사에 "해상적하 책임보험계약"을 체결하였고, 해당 보험계약에는 ○○보험자의 책임에 관하여는 영국법을 적용하기로 하는 준거조항이 있는 경우, 피해자의 직접청구권 행사도 보험계약의 준거법에 따라야 하므로 영국법이 적용된다. 그러므로 해당 책임보험계약의 피보험자인 A가 화물을 안전하게 목적지까지 운송하지 못해 화물에 손해를 입힌 경우 화물의 소유주는 영국의 "제3자 권리법"을 준거법으로 하여 ○○화재보험회사에 대해 "피해자직접청구권"을 행사할 수 있다.

📖 시사점

해상보험에서는 준거법이 영국법이므로 영국법을 따라야 한다.

5. 공작물 소유자의 배상책임(공작물의 설치 · 하자)
 (대법원 2017. 8. 29. 선고 2017다27103 판결)

📖 쟁점

공작물의 설치·보존상의 하자가 사고의 공동원인중 하나가 되는 이상 사고로 인한 손해는 공작물의 설치·보존상의 하자로 생긴 것이라고 보아야 한다.

⚖️ 판단

갑 주식회사가 을 보험회사와 갑 회사소유의 상가건물 중 '상점- 백화점, 창고형 할인매장'으로 사용되는 부분에 관하여 피보험자를 갑 회사로 하는 영업배상책임보험을 체결하고, 위 건물 중 1층을 '상점- 백화점, 창고형 할인매장'용도로 임대하였는데, 1층 천장 겸 2층 바닥으로 사용되는 콘크리트 슬래브에 매설된 상수도 배관이 부식되어 파열되면서 누수가 발생하여 1층에 입점한 점포의 시설과 재고자산 등이 침수피해를 입은 사안에서

질문 1 공작물의 설치·보존상의 하자가 사고의 공동원인 중 하나인 경우, 사고로 인한 손해가 위 하자 때문에 생긴 것이라고 보아야 하는가?

질문 2 위 콘크리트 슬래브는 상가건물의 특정한 층에 배타적으로 귀속된 것이 아니라 건물전체에 공동으로 제공되거나 인접한 층들에 공동으로 제공·사용되는 부분이어서 위 건물 1층의 소유에도 필요한 부분이므로, 1층의 소유자인 갑 회사는 이를 유지·관리할 의무가 있고, 1층의 소유자 겸 임대인으로서 위 콘크리트 슬래브에 존재하는 설치·보존상 하자와 관련된 사고가 발생하는 경우 1층의 점유자나 임차인이 입은 손해를 배상할 책임이 발생한다.

답변 1)
공작물의 설치·보존상의 하자는 공작물이 그 용도에 따라 통상 갖추어야 할 안전성이 없는 것을 말한다. 여기에서 본래 갖추어야 할 안전성은 공작물 자체만의 용도에 한정된 안전성뿐만이 아니라 공작물이 현실적으로 설치되어 사용되고 있는 상황에서 요구되는 안전성을 뜻한다. 또한 공작물의 설치·보존상의 하자로 인한 사고는 공작물의 설치·보존상의 하자만이 손해발생의 원인이 되는 경우만을 말하는 것이 아니고, 공작물의 설치·보존상의 하자가 사고의 공동원인중 하나가 되는 이상 사고로 인한 손해는 공작물의 설치·보존상의 하자로 생긴 것이라고 보아야 한다.

답변 2) O

시사점

1층의 소유자인 갑 회사는 이를 유지·관리할 의무가 있고, 1층의 소유자 겸 임대인으로서 위 콘크리트 슬래브에 존재하는 설치·보존상 하자와 관련된 사고가 발생하는 경우 1층의 점유자나 임차인이 입은 손해를 배상할 책임이 발생한다.

6. 배상책임보험 시설소유자특약과 임차자 특약의 담보범위
(대법원 2017. 5. 18. 선고 2012다86895, 86901 판결(합))

쟁점

임대인은 목적물을 임차인에게 인도하고 임대차계약 존속 중에 그 사용, 수익에 필요한 상태를 유지하게 할 의무를 부담하므로 임대차계약 존속 중에 발생한 화재가 임대인이 지배·관리하는 영역에 존재하는 하자로 인하여 발생한 것으로 추단된다면, 그 하자를 보수·제거하는 것은 임대차목적물을 사용·수익하기에 필요한 상태로 유지하여야 하는 임대인의 의무에 속하며, 임차인이 하자를 미리 알았거나 알 수 있었다는 등의 특별한 사정이 없는 한, 임대인은 화재로 인한 목적물 반환의무의 이행불능 등에 관한 손해배상책임을 임차인에게 물을 수 없다.

판단

1. 임대차목적물이 화재 등으로 인하여 소멸됨으로써 임차인의 목적물 반환의무가 이행불능이 된 경우에, 임차인은 이행불능이 자기가 책임질 수 없는 사유로 인한 것이라는 증명을 다하지 못하면 목적물 반환의무의 이행불능으로 인한 손해를 배상할 책임을 지며, 화재 등의 구체적인 발생원인이 밝혀지지 아니한 때에도 마찬가지이다. 또한 이러한 법리는 임대차 종료 당시 임대차 목적물 반환의무가 이행불능상태는 아니지만 반환된 임차건물이 화재로 인하여 훼손되었음

을 이유로 손해배상을 구하는 경우에도 동일하게 적용된다. 한편 임대인은 목적물을 임차인에게 인도하고 임대차계약 존속 중에 그 사용, 수익에 필요한 상태를 유지하게 할 의무를 부담하므로(민법 제623조), 임대차계약 존속 중에 발생한 화재가 임대인이 지배·관리하는 영역에 존재하는 하자로 인하여 발생한 것으로 추단된다면, 그 하자를 보수·제거하는 것은 임대차목적물을 사용·수익하기에 필요한 상태로 유지하여야 하는 임대인의 의무에 속하며, 임차인이 하자를 미리 알았거나 알 수 있었다는 등의 특별한 사정이 없는 한, 임대인은 화재로 인한 목적물 반환의무의 이행불능 등에 관한 손해배상책임을 임차인에게 물을 수 없다.

2. 상법 제724조 제2항에 의하여 피해자에게 인정되는 직접청구권의 법적성질은 보험자가 피보험자의 피해자에 대한 손해배상채무를 병존적으로 인수한 것으로서 피해자가 보험자에 대하여 가지는 손해배상청구권이고, 피보험자의 보험자에 대한 보험금청구권의 변형내지는 이에 준하는 권리가 아니다. 그러나 이러한 피해자의 직접청구권에 따라 보험자가 부담하는 손해배상채무는 보험계약을 전제로 하는 것으로서 보험계약에 따른 보험자의 책임한도액의 범위내에서 인정되어야 한다.

질문 1 甲은 A건물의 1층을 영업목적으로 대여한 임차인이다. 그런데 甲의 영업으로 인한 화재가 발생하여 A건물의 1층과 2층에 손해가 발생하였다. 甲은 □□보험회사와 배상책임보험을 가입하였는데, 보험계약1은 임차자배상책임특약(①) 1억, 시설소유자배상책임특약(②) 1억(공제 10만원)을 가입하였으며 보험계약2는 임차자배상책임특약(③) 8,000만원을 가입한 상태이다. 1층의 손해와 2층의 손해가 각각 10억에 달한다고 할 때, A건물 소유자 乙이 □□보험회사에게 직접 청구할 수 있는 금액은 얼마인가?

답변 1)
乙은 □□보험회사에게 1층 건물의 손해에 대한 직접청구권을 1억원① + 8,000만원 ③을 청구할 수 있으며, 2층 건물의 손해에 대해서는 9,990만원②을 청구할 수 있다.

시사점

A건물소유자 乙은 □□보험회사에게 1층 건물의 손해에 대한 직접청구권을 1억원(임차자배책) ① + 8,000만원(임차자배책) ③을 청구할 수 있으며, 2층 건물의 손해에 대해서는 9,990만원(사소유관리자배책, 공제금 10만원, 임차물은 면책이므로 2층만 담보))②을 청구할 수 있다.

7. 적재물배상책임보험의 설명할 사항

(대법원 2016.9.23선고, 2016다221023 판결)

쟁점

적재물배상책임보험(의무보험)의 보통약관에서 '보상하는 손해'에 관하여 피보험자가 화주로부터 수탁받은 시점으로부터 수하인에게 인도하기까지의 운송과정(차량운송 및 화물운송 부수업무) 동안에 발생한 보험사고로 수탁화물에 대한 법률상의 배상책임을 부담함으로써 입은 손해를 보상한다.

판단

화물운송주선업 등을 영위하는 甲 주식회사가 乙 보험회사와 체결한 적재물배상책임보험(의무보험)의 보통약관에서 '보상하는 손해'에 관하여 피보험자가 화주로부터 수탁 받은 시점으로부터 수하인에게 인도하기까지의 운송과정(차량운송 및 화물운송 부수업무) 동안에 발생한 보험사고로 수탁화물에 대한 법률상의 배상책임을 부담함으로써 입은 손해를 보상한다고 규정한 사안에서,

질문 1 이러한 보험약관조항은 보험계약당시에 설명해야 할 중요한 사항이다?

> 답변 1) ×
> 위 보험계약은 화물자동차 운수사업법에 따라 일정 규모 이상의 화물자동차를 소유하고 있는 운송사업자나 특정 화물을 취급하는 운송주선사업자 등이 반드시 가입하여야 하는 의무보험으로서, 보험계약자인 甲 회사로서는 보험금 지급대상이 되는 보험사고가 '차량운송 및 화물운송 부수업무'가 이루어지는 육상운송 과정 동안에 발생한 보험사고에 한정되고 수탁화물을 적재한 차량이 선박에 선적되어 선박을 동력수단으로 해상구간을 이동하는 경우에는 제외된다는 설명을 들었더라도 보험계약을 체결하였을 것으로 보이므로, 위 약관조항은 명시·설명의무의 대상이 되는 보험계약의 중요한 내용이라고 할 수 없다.

시사점

의무보험은 강제보험이므로 무조건 가입하여야 하므로 설명의무가 경감된다.

8. 재보험자의 보험자대위권
(대법원 2015.6.11 선고, 2012다10386 판결)

쟁점

보험자가 피보험자에게 보험금을 지급하면 보험자대위의 법리에 따라 피보험자가 보험사고의 발생에 책임이 있는 제3자에 대하여 가지는 권리는 지급한 보험금의 한도에서 보험자에게 당연히 이전된다.(상법 제682조)

1. 재보험자가 원보험자에게 재보험금을 지급한 경우, 원보험자가 취득한 제3자에 대한 권리가 다시 재보험자에게 이전되는지 여부/재보험자가 원보험자에게 재보험금을 지급함으로써 보험자대위에 의하여 원보험자가 제3자에 대하여 가지는 권리를 취득하였는데, 원보험자가 제3자와 기업개선약정을 체결하여 제3자가 발행한 주식의 신주인수대금채무와 제3자의 채무를 상계계약 방식으로 출자전환을 함으로써 제3자에 대한 채권을 소멸시키고 출자전환주식을 취득한 경우, 재보험자의 보험자대위에 의한 권리가 원보험자가 제3자에 대한 권리행사의 결과로 취득한 출자전환주식에 대하여 미치는지 여부(적극)및 이는 재재보험관계에서도 마찬가지인지 여부(적극)

2. 변제자인 채무자와 변제수령자인 채권자가 약정에 의하여 변제충당에 관한 민법 제476조 내지 제479조의 규정을 배제하고 제공된 급부를 어느 채무에 어떤 방법으로 충당할 것인가를 결정할 수 있는지 여부(적극)및 이는 상계의 경우에도 마찬가지인지 여부(적극)

3. 변제수령권자인 채권자가 채무자와 미리 정한 변제충당 약정에 따라 스스로 적당하다고 인정하는 순서와 방법으로 변제충당을 한 경우, 변제자에 대한 의사표시와 관계없이 충당의 효력이 있는지 여부(적극)및 이러한 법리는 상계의 경우에도 마찬가지로 적용되는지 여부(적극)

판단

재보험자가 원보험자에게 재보험금을 지급함으로써 보험자대위에 의하여 원보험자가 제3자에 대하여 가지는 권리를 취득한 경우에 원보험자가 제3자와 기업개선약정을 체결하여 제3자가 원보험자에게 주식을 발행하여 주고 원보험자의 신주인수대금채무와 제3자의 채무를 같은 금액만큼 소멸시키기로 하는 내용의 상계계약방식에 의하여 출자전환을 함으로써 재보험자가 취득한 제3자에 대한 채권을 소멸시키고 출자전환주식을 취득하였다.

질문 1 재보험자의 보험자대위권은 출자전환주식에 대해서도 미치는가?

답변 1) ○

보험자가 피보험자에게 보험금을 지급하면 보험자대위의 법리에 따라 피보험자가 보험사고의 발생에 책임이 있는 제3자에 대하여 가지는 권리는 지급한 보험금의 한도에서 보험자에게 당연히 이전되고(상법 제682조), 이는 재보험자가 원보험자에게 재보험금을 지급한 경우에도 마찬가지이다. 따라서 재보험관계에서 재보험자가 원보험자에게 재보험금을 지급하면 원보험자가 취득한 제3자에 대한 권리는 지급한 재보험금의 한도에서 다시 재보험자에게 이전된다. 그리고 재보험자가 보험자대위에 의하여 취득한 제3자에 대한 권리의 행사는 재보험자가 이를 직접 하지 아니하고 원보험자가 재보험자의 수탁자의 지위에서 자기명의로 권리를 행사하여 그로써 회수한 금액을 재보험자에게 재보험금의 비율에 따라 교부하는 방식에 의하여 이루어지는 것이 상관습이다. 그러므로 이 사례에서의 원보험자가 재보험자의 수탁자의 지위에서 재보험자가 취득한 제3자에 대한 권리를 행사한 것이라 할 것이므로, 재보험자의 보험자대위에 의한 권리는 원보험자가 제3자에 대한 권리행사의 결과로 취득한 출자전환주식에 대하여도 미친다. 그리고 이러한 법리 및 상관습은 재재보험관계에서도 마찬가지로 적용된다.

시사점

재보험자의 보험자대위에 의한 권리는 원보험자가 제3자에 대한 권리행사의 결과로 취득한 출자전환주식에 대하여도 미친다. 그리고 이러한 법리 및 상관습은 재보험관계에서도 마찬가지로 적용된다

9. 집행공탁과 피해자직접청구권
(대법원 2014.9.25 선고, 2014다207672 판결)

쟁점

A보험회사가 공탁한 이상 피해자인 甲은 A보험회사에 대하여 피해자 직접청구권을 행사할 수 있다. 보험자는 제3자가 피보험자로부터 배상을 받기 전에는 피보험자에 대한 보험금 지급으로 피해자에게 대항할 수 없다.

판단

甲이 소유한 건물의 점유자인 乙은 A보험회사와 그 건물에 대한 배상책임보험계약을 체결하였다. 이후 乙의 전열기 관리에 있어서 방호조치하자로 인한 화재로 건물에 손해가 발생하였다. A보험회사는 보험금청구권에 대한 가압류 경합을 이유로 보험금 상당액을 집행공탁하였다.

질문 1 A보험회사가 공탁한 이상 피해자인 甲은 A보험회사에 대하여 피해자 직접청구권을 행사할 수 없다?

> 답변 1) ×
> 보험자는 제3자가 피보험자로부터 배상을 받기 전에는 피보험자에 대한 보험금 지급으로 피해자에게 대항할 수 없다.

상법 제724조 제1항은, 피보험자가 상법 제723조 제1항, 제2항의 규정에 의하여 보험자에 대하여 갖는 보험금청구권과 제3자가 상법 제724조 제2항의 규정에 의하여 보험자에 대하여 갖는 직접청구권의 관계에 관하여, 제3자의 직접청구권이 피보험자의 보험금청구권에 우선한다는 것을 선언하는 규정이므로, 보험자로서는 제3자가 피보험자로부터 배상을 받기 전에는 피보험자에 대한 보험금 지급으로 직접청구권을 갖는 피해자에게 대항할 수 없다. 그런데 피보험자가 보험계약에 따라 보험자에 대하여 가지는 보험금청구권에 관한 가압류 등의 경합을 이유로 한 집행공탁은 피보험자에 대한 변제공탁의 성질을 가질 뿐이므로, 이러한 집행공탁에 의하여 상법 제724조 제2항에 따른 제3자의 보험자에 대한 직접청구권이 소멸된다고 볼 수는 없으며, 따라서 집행공탁으로써 상법 제724조 제1항에 의하여 직접청구권을 가지는 제3자에게 대항할 수 없다.

시사점

피해자 직접청구권에 대하여 보험사 공탁으로 대항하지 못한다.

문제 재보험에 관한 설명으로 옳지 않은 것은? (다툼이 있는 경우 판례에 의함)

▶ 2021년 제44회 기출문제

① 책임보험에 관한 규정은 그 성질에 반하지 않는 범위 내에서 재보험계약에 준용된다.
② 재보험자가 원보험자에게 보험금을 지급하면 지급한 재보험금의 한도 내에서 원보험자가 제3자에 대하여 가지는 권리를 대위 취득한다.
③ 재보험자가 보험자대위에 의하여 취득한 제3자에 대한 권리의 행사는 재보험자가 이를 직접 하지 아니하고 원보험자가 재보험자의 수탁자의 지위에서 자기명의로 권리를 행사하여 그로써 회수한 금액을 재보험자에게 재보험금의 비율에 따라 교부하는 방식으로 이루어지는 것이 상관습이다.
④ 재보험자의 보험자대위에 의한 권리는 원보험자가 제3자에 대한 권리행사의 결과로 취득한 출자전환 주식에 대하여는 미치지 아니한다.

정답 ④

해설 재보험자의 보험자대위에 의한 권리는 원보험자가 제3자에 대한 권리행사의 결과로 취득한 출자전환주식에 대해서도 미친다고 판시하였는데, 아니라고 했으므로 틀린 지문으로 정답입니다.(대법원 2015.6.11.선고 2012다10386 판결)
① 상법 제726조 규정
② '재보험관계에서 재보험자가 원보험자에게 재보험금을 지급하면 지급한 재보험금의 한도 내에서 원보험자가 제3자에 대하여 가지는 권리를 대위 취득한다.'고 판시했다.(대법원 2015.6.11.선고 2012다10386 판결)
③ '재보험자가 보험자대위에 의하여 취득한 제3자에 대한 권리의 행사는 재보험자가 이를 직접하지 아니하고 원보험자가 재보험자의 수탁자의 지위에서 자기명의로 권리를 행사하여 그로써 회수한 금액을 재보험자에게 재보험금의 비율에 따라 교부하는 방식으로 이루어지는 것이 상관습이다.'고 판시했다.(대법원 2015.6.11.선고 2012다10386 판결)

제9장 자동차보험

1. 자동차상해담보에서 소제기전의 의미(부상에 의한 지급기준금액인지 여부, 객관적·획일적 해석의 원칙)
(대법원 2023. 6. 15. 선고 2021다206691 판결)

쟁점

1. 보험약관의 해석에서 객관적·획일적 해석의 원칙
2. 자동차상해보험의 법적 성격
3. 갑의 배우자 을이 병 보험회사와 체결한 업무용자동차보험계약에는 갑을 피보험자로 하는 자동차상해 담보특약이 포함되어 있고, 위 보험계약에 편입된 자동차상해 특별약관에는 피보험자가 피보험자동차 운행으로 인한 사고로 죽거나 상해를 입은 경우 '실제손해액'에서 비용을 더하고 공제액을 뺀 금액을 보험금으로 지급하며, 이때 '실제손해액'은 '〈별표1〉 대인배상, 무보험자동차에 의한 상해보험금 지급기준에 따라 산출한 금액' 또는 '소송이 제기되었을 경우에는 법원의 확정판결 등에 따른 금액으로서 과실상계 및 보상한도를 적용하기 전의 금액'을 의미한다고 규정되어 있음.
4. 그런데, 갑이 피보험자동차 운행 중 발생한 사고로 상해를 입자 병 회사를 상대로 자동차상해 담보특약에 따른 보험금의 지급을 구하는 소를 제기한 사안에서, 자동차상해 특별약관상 '법원의 확정판결 등에 따른 금액으로서 과실상계 및 보상한도를 적용하기 전의 금액'을 '실제손해액'으로 볼 수 있게 되는 <u>'소송이 제기된 경우'란 보험사고에 해당하는 자동차사고 피해에 관하여 손해배상청구 등 별개의 소가 제기된 경우를 의미하는 것이지</u> 위 특별약관에 따라 <u>자동차상해보험금을 청구하는 소 그 자체가 제기된 경우는 포함되지 않는다</u>고 해석함이 타당한데도, 이와 달리 본 원심판결에는 법리오해의 잘못이 있다고 한 사례

판단

1. 보험약관은 신의성실의 원칙에 따라 당해 약관의 목적과 취지를 고려하여 공정하고 합리적으로 해석하되, 개개의 계약당사자가 기도한 목적이나 의사를 참작함이 없이 평균적 고객의 이해가능성을 기준으로 보험단체 전체의 이해관계를 고려하여 객관적·획일적으로 해석하여야 한다.
2. 자동차상해보험은 피보험자가 피보험자동차를 소유·사용·관리하는 동안에 생긴 피보험자동차의

사고로 인하여 상해를 입었을 때에 보험자가 보험약관에 정한 사망보험금이나 부상보험금 또는 후유장해보험금 등을 지급할 책임을 지는 인보험의 일종으로서 그 성질상 상해보험에 속한다.

3. 갑의 배우자 을이 병 보험회사와 체결한 업무용자동차보험계약에는 갑을 피보험자로 하는 자동차상해 담보특약이 포함되어 있고, 위 보험계약에 편입된 자동차상해 특별약관에는 피보험자가 피보험자동차 운행으로 인한 사고로 죽거나 상해를 입은 경우 '실제손해액'에서 비용을 더하고 공제액을 뺀 금액을 보험금으로 지급하며, 이때 '실제손해액'은 '〈별표1〉 대인배상, 무보험자동차에 의한 상해보험금 지급기준에 따라 산출한 금액' 또는 '소송이 제기되었을 경우에는 법원의 확정판결 등에 따른 금액으로서 과실상계 및 보상한도를 적용하기 전의 금액'을 의미한다고 규정되어 있음.

4. 그런데, 갑이 피보험자동차 운행 중 발생한 사고로 상해를 입자 병 회사를 상대로 자동차상해 담보특약에 따른 보험금의 지급을 구하는 소를 제기한 사안에서, 자동차상해 특별약관상 '법원의 확정판결 등에 따른 금액으로서 과실상계 및 보상한도를 적용하기 전의 금액'을 '실제손해액'으로 볼 수 있게 되는 '소송이 제기된 경우'란 보험사고에 해당하는 자동차사고 피해에 관하여 손해배상청구 등 별개의 소가 제기된 경우를 의미하는 것이지 위 특별약관에 따라 자동차상해보험금을 청구하는 소 그 자체가 제기된 경우는 포함되지 않는다고 해석함이 타당함.

5. 따라서, 갑이 위 사고와 관련하여 일반적인 손해액 산정 기준에 따라 갑의 손해액을 인정해야 할 다른 소송이 계속되거나 그에 관한 확정판결 등이 존재하지 않는 상태에서 자동차상해보험금 지급을 구하는 소를 제기한 이상, 위 특별약관상 '실제손해액'은 '〈별표1〉 대인배상, 무보험자동차에 의한 상해보험금 지급기준'에 따라 계산되어야 하는데도, 이와 달리 본 원심판결에는 보험약관의 해석에 관한 법리오해의 잘못이 있다고 한 사례.

2. 적재함에서 미끄러진 사고가 자손담보의 자동차사고인지 여부
(대법원 2023. 2. 2. 선고 2022다266522 판결)

쟁점

1. 자동차보험계약의 자기신체사고에서 '자동차를 그 용법에 따라 사용한다.'는 것의 의미 / 자동차의 용법에 따른 사용 이외에 사고의 다른 직접적인 원인이 존재하거나 용법에 따른 사용 도중 일시적으로 본래의 용법 이외의 용도로 사용한 경우에도 전체적으로 용법에 따른 사용이 사고발생의 원인이 된 것으로 평가될 수 있다면 이를 자동차의 사고로 보아야 하는지 여부(적극)

2. 갑이 을 보험회사와 체결한 영업용자동차보험계약의 피보험차량인 트럭의 적재함에 화물을 싣고 운송하다가 비가 내리자 시동을 켠 상태로 운전석 지붕에 올라가 적재함에 방수비닐을 덮던 중 미끄러져 상해를 입은 사안에서, 위 사고는 전체적으로 피보험차량의 용법에 따른 사용이 사고발생의 원인이 되었으므로 보험계약이 정한 보험사고에 해당한다고 판시.

판단

1. 자동차보험계약상 자기신체사고로 규정된 "피보험자가 피보험자동차를 소유, 사용, 관리하는 동안에 생긴 피보험자동차의 사고로 인하여 상해를 입었을 때"라고 함은, 피보험자가 피보험자동차를 그 용법에 따라 소유, 사용, 관리하던 중 그 자동차에 기인하여 피보험자가 상해를 입은 경우를 의미하고, 이때 자동차를 그 용법에 따라 사용한다는 것은 자동차의 용도에 따라 그 구조상 설비되어 있는 각종의 장치를 각각의 장치목적에 따라 사용하는 것을 말하며, 한편 자동차를 그 용법에 따른 사용 이외에 그 사고의 다른 직접적인 원인이 존재하거나, 그 용법에 따른 사용의 도중에 일시적으로 본래의 용법 이외의 용도로 사용한 경우에도 전체적으로 위 용법에 따른 사용이 사고발생의 원인이 된 것으로 평가될 수 있다면 역시 자동차의 사고라고 보아야 한다.
2. 갑이 을 보험회사와 체결한 영업용자동차보험계약의 피보험차량인 트럭의 적재함에 화물을 싣고 운송하다가 비가 내리자 시동을 켠 상태로 운전석 지붕에 올라가 적재함에 방수비닐을 덮던 중 미끄러져 상해를 입은 사안에서, 위 사고는 전체적으로 피보험차량의 용법에 따른 사용이 사고발생의 원인이 되었으므로 보험계약이 정한 보험사고에 해당한다고 판시.

3. 정비업자의 지연수리로 인한 추가 렌트비 부담
(대법원 2021. 9. 9. 선고 2016다203933 판결)

쟁점

정비업자가 적정 수리기간을 초과하여 지연수리를 하였더라도, 고의적으로 수리를 지연한 것이 아닌 이상 보험회사는 정비업자에게 지연수리로 인한 추가렌트비 상당의 손해배상을 청구할 수 없다.

판단

1. A 손해보험회사는 B 자동차회사를 상대로 B사 직영 정비소의 지연수리로 인해 A가 추가로 부담하게 된 렌트비 상당의 손해의 배상을 청구했다.
2. 대법원은 B사 직영 정비소가 적정 수리기간 내 수리를 마치지 못하였다는 사정만으로 위법하게 수리를 지연하였다고 볼 수는 없으므로 손해배상책임이 인정되지 않는다고 판단했다.
3. 정비업자가 적정 수리기간을 초과하여 지연수리를 하였더라도, 고의적으로 수리를 지연한 것이 아닌 이상 보험회사는 정비업자에게 지연수리로 인한 추가 렌트비 상당의 손해배상을 청구할 수 없다.

시사점

1. 직영 정비소 선호에 따른 대기 차량 증가, 부품 조달 지연, 인력 부족 등 정비업자의 귀책사유로 볼 수 없는 사정으로 수리가 지연되는 경우에는 정비업자가 추가 렌트비에 대해 손해배상책임을 진다고 보기 어려울 것이다.
2. 직영 정비소 선호 경향으로 인한 만성적 지연수리는 추가 렌트비를 발생시켜 자동차보험에 큰 부담이 되고 있으나, 본 판결로 인해 고의적 지연수리가 아닌 한 보험회사는 정비업자에 추가 렌트비를 청구할 수 없게 됨. 이러한 점을 고려할 때 본 건 대법원 판결의 결론 자체는 타당한 것으로 보인다.
3. 고의적인 수리지연이 아닌 경우 통상의 손해로 볼 수 없다.

4. 구상금
(대법원 2020. 5. 14. 선고 2018다269739 판결)

쟁점

피보험자 개별적용의 원칙에 의하면, 복수의 피보험자 중 일부만이 피해자와 신분상 내지 생활관계상 일체를 이루는 관계가 있을 뿐이고 다른 피보험자는 이러한 관계가 없는 경우에 보험자는 피해자 측 과실과 무관하게 보상책임을 부담한다.

판단

1. 갑 주식회사를 기명피보험자, 을을 승낙피보험자, 병 보험회사의 피보험차량이 이를 운전하던 을의 과실로 전복된 후 정이 운전하던 무 보험회사의 피보험차량에 충격을 당하여 병 회사 피보험차량에 동승하고 있던 을(승낙피보험자)의 어머니 기가 상해를 입었다.

2. 무 회사가 보험약관의 치료관계비 전액보상 규정에 따라 기에게 치료비를 전액 지급한 다음 병 회사를 상대로 을의 과실비율에 따른 구상금을 청구하였는데, 병 회사가 공동불법행위자인 을과 피해자인 기는 직계가족인 모자지간으로 신분상 내지 사회생활상 일체를 이루는 관계이므로, '자동차보험 구상금 분쟁심의에 관한 상호협정'상 선처리사 무(우선적으로 손해배상금을 지급하는 협정회사)와 후처리사 병(선처리사에게 구상금을 지급할 책임이 있는 협정회사) 사이의 구상 절차와 방법을 정한 위 상호협정 시행규약 조항에 따라 선처리사인 무 회사는 피해자측 과실인 을의 과실을 상계한 나머지 금액에 대해서만 보상하거나 위 시행규약조항에서 정한 절차를 거쳐 보상한 다음 후처리사인 병에게 구상하여야 한다고 주장했다.

3. 그러나, 이를 준수하지 않고 약관지급기준 상 치료관계비 전액지급규정에 따라 전액을 지급하였다며 구상금지급을 거부한 사안에서, 자동차보험에서 동일 자동차사고로 인하여 피해자에 대하여 배상책임을 지는 피보험자가 복수로 존재하는 경우에는 피보험이익도 피보험자마다 개별로 독립하여 존재하는 것이므로 각각의 피보험자마다 손해배상책임의 발생요건이나 면책조항의 적용 여부 등을 개별적으로 가려서 보상책임의 유무를 결정하는 것이 원칙이다.

4. 따라서, 이러한 피보험자 개별적용의 원칙에 의하면, 복수의 피보험자 중 일부만이 피해자와 신분상 내지 생활관계상 일체를 이루는 관계가 있을 뿐이고 다른 피보험자는 이러한 관계가 없는 경우에 보험자는 피해자 측 과실과 무관하게 보상책임을 부담하므로, 위 시행규약 조항은 피보험자 개별적용 원칙에 따라 피해자 측에 해당하지 않는 피보험자(갑 회사)가 존재하여 후처리사가 피해자에게 여전히 손해배상책임을 부담하는 경우에는 적용되지 않는다고 봄이 타당하다.

5. 자동차보험 표준약관이 보험금 지급기준을 정하면서 '소송이 제기된 경우에는 약관이 적용되지 않고 일반적인 손해배상금 산정기준이 적용된다'고 규정하고 있으나, 이때 '소송'은 기본적으로 피해자나 피보험자와 그 보험자 사이에서 제기된 소송을 의미하고, 더 나아가 공동불법행위자

중 1인의 보험회사가 자동차보험 표준약관의 치료관계비 전액보상 규정에 따라 적법하게 피해자에게 손해를 보상한 후 다른 공동불법행위자 중 1인의 보험회사를 상대로 구상금청구소송을 제기한 경우와 같이 처음부터 약관이 적용될 여지가 없었던 보험회사 사이에 제기된 구상금청구소송까지 의미한다고 볼 수는 없다.

6. 따라서, 선처리사 무가 후처리사 병을 상대로 구상금청구소송을 제기한 때에는 여전히 자동차보험 표준약관에서 정한 치료관계비 전액보상 규정의 적용이 배제되지 않으므로, 선처리사인 무회사가 치료관계비 전액보상규정에 따라 피해자인 기에게 치료비 전액을 지급하면서 위 시행규약조항에서 정한 절차나 방법을 준수하지 않았다고 하더라도 이후 후처리사인 병회사가 이를 이유로 무회사에게 구상금 지급을 거부할 수 없다.

시사점

선처리사가 치료관계비 전액 보상 규정에 따라 피해자에게 치료비 전액을 지급하면서 위 선처리규정에서 정한 절차나 방법을 준수하지 않았다고 하더라도 이후 후처리사가 이를 이유로 선처리사에게 구상금 지급을 거부할 수 없다.

5. 일실수입의 기초
(대법원 2019. 9. 26 선고 2017다280951 판결)

쟁점

정형외과 전문의 자격을 취득한 후 군의관으로 복무하던 甲이 피해차량을 운전하다가 乙이 운전하던 가해차량에 충격을 당하여 치료 중 사망하자, 甲의 전역 이후 일실수입을 고용형태별 근로실태조사 보고서의 '보건·사회복지 및 종교 관련직' 통계소득을 기준으로 산정한 원심판단에는 일실수입 산정에 관한 법리오해의 잘못이 있다.

판단

불법행위로 사망한 피해자가 임기가 정해진 직업에 종사하고 있었던 경우, 임기만료 후 장차 종사 가능하다고 보이는 직업과 소득을 조사, 심리하여 일실수입 산정의 기초로 삼아야 하는지 여부(○) 및 여러 직종을 묶어 직군별로 분류한 통계소득 자료에서 피해자가 종사하는 직종을 포함하는 직군이 서로 유사하지 않은 직종으로 구성된 경우, 그 직군의 통계소득으로 피해자의 예상소득을 산정하는 것이 허용되는지 여부(×)

→ 정형외과 전문의 자격을 취득한 후 군의관으로 복무하던 甲이 피해차량을 운전하다가 乙이 운전하던 가해차량에 충격을 당하여 치료중 사망하자, 甲의 부모가 乙과 가해차량의 보험자인 丙 보험회사를 상대로 손해배상을 구한 사안에서, 甲의 전역 이후 일실수입을 고용형태별 근로실태조사 보고서의 '보건·사회복지 및 종교 관련직' 통계소득을 기준으로 산정한 원심판단에는 일실수입 산정에 관한 법리오해의 잘못이 있다.

시사점

정형외과 전문의 자격을 취득한 후 군의관으로 복무하던 甲이 피해차량을 운전하다가 乙이 운전하던 가해차량에 충격을 당하여 치료 중 사망하자, 甲의 전역 이후 일실수입을 고용형태별 근로실태조사 보고서의 '의사'에 준한 통계소득을 기준으로 산정하여야 한다.

6. 자동차손해배상보장법의 의료비 합의간주 의미
(대법원 2019. 7. 4 선고 2018다304229 판결)

쟁점

보험회사가 건강보험심사평가원의 심사결과에 따른 진료비를 의료기관에 지급함으로써 보험회사와 의료기관 사이에 위 법률조항에서 정한 합의간주의 효력이 발생하더라도, 보험회사가 의료기관에 지급한 진료비 중 당해 교통사고와 상당인과관계가 인정되지 않는 상해 등의 치료를 위하여 지급된 금원상당액은 피해자가 보험회사에 대한 관계에서 법률상 원인 없이 이득을 얻었다고 봄이 타당하므로, 보험회사는 피해자에게 그 부당이득의 반환을 구할 수 있다.

판단

자동차손해배상 보장법 제19조 제3항에서 정한 합의간주 규정의 취지 및 보험회사가 건강 보험심사평가원의 심사결과에 따른 진료비를 의료기관에 지급함으로써 보험회사와 의료기관 사이에 위 조항에서 정한 합의간주의 효력이 발생한 경우, 위 진료비 중 당해 교통사고와 상당인과관계가 인정되지 않는 상해 등 치료를 위하여 지급한 금원 상당액에 대하여 보험회사가 피해자에게 부당이득반환을 구할 수 있는지 여부 (○ ×)

> 1) 자동차손해배상 보장법 제19조 제3항은, 의료기관의 보험회사에 대한 자동차보험진료수가 청구에 관한 건강보험심사평가원의 심사결과를 통보받은 보험회사와 의료기관이 통보받은 날로부터 30일 이내에 자동차보험진료수가 분쟁심의회에 심사를 청구하지 아니하면 보험회사와 의료기관은 그 기간이 끝나는 날에 의료기관이 지급 청구한 내용 또는 심사결과에 합의한 것으로 본다고 규정하고 있다.
> 2) 위 법률조항은, 자동차보험진료수가를 둘러싼 보험회사와 의료기관 사이의 분쟁을 조속히 마무리하여 교통사고 피해자의 적절한 진료를 보장하기 위한 것이고, 교통사고로 인하여 발생한 보험회사와 피해자 사이의 법률관계를 규율하기 위한 것은 아니다. 따라서 보험회사가 건강보험심사평가원의 심사결과에 따른 진료비를 의료기관에 지급함으로써 보험회사와 의료기관 사이에 위 법률조항에서 정한 합의간주의 효력이 발생하더라도, 보험회사가 의료기관에 지급한 진료비 중 당해 교통사고와 상당인과관계가 인정되지 않는 상해 등의 치료를 위하여 지급된 금원상당액은 피해자가 보험회사에 대한 관계에서 법률상 원인없이 이 이득을 얻었다고 봄이 타당하므로, 보험회사는 피해자에게 그 부당이득의 반환을 구할 수 있다.

답 : ○

시사점

보험회사가 건강보험심사평가원의 심사결과에 따른 진료비를 의료기관에 지급함으로써 보험회사와 의료기관사이에 위 법률조항에서 정한 합의간주의 효력이 발생하더라도, 그 합의는 의료기관에 국한한다. 피해자와는 별개다. 따라서, 의료기관사이에 위 법률조항에서 정한 합의간주의 효력이 발생하더라도, 보약같은 경우 피해자에세 부당이득반환청구가 가능하다.

7. 자보 국가유공자 면책조항
(대법원 2019. 5. 30 선고 2017다16174 판결)

쟁점

군인연금법과 구 공무원연금법은 취지나 목적에서 유사한 면이 있으나, 별도의 규정체계를 통해 서로 다른 적용대상을 규율하고 있는 만큼 서로 상이한 내용들로 규정되어 있기도 하므로, 군인연금법이 국가배상법 제2조 제1항 단서에서 정한 '다른 법령'에 해당한다고 하여, 구 공무원연금법도 군인연금법과 동일하게 취급되어야 하는 것은 아니다.

판단

1. 업무용 자동차종합보험계약의 관용자동차 면책약관은 군인 등의 피해자가 다른 법령에 의하여 보상을 지급받을 수 있어 국가나 지방자치단체가 국가배상법 제2조 제1항 단서에 따라 손해배상책임을 부담하지 않는 경우에 한하여 적용되는 것인지 여부(○)
2. 경찰공무원인 피해자가 구 공무원연금법에 따라 공무상 요양비를 지급받는 것이 국가배상법 제2조 제1항 단서에서 정한 '다른 법령의 규정'에 따라 보상을 지급받는 것에 해당하는지 여부(×)

> → 군인연금법과 구 공무원연금법은 취지나 목적에서 유사한 면이 있으나, 별도의 규정체계를 통해 서로 다른 적용대상을 규율하고 있는 만큼 서로 상이한 내용들로 규정되어 있기도 하므로, 군인연금법이 국가배상법 제2조 제1항 단서에서 정한 '다른 법령'에 해당한다고 하여, 구 공무원연금법도 군인연금법과 동일하게 취급되어야 하는 것은 아니다.
> → 한편, 국가유공자 등 예우 및 지원에 관한 법률(이하 '국가유공자법'이라고 한다)은 국가배상법 제2조 제1항 단서의 '다른 법령'에 해당할 수 있다. 다만 국민의 생명·재산 보호와 직접적인 관련이 있는 직무수행 중 상이를 입은 군인 등이 전역하거나 퇴직하지 않은 경우에는 그 상이의 정도가 위 상이등급에 해당하는지 여부와 상관없이 객관적으로 공상군경의 요건을 갖추지 못하여 국가유공자법에 따른 보상을 지급받을 수 없으므로, 이 경우에는 '다른 법령에 따라 재해보상금 등의 보상을 지급받을 수 있을 때'의 요건을 갖추지 못하여 업무용 자동차종합보험계약의 관용자동차 면책약관도 적용될 수 없다.

시사점

군인면책조항은 경찰은 해당하지 않는다. 경찰은 공무원연금법의 적용을 받는다. 국가유공자의 경우에도 등급에 미달되어 국가유공자법에 의하여 보상받지 못하였다면, 면책할 수 없다.

8. 자동차보험 다른 자동차 운전담보특약
(대법원 2018. 7. 12. 선고 2016다2029 판결)

쟁점

피보험자의 배우자인 갑이 정 소유 차량을 운전하다가 정을 하차시키기 위해 차를 멈춘 상태(시동을 끄지 않고 정이 스스로 하차하도록 한 상태)에서 교통사고가 발생하였다. 이는 정차 중 사고이다.

판단

갑의 남편 을이 병 주식회사와 체결한 자동차종합보험계약에는 '피보험자(그 배우자 포함)가 다른 자동차를 운전 중(주차 또는 정차 중 제외) 생긴 사고로 인하여 손해배상책임을 짐으로써 손해를 입은 때에는 피보험자가 운전한 다른 자동차를 피보험자동차로 간주하여 보통약관에서 규정하는 바에 따라 보상한다.'라는 다른 자동차 운전담보 특별약관이 포함되어 있다.

질문 1 피보험자의 배우자인 갑이 정 소유 차량을 운전하다가 정을 하차시키기 위해 차를 멈춘 상태(시동을 끄지 않고 정이 스스로 하차하도록 한 상태)에서 교통사고가 발생하였다. 이는 정차 중 사고인가?

질문 2 불법행위에서 과실상계는 사실심의 전권사항에 속하는가?

답변 1)
도로교통법상 '주차'는 운전자가 승객을 기다리거나 화물을 싣거나 차가 고장나거나 그 밖의 사유로 차를 계속 정지상태에 두는 것 또는 운전자가 차에서 떠나서 즉시 그 차를 운전할 수 없는 상태에 두는 것을 말한다(제24호). 그리고 '정차'는 운전자가 5분을 초과하지 아니하고 차를 정지시키는 것으로서 주차 외의 정지상태를 말한다(제25호). 아울러 자동차종합보험계약에서 사용하는 정차라는 용어는 도로교통법상 개념을 전제로 한 것으로 볼 수 있다. 정차와 주차를 유사하게 볼 수 있는 정도로 제한하여 해석하는 것은 법규의 체계 등에 비추어 타당하지 않으며, 승객을 하차시키기 위해 차를 세우는 경우는 이 약관상 정차에 해당한다고 보아야 한다. 그러므로 갑이 자동차를 정지시킨 것은 정을 하차시키기 위한 것이었으므로 그러한 정지 상태는 정차에 해당하고, 위 사고는 정차 중 발생한 사고로 볼 수 있다.

답변 2)
불법행위에서 과실상계는 공평이나 신의칙의 견지에서 피해자의 과실을 고려하여 손해배상액을 정하는 것으로, 이 때 고려할 사항에는 가해자와 피해자의 고의·과실의 정도, 위법행위의 발생과 손해의 확대에 관하여 어느 정도의 원인이 되어 있는지 등을 포함한다. 과실상계사유에 관한 사실인정이나 그 비율을 정하는 것은 형평의 원칙에 비추어 현저히 불합리하다고 인정되지 않는 한 사실심의 전권사항에 속한다.

시사점

불법행위에서 과실상계는 과실상계사유에 관한 사실인정이나 그 비율을 정하는 것은 형평의 원칙에 비추어 현저히 불합리하다고 인정되지 않는 한 사실심의 전권사항에 속한다. 따라서, 당사자가 주장하지 않아도 판사가 다루어야 한다. 그러나, 손익상계는 당사자가 주장하여야 한다.

9. 자동차보험 지게차 사례
(대법원 2017. 9. 26. 선고 2015다245145 판결)

쟁점

지게차가 자동차손배법이 적용되는 건설기계에 해당하지 않는다는 이유를 들어 그 보험금의 지급을 거부할 수 없다.

판단

甲보험회사는 乙을 피보험자로 하고 乙소유의 "지게차"를 피보험자동차로 하는 대인배상 1 계약을 체결하였다.

질문 1 지게차는 자배법이 적용되는 건설기계인가?

질문 2 만일 보험약관에는 자배법상의 자동차를 운행하던 중의 사고만 담보하도록 명시되어 있고, 이 사례의 "지게차"는 자배법상의 자동차에 해당하지 않는다면, 乙이 지게차를 운행도중에 타인에게 신체손해를 입힌 경우에 甲보험회사는 보험계약에 기초하여 보험금을 지급해야 하는가?

질문 3 이와 관련하여 "보험계약의 내용은 반드시 보험약관에 규정"되어야 하는가?

질문 4 □□철강의 대표인 甲은 乙소유의 지게차를 빌리고(중기임대차계약)과 乙을 지게차 운전자로 함께 고용하여 작업에 사용하도록 하였다. 乙은 작업도중 지게차에 열쇠를 꽂아 놓은 채 면허가 없는 丙에게 지게차를 운전하도록 허락하였고, 丙은 丁의 작업신호를 무시하고 H빔을 들어 올리다가 丁을 충격하여 장해를 입혔다. 丙과 丁은 모두 甲회사에 고용된 근로자이고, 乙은 지게차와 관련된 대인배상책임보험을 ○○보험회사에 가입한 상태이다. 이 사고와 관련하여 □□철강의 대표인 甲이 작업감독상의 주의의무를 다하지 않은 것이 사고발생에 하나의 원인이 되었다고 볼 수 있다면, 丁에 대하여 배상책임보험금을 지급한 ○○보험회사는 甲에 대하여 구상권을 행사할 수 있는가?

답변 1)
자배법상의 일반적인 건설기계에 해당하지 않으며, 결과적으로 자배법상의 자동차에 해당하지 않는다.

답변 2)
자동차손배법상의 '자동차'에 해당하지 않는 지게차라고 하더라도 자동차손배법이 적용되는 건설기계와 같이 취급하여 대인배상Ⅰ의 보상책임을 보장하는 내용의 자동차보험계약을 체결할 수 있고, 이 사건 보험약관의 가입대상규정에서 일반 건설기계에 대한 가입제한을 두고 있지 않다는 점, 이 사건 보험계약에서 대인배상Ⅰ에 따른 보상을 부정한다면 이 사건 보험계약의 효력을 전면적으로 부정하는 결과가 되어 이 사건 보험계약을 체결한 보험목적을 전혀 달성할 수 없다는 점을 보면 甲보험회사는 이 사건 보험계약에 따라 이 사건 사고로 인한 보험금을 지급할 의무가 있으며, 이 사건 지게차가 자동차손배법이 적용되는 건설기계에 해당하지 않는다는 이유를 들어 그 보험금의 지급을 거부할 수 없다.

답변 3)
보험계약은 당사자 일방이 약정한 보험료를 지급하고 상대방이 재산 또는 생명이나 신체에 관하여 불확정한 사고가 생길 경우에 일정한 보험금액 그 밖의 급여를 지급할 것을 약정함으로써 효력이 생기는 불요식의 낙성계약이므로, 계약내용이 반드시 보험약관의 규정에 국한되지는 않는다. 그리고 보험약관이 계약당사자 사이에 구속력을 갖는 것은 그 자체가 법규범이거나 또는 법규범적 성질을 가지기 때문이 아니라 당사자가 약관의 규정을 계약내용에 포함시키기로 합의하였기 때문이다. 또한 당사자 사이에 계약의 해석을 둘러싸고 이견이 있어 당사자의 의사해석이 문제되는 경우에는 계약의 내용, 계약이 체결된 동기와 경위, 계약으로 달성하려는 목적, 당사자의 진정한 의사 등을 종합적으로 고찰하여 논리와 경험칙에 따라 합리적으로 해석하여야 한다.

답변 4)
甲은 기명피보험자인 乙로부터 지게차를 임차하거나 그 승낙을 얻어 지게차를 사용하거나 관리중인 자로서 피보험자에 해당하며, 丙도 甲의 근로자일 뿐만 아니라 乙로부터 지게차를 운전하도록 승낙받은 자로서 피보험자이다. 그러므로 이 사고는 대인배상책임보험의 피보험자에 의하여 타인(丁)에게 손해를 입힌 사고이다. 甲은 이러한 손해를 입힌 제3자로 볼 수 없으므로 ○○보험회사는 甲에게 보험자대위(청구권대위)권을 행사할 수 없다.

시사점

사용피보험자이므로 제3자가 아니므로 구상할 수 없다.

10. 자동차보험진료수가와 손해액 산정기준
(대법원 2017. 8. 29. 선고 2016다2651 판결)

쟁점

교통사고 피해자가 소송을 통하여 보험회사 등에 직접 손해배상을 청구하는 경우, 자동차보험진료수가가 치료비 손해액 산정의 절대적 기준이 아니라, 일응의 기준이 된다.

판단

교통사고 피해자가 소송을 통하여 보험회사 등에 직접 손해배상을 청구하는 경우, 자동차보험진료수가가 치료비 손해액 산정의 절대적 기준이 되는가?

자동차손해배상보장법 제2조 제7호, 제15조, 제12조 제2항에 의하면 '자동차보험진료수가에 관한 기준'은 교통사고환자에 대한 적절한 진료를 보장하고, 보험회사 등과 의료기관 간의 교통사고환자의 진료비에 관한 분쟁이나, 교통사고환자에 대한 배상이 종결된 후 해당 교통사고로 발생한 치료비를 교통사고환자가 의료기관에 지급하는 경우에 교통사고환자와 의료기관간의 진료비에 관한 분쟁을 방지하기 위한 기준으로서의 의미를 가진다. 한편 교통사고피해자가 소송을 통하여 보험회사 등에 직접 손해배상을 청구하는 경우에는 교통사고로 인한 치료비로 불법행위와 상당인과관계가 있는 범위 내의 실제손해액을 배상받을 수 있으므로, 당해 치료행위에 대한 치료비는 부상의 정도, 치료내용, 횟수, 의료보험수가 등 의료사회 일반의 보편적인 진료비수준 등 제반 사정을 고려하여 합리적으로 그 범위를 산정하여야 한다.

이러한 점들을 모두 종합하면, 교통사고 피해자가 소송을 통하여 보험회사 등에 직접 손해배상을 청구하는 경우 자동차보험 진료수가는 치료비 손해액 산정의 일응의 기준이 될 수 있으나 이를 절대적 기준으로 볼 수는 없고, 법원이 자동차보험진료수가에 따라 치료비 손해액을 산정하지 않았더라도 신체감정 등 다양한 증거방법을 통하여 해당 교통사고 피해자의 부상과 장해의 정도, 치료내용, 횟수 및 의료사회 일반에서 보편적인 진료비 수준, 해당 부상과 장해에 대한 자동차보험진료수가의 적용 가능성이나 적정성 등을 참작한 다음 합리적인 범위로 치료비손해액을 산정하였다면 이를 상당인과관계가 있는 손해가 아니라고 할 수 없다.

시사점

합리적인 범위로 치료비 손해액을 산정하였다면 이를 상당인과관계가 있는 손해가 아니라고 할 수 없다.

11. 자동차보험 운전보조자

(대법원 2016. 4. 28. 선고 2014다236830, 236847 판결)

쟁점

'다른 사람'이란 '자기를 위하여 자동차를 운행하는 자 및 자동차의 운전자를 제외한 그 이외의 자'를 지칭하므로, 자동차를 운전하거나 운전의 보조에 종사한 자는 자동차손배법 제3조에 규정된 '다른 사람'에 해당하지 않는다.

판단

1. 자동차손해배상보장법(이하 '자동차손배법'이라고 한다)제3조 본문은 "자기를 위하여 자동차를 운행하는 자는 그 운행으로 인하여 다른 사람을 사망하게 하거나 부상하게 한 경우에는 그 손해를 배상할 책임을 진다."라고 규정하고 있다. 위 규정의 '다른 사람'이란 '자기를 위하여 자동차를 운행하는 자 및 자동차의 운전자를 제외한 그 이외의 자'를 지칭하므로, 자동차를 운전하거나 운전의 보조에 종사한 자는 자동차손배법 제3조에 규정된 '다른 사람'에 해당하지 않는다.
2. 사고당시 현실적으로 운전을 하지 않았더라도 자동차를 운전하여야 할 지위에 있는 자가 법령상 또는 직무상의 임무에 위배하여 타인에게 운전을 위탁하였고 타인이 운전무자격자나 운전미숙자인 경우에는 운전을 위탁한 자는 여전히 운전자로서 자동차손해배상보장법 제3조에 규정된 '다른 사람'에 해당하지 않고, 이 때 타인이 자동차의 용법에 따른 사용행위를 실제 하였더라도 그는 특별한 사정이 없는 한 운전보조자에 해당할 수는 있으나 운전자에는 해당하지 않는다.
3. 운전의 보조에 종사한 자에 해당하는지를 판단할 때에는, 업무로서 운전자의 운전행위에 참여하였는지 여부, 운전자와의 관계, 운전행위에 대한 구체적인 참여내용, 정도 및 시간, 사고당시의 상황, 운전자의 권유 또는 자발적 의사에 따른 참여인지 여부, 참여에 따른 대가의 지급여부 등 여러 사정을 종합적으로 고려하여야 하는데, 자신의 업무와 관계없이, 별도의 대가를 받지 않고 운전행위를 도운 것에 불과한 자는 특별한 사정이 없는 한 운전의 보조에 종사한 자에 해당하지 않는다.

시사점

자신의 업무와 관계없이, 별도의 대가를 받지 않고 운전행위를 도운 것에 불과한 자는 특별한 사정이 없는 한 운전의 보조에 종사한 자에 해당하지 않는다.

12. 후유장해지급률

(대법원 2016. 10. 27. 선고 2013다90891, 90907 판결)

쟁점

甲이 계단에서 미끄러져 넘어지는 사고로 추간판탈출증(10%)을 입고, 그 외에 신경계 장해인 경추척수증(20%) 및 경추척수증의 파생 장해인 우측 팔(5%), 우측 손가락(6%), 좌측 손가락(7%)의 각 운동장해를 입은 사안에서, 후유장해지급률 판단

판단

甲이 계단에서 미끄러져 넘어지는 사고로 추간판탈출증(10%)을 입고, 그 외에 신경계 장해인 경추척수증(20%) 및 경추척수증의 파생 장해인 우측 팔(5%), 우측 손가락(6%), 좌측 손가락(7%)의 각 운동장해를 입은 사안에서, 후유장해지급률은 다음과 같다.

max[20 %, (5+6+7)] + 10 = 30 %

* 만일, 추간판탈출증과 경추척수증이 의학적으로 통상파생관계에 있다고 볼 수 있는 경우에는, max[max[20 %, (5+6+7)], 10] = 20 %

시사점

갑의 후유장해 지급률은 우측 팔, 우측 손가락 및 좌측 손가락 운동장해의 합산 지급률과 신경계 장해인 경추척수증의 지급률 중 더 높은 지급률을 구한 다음, 그 지급률에 추간판탈출증의 지급률을 합하여 산정하여야 한다고 본다.

13. 건보공단의 잘못과 손해배상청구

(대법원 2016.3.24선고, 2014두779호 판결)

쟁점

진료를 비급여 대상으로 잘못 기재한 진료비청구서를 작성하였다고 하더라도, 그와 같은 진료비청구서의 내용을 믿고 거래한 제3자(보험회사)에 대하여 언제나 손해배상책임을 져야 한다고 볼 수 없다.

판단

국민건강보험법에서 정한 요양기관(병원)이 과실로 국민건강보험법에서 요양급여 대상으로 정한 진료를 비급여 대상으로 잘못 기재한 진료비청구서를 작성하였다고 하더라도, 그와 같은 진료비청구서의 내용을 믿고 거래한 제3자(보험회사)에 대하여 언제나 손해배상책임을 져야 한다고 볼 수 없고, 손해배상책임을 인정하기 위해서는 요양기관의 주의의무위반과 제3자의 손해발생 사이에 상당인과관계가 있음이 인정되어야 한다.

시사점

손해배상책임을 인정하기 위해서는 요양기관의 주의의무위반과 제3자의 손해발생 사이에 상당인과관계가 있음이 인정되어야 한다.

14. 일시담보약관

(대법원 2015.12.24 선고, 2015다200838호 판결)

쟁점

자동차보험 특별약관에서 '보험회사는 피보험자동차가 양도된 날로부터 15일째 되는 날의 24시까지 그 자동차를 피보험자동차로 간주하고 양수인을 보험계약자 및 기명피보험자로 본다'고 정한 경우, 위 약관에서 말하는 '자동차의 양도'에 자동차에 대한 사실상의 운행지배를 취득한 양수인이 소유권이전등록을 하지 아니한 채, 다시 제3자에게 양도하고 현실적으로 자동차의 점유를 이전함으로써 운행지배를 상실한 경우가 포함되는지 여부(원칙적 적극) 및 이러한 법리는 피보험자가 자동차를 양도하고 보험자의 승인을 얻어 기존 자동차보험계약의 피보험자동차를 새로 구입한 자동차로 교체한 경우에도 마찬가지로 적용되는지 여부(적극)

판단

자동차양도의 경우 보험자의 승낙이 없는 이상 권리의무가 승계되지 않는다는 상법 제726조의 4에도 불구하고 자동차의무보험약관상 '보험자동차가 양도된 날로부터 15일째 되는 날의 24시까지 그 자동차를 피보험자동차로 간주하고 양수인을 보험계약자 및 기명피보험자로 본다'고 정하고 있는 의무보험 일시담보약관이 있다.

질문 1 의무보험 일시담보약관은 유효한가?

질문 2 일시담보약관상 '자동차의 양도'에 자동차에 대한 사실상의 운행지배를 취득한 양수인이 소유권이전등록을 하지 아니한 채 다시 제3자에게 양도하고 현실적으로 자동차의 점유를 이전함으로써 운행지배를 상실한 경우가 포함되는가?

질문 3 만일, 기존의 피보험자(양도인)가 자동차를 양도한 후에 보험회사로부터 승낙을 얻어 기존 자동차보험계약의 피보험자동차를 양도한 자동차에서 새로 구입한 자동차로 교체한 경우에도 의무보험 일시담보약관은 여전히 적용하는가?

> 답변 1) ○
> 특별법인 자배법을 반영한 것으로서 일시적 무보험상태를 담보하기 위함이다.
>
> 답변 2) ○
> 그러므로 다시 제3자에게 양도하고 그 제3자가 운전중에 사고를 일으킨 경우 보험회사는 보험금을 지급해야 한다.
>
> 답변 3) ○

시사점

만일, 기존의 피보험자(양도인)가 자동차를 양도한 후에 보험회사로부터 승낙을 얻어 기존 자동차보험계약의 피보험자동차를 양도한 자동차에서 새로 구입한 자동차로 교체한 경우에도 의무보험 일시담보약관은 여전히 적용하는가? C의 사고도 보상한다. 결국 15일동안은 2대의 차량을 담보하는 것이다.

15. 가족운전자 한정특약

(대법원 2014.9.4 선고, 2013다66966 판결)

쟁점 및 판단

질문 1 자동차보험의 가족운전자 한정운전 특약에 규정된 가족의 범위에는 기명피보험자의 자녀와의 사실혼 관계에 있는 사람이 포함된다?

질문 2 가족운전자 한정운전 특약은 약관설명의무의 대상이므로 기명피보험자의 사위나 며느리의 사실혼 관계에 따라 가족의 범위가 달라질 수 있음을 설명하여야 한다?

답변 1) ×
기명피보험자의 배우자, 자녀는 사실혼관계에 기초한 경우도 포함된다는 규정을 두고 있으나 기명피보험자의 사위나 며느리는 사실혼관계에 기초한 경우가 포함되는지에 관하여 아무런 규정을 두고 있지 않은 점 등을 종합하여 보면, 위 약관에 규정된 기명피보험자의 사위나 며느리는 기명피보험자의 자녀와 법률상 혼인관계에 있는 사람을 의미한다.

답변 2) ×
자동차종합보험의 가족운전자 한정운전 특별약관은 보험자의 면책과 관련되는 중요한 내용에 해당하는 사항으로서 일반적으로 보험자의 구체적이고 상세한 명시·설명의무의 대상이 된다. 그러나 보험계약자가 기명피보험자의 사위나 며느리가 될 자가 자동차를 운전하다가 발생하는 사고에 대하여도 종합보험을 적용받기 원하는 의사를 표시하는 등의 특별한 사정이 없는 한, 보험자가 기명피보험자의 자녀가 사실혼관계에 있을 경우를 상정하여 그 자녀와 사실혼관계에 있는 사람은 기명피보험자의 사위나 며느리로서 가족의 범위에 포함되지 않는다고까지 위 약관을 명시·설명할 의무가 있다고 볼 수는 없다.

16. 콜센터 대리운전업, 운전하는 자
(대법원 2014.7.10 선고, 2012다26480 판결)

판단

독자적인 콜번호를 가지고 콜센터를 운영하는 콜업체 갑주식회사와 콜번호 공유계약을 체결하여 협력관계에 있는 을대리운전업체의 운영자가 을업체를 기명피보험자로 하고 을업체 소속 대리운전기사들 뿐만 아니라 갑회사의 다른 협력업체 소속 대리운전기사들도 운전자명세서에 기재하여 병보험회사와 대리운전 중 발생한 사고에 관한 보험계약을 체결하였는데, 갑회사의 협력업체인 정대리운전업체 소속으로 위 운전자명세서에 등재된 대리운전기사 무가 정업체와 협력관계인 다른 콜업체 기주식회사의 콜센터로부터 직접 개인 휴대용단말기로 대리운전기사 배정을 통보받아 고객으로부터 수탁한 자동차를 운행하던 중 교통사고를 일으킨 사안에서, 실질적인 기명피보험자는 무가 소속된 정업체를 비롯하여 운전명세서에 기재된 대리운전기사들이 소속된 협력업체들이고, 정업체가 기회사의 콜센터를 통해 간접적으로 대리운전 의뢰를 받았다고 볼 수 있어 위 자동차는 정업체가 소속 대리운전기사인 무를 통해 고객으로부터 대리운전을 위하여 수탁받아 관리 중인 자동차에 해당하므로, 결국 무는 고객으로부터 대리운전 의뢰를 받은 실질적 기명피보험자 정업체의 대리운전업 영위를 위하여 피보험자동차인 위 자동차를 운전하는 자에 해당한다고 보아야 한다.

17. 자기신체사고담보, 피보험자의 범위
(대법원 2014.6.26 선고, 2013다211223 판결)

판단

자동차종합보험약관에서 자기신체사고에 관하여 피보험자가 피보험자동차를 소유·사용·관리하는 동안에 생긴 피보험자동차의 사고로 죽거나 다친 때 그로 인한 손해를 보상한다고 하면서 기명피보험자의 부모, 배우자 및 자녀가 피보험자에 포함된다고 정한 경우, 보험약관의 자기신체사고에서 정한 기명피보험자 갑의 배우자로서 피보험자에 해당하는 을이 피보험자동차를 운전하던 중 기명피보험자의 자녀로서 피보험자에 해당하는 병을 충격하여 사망에 이르게 한 이상 병의 사망은 원고의 약관에서 정한 자기신체사고에 해당한다.

문제 자동차보험계약상 기명피보험자에 대한 설명으로 옳지 않은 것은? (다툼이 있는 경우 판례에 의함)
▶2021년 제44회 기출문제

① 기명피보험자란 피보험자동차를 소유 사용 관리하는 자 중에서, 보험계약자가 지정하여 보험 증권의 기명피보험자란에 기재되어 있는 피보험자를 말한다.
② 실제차주가 지입한 회사를 피보험자로 하여 보험계약을 체결하는 경우, 실제 차주가 기명피보험자이고, 지입한 회사는 승낙피보험자이다.
③ 경찰서 소속의 관용차량에 대한 보험계약 체결 시, 경찰서장을 피보험자로 기재하여 보험계약을 체결 한 경우, 기명피보험자는 국가이고, 경찰서 직원은 승낙피보험자이다.
④ 자동차를 매매하고 소유권이전등록을 하지 않은 사이에 매도인이 가입했던 자동차보험계약의 보험기간이 만료되어, 매수인이 보험자와 자동차보험계약을 체결하면서 기명피보험자 명의를 보험자의 승낙을 얻어 자동차등록원부상의 소유명의인으로 하였다면, 실질적인 피보험자는 매수인이다.

정답 ②

해설 지입회사의 경우 지입회사가 기명피보험자이고, 실제차주는 승낙피보험자가 되는데, 반대인 실제 차주가 기명피보험자이고, 지입회사가 승낙피보험자라고 했으므로 틀린 지문으로 정답입니다.
① 자동차보험 표준약관 제1조 제13호 가목
③ 관용자동차 특별약관의 경우 경찰서 소속 관용차량의 경우 경찰서장을 기명피보험자로 하여 자동차보험을 체결한 경우 국가가 기명피보험자이고, 경찰서 직원은 승낙피보험자가 된다.
④ '자동차보험 표준약관에 의하면, 승낙피보험자도 피보험자에 해당하므로 피보험자동차를 매매하고 소유권이전등록을 하지 않은 사이에 매도인이 가입했던 자동차보험계약의 보험기간이 만료되어, 매수인이 보험자와 자동차보험계약을 체결하면서 기명피보험자 명의를 보험자의 승낙을 얻어 자동차등록원부상의 소유명의 인으로 하였다면, 실질적인 피보험자는 매수인으로 승낙피보험자에 해당한다.' 고 판시(대법원 92다24127호(93.2.23선고)하였다.

제10장 보증보험

1. 보증보험의 성격
(대법원 2018. 10. 25. 선고 2014다232784 판결)

쟁점

약관의 규제에 관한 법률 제3조 제3항에 따라 설명의무의 대상이 되는 약관의 '중요한 내용'의 의미 및 약관에 정해진 사항이 거래상 일반적이고 공통된 것이어서 계약 상대방이 별도의 설명 없이도 충분히 예상할 수 있거나 이미 법령에서 정하여진 것을 되풀이하거나 부연하는 정도에 불과한 경우, 보험자에게 설명의무의 여부

판단

1. 약관의 규제에 관한 법률 제3조 제3항에 따라 설명의무의 대상이 되는 약관의 '중요한 내용'의 의미 및 약관에 정해진 사항이 거래상 일반적이고 공통된 것이어서 계약 상대방이 별도의 설명 없이도 충분히 예상할 수 있거나 이미 법령에서 정하여진 것을 되풀이하거나 부연하는 정도에 불과한 경우, 보험자에게 설명의무가 없다.
2. 주택분양보증계약의 법적 성질 / 보증보험의 법적 성격 및 그 성질에 반하지 않는 범위에서 보험과 보증의 규정이 모두 적용된다. / 이는 주택분양보증계약에서도 마찬가지이다.
3. 약관의 해석에서 작성자 불이익해석의 원칙 및 약관의 목적과 취지를 고려하여 공정하고 합리적으로, 그리고 평균적 고객의 이해가능성을 기준으로 객관적이고 획일적으로 해석한 결과 약관 조항이 일의적으로 해석되는 경우, 작성자 불이익해석의 원칙이 적용되지 않는다.

> **사례)**
> 대한주택보증 주식회사의 보증규정과 그 시행세칙의 해당 조항에 입주자 모집공고 승인으로 보증기간이 개시된 후 분양률 저조 등의 사유로 입주자모집공고 승인이 취소되어 보증서를 반환하는 경우 보증계약을 해지하고 입주자모집공고 승인취소일을 기준으로 잔여보증기간에 대한 보증료를 환불한다는 내용을 규정하고 있는데, 아파트 건설사업 주체인 갑 주식회사 등이 대한주택보증주식회사와 주택분양보증계약을 체결하면서 계약에 따른 채무를 보증하기 위하여 주택분양보증채무약정을 체결하고 보증료를 지급한 후, 관할 관청으로부터 입주자모집공고 승인을 받았으나 입주자모집을 공고하지 않았고, 그 후 위 승인이 취소되자 대한주택보증주식회사를 상대로 이미 지급한 보증료

전액의 반환을 구한 사안에서, 위 해당조항은 약관의 중요한 내용이 아니어서 설명의무의 대상으로 볼 수 없고, 보증규정과 그 시행세칙이 문언과 체계상 객관적이고 획일적인 해석이 가능하고 다의적으로 해석되지 않으므로 작성자 불이익해석의 원칙이 적용되지 않는다.

시사점

보험사는 잔여기간 환불을 주장하였으나, 보험계약자는 전액환불 주장하면서, 약관교부설명의무위반과 작성자 불이익해석의 원칙을 주장하였는데, 일반적이고 공통적인 것이므로 설명의무대상이 아니고, 다의적으로 해석되지 않으므로 작성자불이익해석의 원칙도 적용될 여지가 없다.

2. 계속적 보증계약의 연대보증
(대법원 2018. 3. 27. 선고 2015다12130 판결)

쟁점

보증보험계약에서 이행을 담보하는 주계약상의 채무가 확정되기 전에 구상채무의 보증인이 적법하게 보증계약을 해지하면 구체적인 보증채무가 발생하기 전에 보증계약관계가 종료되는 경우 그 이후 보험사고가 발생하여 보험자의 보험금지급채무가 확정되고 나아가 보험계약자의 구상채무까지 확정되더라도 구상채무의 보증인은 그에 관하여 보증책임이 있는지 여부

판단

1. 보험자가 보험계약자와 현재 또는 장래에 체결하는 보증보험계약에 관하여 보증기간과 보증한도액을 정하여 보증보험 한도거래 약정을 하면서 보험계약자의 채무불이행 등 보험사고 발생으로 보험금을 지급할 경우, 보험계약자인 회사가 보험자에게 부담하게 될 불확정한 구상채무를 연대보증한 임직원이 그 후 회사에서 퇴직하여 임직원의 지위에서 떠난 때에는 연대보증계약의 기초가 된 사정이 현저히 변경되어 그가 계속 연대보증인의 지위를 유지하도록 하는 것이 사회통념상 부당하다고 볼 수 있다. 이러한 경우 연대보증인은 특별한 사정이 없는 한 연대보증계약을 일방적으로 해지할 수 있다고 보아야 한다.

2. 보증보험계약에서 이행을 담보하는 주계약상의 채무가 확정되기 전에 구상채무의 보증인이 적법하게 보증계약을 해지하면 구체적인 보증채무가 발생하기 전에 보증계약관계가 종료된다. 따라서 그 이후 보험사고가 발생하여 보험자의 보험금지급채무가 확정되고 나아가 보험계약자의

구상채무까지 확정되더라도 구상채무의 보증인은 그에 관하여 보증책임을 지지 않는다.

> 참고)
> 구상채무의 보증인이 퇴사하거나 보증기한이 종료하기 전에 구상채권자가 채무액과 변제기 등이 특정되어 있는 확정채무를 보증한 사안에 관한 것으로서 이 사건과는 사안이 다르다(95다31645 판결, 2003다21872 판결).

시사점

확정보증(사고이후 퇴직)은 보증의무가 있어서 해지하지 못한다. 그러나, 불확정보증(사고 전 퇴직)은 연대보증의무가 없으므로 불특정(불확정)채무는 해지가 가능하다.

3. 보증보험과 객관적 확정의 효과
   (대법원 2016.1.28 선고, 2013다74110 판결)

쟁점

계약보증계약은 주계약상 채무자가 귀책사유로 계약상 의무의 전부 또는 일부를 이행하지 아니하는 경우 채권자에게 귀속하는 계약보증금의 납부의무의 이행을 보증하는 보험계약이므로, 보험사고가 발생하였는지는 특별한 사정이 없는 한 주계약 전체를 대상으로 판단하여야 하는지 여부

판단

(보증금 등) 보증보험계약은 기본적으로 보험계약으로서의 본질을 갖고 있으므로, 적어도 계약이 유효하게 성립하기 위해서는 계약당시에 보험사고의 발생여부가 확정되어 있지 않아야 한다는 우연성과 신의성의 요건을 갖추어야 한다. 그리고 계약보증계약은 주계약상 채무자가 귀책사유로 계약상 의무의 전부 또는 일부를 이행하지 아니하는 경우 채권자에게 귀속하는 계약보증금의 납부의무의 이행을 보증하는 보험계약이므로, 보험사고가 발생하였는지는 특별한 사정이 없는 한 주계약 전체를 대상으로 판단하여야 한다.

시사점

채무불이행 사고발생여부는 주계약전체로 판단하여야 한다.

4. 하자보수보증보험계약
(대법원 2015.3.26 선고, 2012다25432 판결)

쟁점

우방주식회사가 하자보수의무를 이행한 경우 우방주식회사는 A보험회사에 대하여 보험금청구권을 갖는다. 연대채무자인 우방주식회사는 에스에이치공사에 하자보수의무를 이행함으로써 씨앤주식회사에 대하여 그 부담부분에 관한 구상권을 행사할 수 있으며, 변제자대위의 법리에 따라 이 사건 하자보수공사와 관련하여 에스에이치공사가 가지고 있던 피고에 대한 위 보험금청구권을 행사할 수 있다고 판단하였다.

판단

씨앤주식회사는 우방주식회사와 공동이행방식의 수급체를 구성하여 SH공사로부터 아파트건설공사를 도급받으면서 각 수급체의 출자비율(6:4)을 기준으로 A보험회사와 하자보수보증보험계약을 체결하였다. 이후 씨앤주식회사의 경영악화로 하자보수를 이행하지 못하였다.

질문 1 SH공사는 A보험회사에 대하여 보험금청구권을 갖는가?

질문 2 우방주식회사가 이후에 하자보수의무를 이행한 경우 우방주식회사는 A보험회사에 대하여 보험금청구권을 갖는가?

질문 3 보험금청구권의 소멸시효는 SH공사가 하자보증을 요구한 시점부터 기산된다?

질문 4 보험금청구권의 소멸시효가 완성된 후에 A보험회사가 보험금을 지급한 경우에는 소멸시효가 중단된다?

1. 공동이행방식의 공동수급체 구성원들이 상인인 경우, 도급인에 대한 하자보수의무에 관하여 연대책임을 지는지 여부(적극)
2. 공동수급체 구성원이 개별적으로 출자비율에 따른 하자보수 보증보험계약을 체결한 경우, 보험자가 피보험자인 도급인에 대하여 보험금지급의무를 부담하기 위한 요건/보험자의 보험금 지급의무가 발생한 상태에서 연대채무를 부담하는 다른 공동수급체 구성원이 면책행위로 보험계약자의 주계약상 채무를 소멸시킨 경우, 보험계약자의 부담부분에 대하여 구상권을 행사할 수 있는지 여부(적극)및 구상권행사의 범위내에서 도급인의 보험금청구권을 대위행사할 수 있는지 여부(적극)
3. 하자보수보증보험계약에 따른 보험금청구권의 소멸시효기산점 : 보험기간의 종기

답변 1) ○

보증보험이란 피보험자와 어떠한 법률관계를 맺은 보험계약자(주계약상의 채무자)의 채무불이행으로 피보험자(주계약상의 채권자)가 입게 될 손해의 전보를 보험자가 인수하는 것을 내용으로 하는 손해보험으로서, 보증보험계약에 따른 보험금청구권이 발생하기 위하여는 보험계약자의 주계약상 채무불이행이라고 하는 보험사고의 발생과 이에 근거한 피보험자의 재산상 손해의 발생이라는 두 가지 요건이 필요한데 (대법원 1999.6.22.선고99다3693판결 참조), 공동수급체 구성원이 개별적으로 출자비율에 따른 하자보수 보증보험계약을 체결한 경우 피보험자인 도급인으로부터 하자보수를 요구받은 보험계약자가 그 이행기간 내에 의무를 이행하지 아니하면 그 때 보험사고와 이에 근거한 재산상 손해가 발생하여 보험자는 피보험자인 도급인에 대하여 보험금지급의무를 부담한다. (대법원 2008. 6. 19. 선고 2005다37154 전원합의체 판결 참조).

답변 2) ○

연대채무자인 우방주식회사는 에스에이치공사에 하자보수의무를 이행함으로써 씨앤주식회사에 대하여 그 부담부분에 관한 구상권을 행사할 수 있으며, 변제자대위의 법리에 따라 이 사건 하자보수공사와 관련하여 에스에이치공사가 가지고 있던 피고에 대한 위 보험금청구권을 행사할 수 있다고 판단하였다.

답변 3) ×

보험금청구권의 소멸시효 기산점은 특별한 사정이 없는 한 보험사고가 발생한 때이고 (대법원 2012.8.23.선고 2012다18748판결 등 참조), 하자보수 보증보험계약의 보험사고는 보험계약자가 하자담보 책임기간내에 발생한 하자에 대한 보수 또는 보완청구를 받고도 이를 이행하지 아니한 것을 의미하므로, 이 경우 보험금청구권의 소멸시효는 늦어도 보험기간의 종기부터 진행한다.

답변 4) ×

채무자가 소멸시효완성 (보증보험기간의 종기부터 3년) 후 채무를 변제한 때에는 그 채무를 묵시적으로 승인한 것으로 보아야 하고, 이 경우 시효완성의 사실을 알고 그 이익을 포기한 것으로 추정된다. (대법원 2010. 5. 13. 선고 2010다6345판결 참조). 신축공사에 관한 하자보수보증보험업무를 전문적으로 취급하는 보증보험회사인 A회사로서는 시효완성의 사실을 알고서 채무를 승인함으로써 시효이익을 포기하였다고 보아야 한다. 이는 우방주식회사가 이 사건 하자보수공사를 완료함에 따라 에스에이치공사가 A회사에게 위 보험금을 반환하였다고 하여 달리 볼 것도 아니다.

시사점

보험금청구권의 소멸시효가 완성된 후에 A보험회사가 보험금을 지급한 경우에는 채무자가 소멸시효완성 (보증보험기간의 종기부터 3년) 후 채무를 변제한 때에는 그 채무를 묵시적으로 승인한 것으로 보아야 하고, 이 경우 시효완성의 사실을 알고 그 이익을 포기한 것으로 추정된다.

5. 보증보험과 할부금융대출약정
(대법원 2014.9.25 선고, 2011다30949 판결)

쟁점

1. 실제 구매계약을 체결하고 매매계약대금을 지급하기 위하여 할부계약을 체결한 경우는 할부계약이 주계약
2. 그러나, 이미 대금을 지급하고, 신용도를 높이기 위하여 할부약정을 체결한 경우는 할부계약이 주계약이 될 수 없다.

판단

甲주식회사가 乙주식회사와 버스구매계약을 체결하고 매매대금 대부분을 지급한 후 乙회사에서 받은 자동차판매계약서 사본을 이용하여 丙보증보험회사와 버스에 관한 할부판매보증보험계약을 체결한 다음 보험증권을 담보로 할부금융사인 丁주식회사와 할부금융대출약정을 체결하였다.

질문 1 丁주식회사와 체결한 대출약정은 보증보험계약의 주계약이다?

질문 2 丙보증보험회사는 보증대상인 주계약의 부존재나 무효여부 등에 대하여 조사·확인할 의무가 없다?

1. 甲주식회사가 乙주식회사와 버스구매계약을 체결하고 매매대금 대부분을 지급하였는데, 그 후 乙회사에서 받은 자동차판매계약서 사본을 이용하여 丙보증보험회사와 버스에 관한 할부판매보증보험계약을 체결한 다음 보험증권을 담보로 할부금융사인 丁주식회사와 할부금융대출약정을 체결한 사안에서, 위 대출약정은 할부판매보증보험계약의 보증대상인 주계약에 해당하지 않는다고 한 사례
2. 보증보험회사가 보증보험계약을 체결할 때 보증대상인 주계약의 부존재나 무효 여부 등에 관하여 조사·확인할 의무가 있는지 여부(원칙적 소극)

답변 1) ✕
甲회사가 할부금융대출약정을 체결하면서 매매대금 대부분이 지급된 상태의 자동차판매계약서 사본을 제출하는 방법으로 자동차 매매계약이 새롭게 체결된 것과 같은 외관만 만들었을 뿐 실제로 乙회사에서 버스를 새로 매수한 것이 아니므로, 위 대출약정은 甲회사가 乙회사와 자동차 매매계약을 체결하고 매매대금을 지급하기 위하여 금융기관과 체결한 할부금융대출약정이라고 할 수 없어 할부판매보증보험계약의 보증대상인 주계약에 해당하지 않는다.

> **답변 2) ○**
> 보증보험회사는 보증보험계약을 체결함에 있어서 일반적으로 보증대상인 주계약의 부존재나 무효여부 등에 관하여 조사. 확인할 의무가 없다. 다만 보증보험청약서 등 보험계약자가 제출하는 서류에 보증대상인 주계약의 부존재나 무효 등을 의심할 만한 점이 발견되는 등의 특별한 사정이 있는 경우에는 위와 같은 조사. 확인 의무가 면제되지 않는다.

시사점

1. 버스구매를 위하여 할부금융 계약하면 할부금융계약이 주계약이다.
2. 구매계약 완료 후 할부금융 계약하면 구매계약이 주계약이다.

참고자료

문제 다음 설명 중에서 가장 옳지 않은 것은 ?

① 보증보험은 채무불이행을 보험사고로 하는 손해보험계약이나 실질적으로는 보증의 성격과 보증계약과 같은 효과를 목적으로 하는 것이다.
② 보증보험계약이 효력을 가지려면 보험계약자와 피보험자 사이에 주계약 등이 유효하게 존재하여야 한다.
③ 보증보험계약의 전제가 되는 주계약이 무엇인지와 피보험자가 누구인지는 보험계약서와 당사자가 계약내용으로 삼은 보험약관의 내용, 계약체결경위와 과정 등 제반사정을 종합하여 판단하여야 한다.
④ 물류회사인 甲이 자동차판매회사인 乙과 자동차매매계약을 체결하면서 丙보증보험회사와 피보험자를 乙로 기재한 할부판매보증보험계약을 체결한 다음에 丁할부금융사와 할부금융대출약정을 체결한 경우 주계약은 자동차매매계약이고 피보험자는 甲이다.

정답 ④

해설 위 보증보험계약은 매매계약을 주계약으로 하고 甲을 피보험자로 하여 체결된 것이다. 보증보험계약(대법원 2014.9.14. 선고 2012다67559 판결)

6. 이행보증보험의 지급채무 이행기일

(대법원 2014.6.26 선고, 2011다101599 판결)

쟁점

매수인이 매도인으로부터 물품을 공급받은 다음 대금 지급을 위하여 지급기일이 물품 공급일자 이후로 된 약속어음을 발행·교부한 경우, 물품대금 지급채무의 이행기(=약속어음의 지급기일) / 위 대금지급채무 등에 관한 이행보증보험계약이 '이행기일이 보험기간 안에 있는 채무'의 불이행에 따른 손해를 보장하는 내용인 경우, 약속어음이 지급기일 전 지급 거절되는 등 사유가 발생하면 바로 보험계약에서 정한 '이행기일'이 도래하는지 여부

판단

매수인이 매도인으로부터 물품을 공급받은 다음 그들 사이의 물품대금 지급방법에 관한 약정에 따라 대금의 지급을 위하여 물품 매도인에게 지급기일이 물품공급일자 이후로 된 약속어음을 발행·교부한 경우, 물품대금 지급채무의 이행기는 다른 특별한 사정이 없는 한 약속어음의 지급기일이고, 위 약속어음이 발행인에게 발생한 지급정지 사유로 지급기일이 도래하기 전에 지급 거절되었더라도 지급 거절된 때에 물품대금 지급채무의 이행기가 도래하는 것은 아니다. 그리고 위의 물품대금 지급채무 등과 같은 물품공급계약에서 정하여진 채무에 관하여 체결된 '이행보증보험계약'이 "이행기일이 보험기간 안에 있는 채무"의 불이행으로 인한 손해를 보장하는 내용인 경우에는 위와 같이 지급거절 등 사유의 발생으로 바로 보험계약에서 정하여진 '이행기일'이 도래한다고 할 수 없다.

 문제 **보증보험에 있어 보상책임에 대한 설명으로 옳지 않은 것은? (다툼이 있는 경우 판례에 의함)**

▶2023년 제46회 기출문제

① 보증보험자는 보험계약자의 채무불이행 등으로 인하여 피보험자가 입은 모든 손해를 보상하는 것이 아니라 약관에서 정한 절차에 따라 보험금액의 한도 내에서 피보험자가 실제로 입은 손해를 보상한다. 단 정액보상에 대한 합의가 당사자 사이에 있는 경우에는 약정된 정액금을 지급한다.
② 보증보험계약 체결 당시에 이미 주계약상의 채무불이행 발생이 불가능한 경우에는 보증보험계약은 무효이므로 선의의 제3자라 하더라도 보증보험계약의 유효를 주장할 수 없다.
③ 보증보험에 있어서의 보험사고는 불법행위 또는 채무불이행 등으로 발생하는 것이고 불법행위나 채무불이행 등은 보험계약자의 고의 또는 과실을 그 전제로 하나, 보험계약자에게 고의 또는 중대한 과실이 있는 경우 보험자의 면책을 규정한 상법의 규정은 보증보험에도 적용된다.

④ 피보험자가 정당한 이유 없이 사고발생을 통지하지 않거나 보험자의 협조요구에 응하지 않음으로 인해 손해가 증가되었다면 보험자는 이러한 사실을 입증함으로써 증가된 손해에 대한 책임을 면할 수 있다.

정답 ③

해설 상법 제659조 제1항에 의하면, 보험사고가 보험계약자, 피보험자, 보험수익자의 고의 또는 중과실로 인하여 생긴 때에 보험자의 책임을 면하도록 하도록 규정하고 있으나, 대법원 94다10511호(95.7.14선고) 판례에 의하면, 보증보험은 채무자(보험계약자)의 채무불이행이 고의·과실인 경우에도 그로 인한 손해를 담보하는 보증의 역할을 하므로 채무자(보험계약자)의 사기·고의 등을 채권자(피보험자)가 알았거나, 공모한 경우를 제외하고는 채무자의 고의·중과실을 이유로 보험자의 책임을 면할 수 없다고 판시하였으므로 본 조항은 보험계약자의 사기, 고의 또는 중과실과 관련하여 피보험자의 사기, 고의 또는 중과실로 인하여 사고가 발생한 경우에는 보험자가 면책주장을 할 수 있으므로 ③번은 틀린 지문으로 정답입니다.

memo

www.epasskorea.com

이패스코리아 보험계약자별 판례집

이패스코리아 보험계약법 판례집

PART 03

인보험

- 제1장 인보험 통칙
- 제2장 생명보험
- 제3장 상해보험
- 제4장 질병보험

인보험통칙

1. 자동차상해담보에 의한 보상시 보험자대위 가능 여부
(대법원 22.8.31일 선고, 2018다212740호 판결)

경과

1. 운전자 A는 본인의 차량에 자신의 처 B 등 동승자 4인을 태우고 급경사·급커브의 편도 1차로 도로를 운행하던 중 차량이 미끄러져 중앙선을 침범하여 맞은편에서 오던 버스와 충돌하였으며, 해당 도로의 관리주체는 제주도인데, 경사와 커브가 심하여 큰 사고가 날 수 있다는 지적이 여러 차례 있었음에도 제주도가 이에 대한 적절한 조치를 취하지 않던 중에 이 사건 사고가 발생하게 되었다.
2. A는 X보험회사의 자동차종합보험 및 자동차상해특약에 가입한바, X는 각각 자동차상해특약과 자동차종합보험의 대인배상 담보에 의해 각각 보험금을 지급한 이후, 제주도에 도로 부실 관리의 책임을 물어 구상을 청구하였다.

쟁점

원심은 보험자대위에 관한 약관 조항 해석상 자동차상해특약에 따라 지급된 보험금에 대해서는 보험자대위가 허용되지 않는다고 판단하고, A·B에 대한 보험금 지급에 기한 X의 청구 부분을 기각하였는데, 원심의 판단은 기존 대법원 판결의 취지에 따른 것으로, 기존에 대법원은 '자기신체사고를 보험자대위에서 제외한다고 정한 보험약관 규정의 해석상 자기신체사고에 관한 손해를 보상하는 것을 내용으로 하는 '자동차상해담보'의 경우에도 보험자가 사전에 보험자대위권을 포기한 것'이라고 판단한 바 있다.

판단

1. 대법원은 다음과 같은 근거에 따라 자동차상해특약에 의해 보험금이 지급된 경우에는 자기신체사고의 경우와 달리 보험자대위가 허용된다고 판단하였는데, 보통약관 제34조 제2항은 '자기신체사고'의 경우 보험자대위가 허용되지 않는다고 정하고 있는데, 이때 '자기신체사고'는 보통약

관상 담보종목 중 하나인 '자기신체사고(담보)'를 의미하는 것으로 보아야 하며, 자기신체사고와 유사한 기능을 갖는 자동차상해특약까지 포함하는 것으로 볼 수는 없다.

2. 자동차상해특약에 의해 보험금이 지급된 경우 보험자대위를 허용하지 않는다고 해석하게 되면 상당한 중복보상 내지 이중보상을 허용하는 결과가 되는데, 이러한 해석은 중복보상을 방지하고자 하는 다른 약관 규정과 충돌한다.

3. 자동차상해특약에 의해 보험금이 지급된 경우 보험자대위가 가능한지에 대해서는 판례가 엇갈리고 있으며, 보험자대위가 불가능하다고 본 판례들은 자동차상해특약과 보통약관상 자기신체사고(담보)는 기능이 동일하고 보상수준만 달라 사실상 동일한 담보이므로, 보험자대위에 관해서도 양자를 동일하게 취급해야 한다고 보고 있다.

4. 반면 보험자대위가 가능하다고 본 판례들은 자동차상해특약은 자기신체사고(담보)와는 별개의 담보라는 점 및 보험자대위를 불허할 경우 이중이득을 허용하게 된다는 점을 중요하게 고려하고 있다.

시사점

1. 본건 판결은 보험자대위가 가능하다고 보았으나, 이 판결에 의해 기존 대법원 판결이 폐기된 것은 아닌 바, 상반되는 취지의 판결이 존재하는 상황이다.

2. 보통약관에서 자기신체사고의 경우 보험자대위를 하지 않도록 정한 것은 자기신체사고의 인보험으로의 특성을 고려한 것으로 보이나, 상해보험의 경우 당사자 간 약정에 따라 보험자대위를 하는 것도 가능하므로, 자기신체사고에 대해 보험자대위를 허용하는 방안도 고려해 볼 수 있으며, 관련 분쟁의 사전 예방 및 통일성 있는 분쟁 해결을 위해 자동차보험약관을 정비하여 자기신체사고, 무보험차상해, 자동차상해특약 등 유사한 기능을 하는 담보들의 보험자대위에 관한 사항을 일관성 있고 명확하게 정할 필요가 있을 것이다.

2. 한의사가 초음파 진단기기를 사용하여 한 한의학적 진단행위에 대하여 무면허의료행위로 인한 의료법위반죄로 기소된 사건
(대법원 2022. 12. 22. 선고 2016도21314 전원합의체 판결)

쟁점

1. 한의사가 진단용 의료기기를 사용하는 것이 한의사의 '면허된 것 이외의 의료행위'에 해당하는지 판단하는 기준
2. 한의사가 초음파 진단기기를 한의학적 진단의 보조수단으로 사용하는 것이 한의사의 '면허된 것 이외의 의료행위'에 해당하는지 여부(소극)

판단

1. 한의사가 의료공학 및 그 근간이 되는 과학기술의 발전에 따라 개발·제작된 진단용 의료기기를 사용하는 것이 한의사의 '면허된 것 이외의 의료행위'에 해당하는지 여부는 관련 법령에 한의사의 해당 의료기기의 사용을 금지하는 규정이 있는지, 해당 진단용 의료기기의 특성과 그 사용에 필요한 기본적·전문적 지식과 기술 수준에 비추어 의료전문가인 한의사가 진단의 보조수단으로 사용하게 되면 의료행위에 통상적으로 수반되는 수준을 넘어서는 보건위생상의 위해가 생길 우려가 있는지, 전체 의료행위의 경위·목적·태양에 비추어 한의사가 그 진단용 의료기기를 사용하는 것이 한의학적 의료행위의 원리에 입각하여 이를 적용 내지 응용하는 행위와 무관한 것임이 명백한지 등을 종합적으로 고려하여 사회통념에 따라 합리적으로 판단하여야 한다(이하 '새로운 판단기준'이라 한다).
2. 한의사가 의료공학 및 그 근간이 되는 과학기술의 발전에 따라 개발·제작된 진단용 의료기기를 사용하는 것이 한의사의 '면허된 것 이외의 의료행위'에 해당하는지는 앞서 본 '새로운 판단기준'에 따라 판단하여야 한다. 이와 달리 진단용 의료기기의 사용에 해당하는지 여부 등을 따지지 않고 '종전 판단기준'이 적용된다는 취지로 판단한 대법원 2014. 2. 13. 선고 2010도10352 판결을 비롯하여 같은 취지의 대법원 판결은 모두 이 판결의 견해에 배치되는 범위 내에서 변경하기로 한다.

   ▶ '한의사인 피고인이 2010. 3. 2.부터 2012. 6. 16.까지 환자 최○○를 진료하면서 초음파 진단기기를 사용하여 최○○의 신체 내부를 초음파 촬영함으로써 초음파 화면에 나타난 모습을 보고 진단하는 방법으로 진료행위를 한 것에 대하여, 한의사가 면허된 것 이외의 의료행위를 하였다'는 혐의의 의료법 위반죄로 기소된 사안이다.

   ▶ 종전 대법원은 2010도10352 판결 등에서 한의사가 의료기기 등을 사용하는 것이 '면허된

것 이외의 의료행위'에 해당하는지 여부에 관하여 ① 관련 법령에 한의사의 해당 의료기기 등 사용을 금지하는 취지의 규정이 있는지, ② 해당 의료기기 등의 개발·제작 원리가 한의학의 학문적 원리에 기초한 것인지, ③ 해당 의료기기 등을 사용하는 의료행위가 한의학의 이론이나 원리의 응용 또는 적용을 위한 것으로 볼 수 있는지, ④ 해당 의료기기 등의 사용에 서양의학에 관한 전문지식과 기술을 필요로 하지 않아 한의사가 이를 사용하더라도 보건위생상 위해가 생길 우려가 없는지 등을 종합적으로 고려해야 한다는 판단기준(종전 판단기준)을 제시해 왔다.

▶ 대법원은 본 전합판결을 통하여, 의사와 한의사를 구별하는 이원적 의료체계를 유지하면서도 의료행위의 가변성, 과학기술의 발전, 교육과정의 변화, 의료소비자의 합리적 선택가능성 및 형사법의 대원칙인 죄형법정주의 관점 등을 고려하여, 한의사의 진단용 의료기기 사용의 허용 여부에 관하여 위와 같은 새로운 판단기준을 제시하였다.

▶ 한의사의 진단용 의료기기 사용에 관한 새로운 판단기준에 따라 살펴보면, ① 한의사의 초음파 진단기기의 사용을 금지하는 취지의 규정이 존재하지 않고, ② 현대 과학기술 발전의 산물인 초음파 진단기기의 특성과 그 사용에 필요한 지식과 기술 수준을 감안하면, 한의사가 진단의 보조수단으로 이를 사용하는 것이 의료행위에 통상적으로 수반되는 수준을 넘어서는 보건위생상의 위해가 생길 우려가 있는 경우에 해당한다고 단정하기 어려우며, ③ 전체 의료행위의 경위·목적·태양에 비추어 한의사가 초음파 진단기기를 사용하는 것이 한의학적 의료행위의 원리에 입각하여 이를 적용 또는 응용하는 행위와 무관한 것임이 명백히 증명되었다고 보기 어렵다고 보아, 한의사가 이 사건 초음파 진단기기를 한의학적 진단의 보조수단으로 사용한 행위는 구 의료법 제27조 제1항 본문의 한의사의 면허된 것 이외의 의료행위(무면허 의료행위)에 해당하지 않는다고 판단하고, 이와 달리 종전의 판단기준에 따라 피고인을 유죄로 판단한 원심판결을 파기·환송하였다.

▶ 이러한 다수의견에 대하여 ① 한의사가 초음파 진단기기를 서양의학적인 방법으로 사용한다면 이는 이원적 의료체계에 반한다는 점, ② 서양의학·한의학의 학문적 원리와 진찰방법에는 근본적 차이가 있어 한의사가 초음파 진단기기를 부가적으로 사용하였더라도 이를 한의학적 진단행위로 볼 수 없고, 아울러 한의과 대학의 교육 정도 등을 감안하면 제대로 훈련받지 않은 한의사가 초음파 진단기기를 사용할 경우 오진 등 보건위생상 위해가 생길 우려가 높다는 점, ③ 한의사의 초음파 진단기기 사용을 허용할 것인지는 그 필요성이 인정된다고 하더라도 국민의 건강을 보호하고 증진하는 방향으로 제도적·입법적으로 해결함이 바람직하다는 점 등을 이유로, '한의사가 서양의료기기인 초음파 진단기를 사용하여 진료행위를 한 것은 한의사의 면허된 것 이외의 의료행위(무면허 의료행위)에 해당한다'는 대법관 안철상, 대법관 이동원의 반대의견이 있다.

시사점

① 한의사의 초음파 진단기기의 사용을 금지하는 취지의 규정이 존재하지 않고, ② 현대 과학기술 발전의 산물인 초음파 진단기기의 특성과 그 사용에 필요한 지식과 기술 수준을 감안하면, 한의사가 진단의 보조수단으로 이를 사용하는 것이 의료행위에 통상적으로 수반되는 수준을 넘어서는 보건위생상의 위해가 생길 우려가 있는 경우에 해당한다고 단정하기 어려우며, ③ 전체 의료행위의 경위·목적·태양에 비추어 한의사가 초음파 진단기기를 사용하는 것이 한의학적 의료행위의 원리에 입각하여 이를 적용 또는 응용하는 행위와 무관한 것임이 명백히 증명되었다고 보기 어렵다고 보아, 한의사가 이 사건 초음파 진단기기를 한의학적 진단의 보조수단으로 사용한 행위는 구 의료법 제27조 제1항 본문의 한의사의 면허된 것 이외의 의료행위(무면허 의료행위)에 해당하지 않는다고 판단한다.

3. 산업재해보상보험
(대법원 2020. 7. 23. 선고 2016다271455 판결)

쟁점

보험자가 피해 근로자에게 전보범위에 해당하는 손해까지 보상하였다면 보험자가 인수한 위험은 산재보상분을 초과하는 부분에 대한 피보험자의 배상책임으로 인한 손해에 한정되므로, 보험자는 산재보상분에 대하여 보험금 지급의무를 부담하지 아니한다.

판단

1. 근로자재해보장보험의 약관에서 보험자는 피보험자의 근로자에게 생긴 업무상 재해로 인하여 피보험자가 부담하는 손해배상책임 중 산업재해보상보험법에 의해 전보되는 범위를 초과하는 부분에 대해서만 보상할 의무를 부담하는 것으로 정하였는데, 보험자가 피해근로자에게 위 전보 범위에 해당하는 손해까지 보상하였다면 보험자가 인수한 위험은 산재보상분을 초과하는 부분에 대한 피보험자의 배상책임으로 인한 손해에 한정되므로, 보험자는 산재보상분에 대하여 보험금 지급의무를 부담하지 아니한다.

2. 따라서, 근재보험의 보험자가 피해 근로자에게 산재보상분에 해당하는 손해까지 보상한 경우에는 근로복지공단의 산업재해보험급여 지급의무를 대신 이행한 것으로서, 이런 사정을 보험자와 피해 근로자가 알고 있었다면 근로복지공단의 산업재해보험급여 지급의무가 소멸하고, 근재보험의 보험자는 근로복지공단에 산재보상분 상당을 구상할 수 있다..

시사점

1. 채무자 아닌 제3자가 타인의 채무를 변제할 의사로 타인의 채무를 변제하고 채권자도 변제를 수령하면서 그러한 사정을 인식하였다면 민법 제469조(제3자 변제)의 대상인 타인의 채무는 소멸하고 제3자는 채무자에게 구상할 수 있다. 이해관계 없는 제3자는 채무자의 의사에 반하여 변제할 수 없는데, 채무자의 반대의사는 제3자가 변제할 당시의 객관적인 제반 사정에 비추어 명확하게 인식될 수 있는 것이어야 하고, 함부로 채무자의 반대의사를 추정함으로써 제3자의 변제 효과를 무효화시키는 일은 피해야 한다.
2. 만일, 근재보험의 보험자가 한 변제가 채무자인 근로복지공단의 의사에 반하는 등의 이유로 유효하지 않아 피해 근로자가 수령한 보상금을 근재보험의 보험자에게 반환하여야 한다면, 피해 근로자는 다시 근로복지공단으로부터 산재보험급여를 지급받아야 비로소 보상절차가 완료될 수 있어 피해 근로자의 손해를 신속하게 보상하고자 하는 산재보험법의 취지에 반한다.
3. 근재보험의 보험자가 피해근로자에게 산재보상분에 해당하는 손해까지 보상한 경우에는 보험자는 근로복지공단에 산재보상분 상당을 구상할 수 있다.

4. 영국법상 상해보험의 피보험이익
(대법원 2019. 5. 30 선고 2017다254600 판결)

쟁점

1. 보험계약자가 상당한 기간 동안에 발생한 불특정 다수인의 사망 또는 상해에 관하여 정액의 보험금을 지급받기로 하는 보험계약에서 보험계약자가 그들의 사망 또는 상해와 관련하여 금전적인 책임을 부담할 수 있는 지위에 있고 보험계약을 체결한 의도가 그러한 법적 책임을 부보하기 위한 것인 경우, 영국 생명보험법에 따른 피보험이익을 인정할 수 있는지 여부(적극)

판단

甲 주식회사와 乙 보험회사가 보험사고의 지역적 범위를 남극으로 한정하고 甲 회사가 운항·관리하는 헬기에 탑승하게 되는 다수의 승무원 및 승객을 피보험자로 하여 보험기간동안 그들이 탑승 및 비행 중에 발생한 사고로 사망하거나 상해를 입을 경우 甲 회사가 乙 회사로부터 정액의 사망보험금 또는 상해보험금을 지급받는 내용의 보험계약을 체결하면서 영국법을 준거법으로 정하였는데, 위 헬기가 보험기간 중 남극 지방에서 착륙하다 전복되면서 탑승하고 있던 승객이 상해를 입는 보험사고가 발생하자, 乙 회사가 甲 회사에 보험금 전액을 지급하여 완불확인서를 교부받은 다

음, 甲 회사를 상대로 위 보험계약은 甲 회사에 피보험이익이 없어 무효라고 주장하면서 위 보험금 상당의 부당이득반환을 구하고 있다.

질문 1 甲에게는 피보험이익이 있는가?

> **답변 1)**
> 보험계약자가 상당한 기간 동안에 발생한 불특정 다수인의 사망 또는 상해에 관하여 정액의 보험금을 지급받기로 하는 보험계약에서, 보험계약자가 그들의 사망 또는 상해와 관련하여 금전적인 책임을 부담할 수 있는 지위에 있고, 보험계약을 체결한 의도가 그러한 법적 책임을 부보하기 위한 것인 때에는 보험계약자에게 1774년 제정된 영국 생명보험법(Life Assurance Act 1774) 제1조에 따른 피보험이익을 인정할 수 있다.

시사점

우리나라법은 인보험의 경우 피보험이익을 묻지 않지만, 영국법은 인보험도 피보험이익을 묻는다.

5. 무보험차상해담보 청구권대위
(대법원 2014.10.15 선고, 2012다88716 판결)

쟁점

1. 보험계약에서 담보하지 아니하는 손해에 해당하여 보험금 지급의무가 없는데도 보험자가 피보험자에게 보험금을 지급한 경우, 보험자대위가 인정되는지 여부(소극) 및 이는 상법 제729조 단서에 따른 보험자대위의 경우에도 마찬가지인지 여부(적극)
   담보의 청구권 대위 약정은 상법상 당연히 유효하다. 상해보험에서는 약정에 의하여 청구권대위가 가능하다. 단, 인보험에서는 대위가 불가능하다.

판단

甲은 A보험회사의 자동차보험을 가입하였다. 이 자동차보험의 무보험자동차 상해담보특약의 약관 내용에는 청구권 대위를 인정하는 조항을 두고 있다.

질문 1 특약의 청구권 대위 인정은 무효이다?

질문 2 만일 A보험회사가 보험금지급책임이 없음에도 불구하고 피보험자에게 보험금을 지급하였다면, 청구권 대위를 행사할 수 있다?

> **답변 1)**
> 이 담보의 청구권 대위 약정은 상법상 당연히 유효하다.
>
> **답변 2)**
> 상해보험에서는 약정에 의하여 청구권대위가 가능하다. 단, 인보험에서는 대위가 불가능하다.

1. 상법 제682조 제1항에서 정한 보험자의 제3자에 대한 보험자 대위가 인정되기 위하여는 보험자가 피보험자에게 보험금을 지급할 책임이 있는 경우라야 하고, 보험계약에서 담보하지 아니하는 손해에 해당하여 보험금지급의무가 없는데도 보험자가 피보험자에게 보험금을 지급한 경우에는 보험자 대위의 법리에 따라 피보험자의 손해배상청구권을 대위 행사할 수 없는데, 이러한 이치는 상법 제729조 단서에 따른 보험자 대위의 경우에도 마찬가지로 적용된다.

2. 무보험자동차에 의한 상해담보특약의 보험자는 피보험자의 실제손해액을 기준으로 위험을 인수한 것이 아니라 보통약관에서 정한 보험금지급기준에 따라 산정된 금액만을 제한적으로 인수한 것이므로, 무보험자동차에 의한 상해담보특약을 맺은 보험자가 피보험자에게 보험금을 지급한 경우 상법 제729조 단서에 따라 피보험자의 배상의무자에 대한 손해배상청구권을 대위 행사할

수 있는 범위는 피보험자가 배상의무자에 대하여 가지는 손해배상청구권의 한도 내에서 보통약관에서 정한 보험금지급기준에 따라 정당하게 산정되어 피보험자에게 지급된 보험금액에 한정된다.

시사점

만일 A보험회사가 보험금지급책임이 없음에도 불구하고 피보험자에게 보험금을 지급하였다면, 청구권 대위를 행사할 수 없다. 그 이유로는 특혜지급(비채변제)이므로 대위불가(법률상 원인행위가 있는데도 불구하고 보험금을 지급한 경우)

문제

보험자의 청구권대위에 관한 설명으로 옳지 않은 것은? (다툼이 있는 경우 판례에 의함)

▶2018년 제41회 기출문제

① 보험자의 청구권대위를 인정하는 이유는 이득금지 원칙의 실현, 부당한 면책의 방지에 있다.
② 인보험은 청구권대위가 적용되지 않으므로, 상해보험의 경우 당사자의 약정이 있더라도 청구권대위가 적용되지 아니한다.
③ 청구권대위는 보험금을 손익상계로 공제하지 않는 것을 전제로 한다.
④ 청구권대위가 성립하기 위해서는 제3자의 가해행위가 있어야 하고, 그로 인해 손해가 발생하고, 보험자가 피보험자에게 보험금을 지급하여야 한다.

정답 ②

해설 인보험의 경우 보험자는 보험사고로 인하여 생긴 보험계약자 또는 보험수익자의 제3자에 대한 권리를 대위하여 행사하지 못한다. 그러나 상해보험계약의 경우에 당사자 간에 다른 약정이 있는 때에는 보험자는 피보험자의 권리를 해하지 아니하는 범위 안에서 그 권리를 대위하여 행사할 수 있다(상법 제729조).

제2장 생명보험

1. 생명보험계약자가 생존(연금)보험금을 지급받다가 만기 전에 사망한 경우 수익자에게 지급되는 사망보험금은 상속인의 고유재산인지 여부
(대법원 2023. 6. 29. 선고 2019다300934 판결)

쟁점

1. 생명보험의 보험계약자가 스스로를 피보험자로 하면서 자신이 생존할 때의 보험수익자로 자기 자신을, 자신이 사망할 때의 보험수익자로 상속인을 지정한 후 피보험자가 사망하여 보험사고가 발생한 경우, 이에 따른 보험금청구권이 상속인들의 고유재산인지 여부(적극)

2. 보험계약이 피보험자의 사망, 생존, 사망과 생존을 보험사고로 하는 이상 보험계약에서 다액인 보험료를 일시에 납입하여야 한다거나 사망보험금이 일시 납입한 보험료와 유사한 금액으로 산출되도록 설계되어 있더라도 생명보험에 해당하는지 여부(원칙적 적극)

3. 갑이 을 보험회사와 자신을 피보험자로 하는 상속연금형 즉시연금보험계약을 체결하고 보험료 1억 원을 일시에 납입하였는데, 위 보험계약은 보험수익자가 매월 생존연금을 지급받다가 만기가 도래하면 납입 보험료와 동일한 액수의 만기보험금을 지급받지만, 만기가 도래하기 전 피보험자가 사망하면 만기보험금 지급을 위해 적립된 금액과 일정 금액을 합산한 액수의 사망보험금을 받는 내용의 보험으로, 갑은 자신이 생존할 경우의 보험수익자를 자기 자신으로, 사망할 경우의 보험수익자를 상속인으로 지정하였고, 그 후 갑이 생존연금을 지급받다가 만기가 도래하기 전 사망하여 공동상속인인 병 등이 보험수익자로서 보험계약에 따른 사망보험금을 수령하였음.

4. 위 사안에서, 위 보험계약은 사람의 사망과 생존 모두를 보험사고로 하는 생명보험계약으로서, 병 등이 보험계약에 따라 사망보험금을 수령한 행위를 상속재산에 대한 처분행위로 평가할 수 없다고 한 사례

판단

1. 생명보험은 피보험자의 사망, 생존, 사망과 생존을 보험사고로 하는 보험이다(상법 제730조). 생명보험의 보험계약자가 스스로를 피보험자로 하면서 자신이 생존할 때의 보험수익자로 자기 자신을, 자신이 사망할 때의 보험수익자로 상속인을 지정한 후 피보험자가 사망하여 보험사고

가 발생한 경우, 이에 따른 보험금청구권은 상속인들의 고유재산으로 보아야 하고 이를 상속재산이라고 할 수는 없다. 상속인들은 보험수익자의 지위에서 보험자에 대하여 보험금 지급을 청구할 수 있고 이러한 권리는 보험계약의 효력으로 당연히 생기는 것이기 때문이다.

2. 보험계약이 피보험자의 사망, 생존, 사망과 생존을 보험사고로 하는 이상 이는 생명보험에 해당하고, 보험계약에서 다액인 보험료를 일시에 납입하여야 한다거나 사망보험금이 일시 납입한 보험료와 유사한 금액으로 산출되도록 설계되어 있다 하더라도 특별한 사정이 없는 한 생명보험으로서의 법적 성질이나 상속인이 보험수익자 지위에서 취득하는 사망보험금청구권의 성질이 달라지는 것은 아니다.

3. 갑이 을 보험회사와 자신을 피보험자로 하는 상속연금형 즉시연금보험계약을 체결하고 보험료 1억 원을 일시에 납입하였는데, 위 보험계약은 보험수익자가 매월 생존연금을 지급받다가 만기가 도래하면 납입 보험료와 동일한 액수의 만기보험금을 지급받지만, 만기가 도래하기 전 피보험자가 사망하면 만기보험금 지급을 위해 적립된 금액과 일정 금액을 합산한 액수의 사망보험금을 받는 내용의 보험으로, 갑은 자신이 생존할 경우의 보험수익자를 자기 자신으로, 사망할 경우의 보험수익자를 상속인으로 지정하였고, 그 후 갑이 생존연금을 지급받다가 만기가 도래하기 전 사망하여 공동상속인인 병 등이 보험수익자로서 보험계약에 따른 사망보험금을 수령한 사안에서, 위 보험계약은 보험자가 보험수익자에게 매월 생존연금을 지급하다가 만기가 도래하면 만기보험금을 지급하고 만기가 도래하기 전에 피보험자가 사망하면 사망보험금을 지급하는 내용이므로 사람의 사망과 생존 모두를 보험사고로 하는 생명보험계약에 해당하는데, 피보험자가 만기까지 생존할 경우 납입 보험료 상당액을 만기보험금으로 지급하도록 약정되어 있음.

4. 따라서, 보험자는 일시 납입된 보험료 중 상당 부분을 적립금으로 계상해 두어야 하지만, 만기 이전에도 생존연금을 지급해야 하므로 재원 마련을 위해 적립금을 운용할 수밖에 없고, 만기 이전에 피보험자가 사망한 경우 당시까지 적립금으로 계상된 금액뿐만 아니라 일정 액수를 더하여 사망보험금을 지급하게 되므로 사망보험금이 납입 보험료와 액수가 유사하게 산출된다 하여 피상속인의 생전 보유 재산인 보험료 납입 재원과 동일한 것이라고 평가하기는 어렵고, 생명보험계약으로서의 법적 성질이 달라진다고 보기도 어려움이 있음.

5. 또한, 위 보험계약에 따른 사망보험금청구권은 갑의 사망이라는 보험사고가 발생하여 보험수익자로 지정된 병 등이 보험계약의 효력에 따라 고유한 권리로 취득한 것이지 갑으로부터 상속한 것이 아니므로, 병 등이 위 보험계약에 따라 사망보험금을 수령한 행위는 고유재산인 자신들의 보험금청구권을 추심하여 만족을 얻은 것으로 보아야 하고, 상속재산에 대한 처분행위로 평가할 수는 없는데도, 이와 달리 본 원심판단에 법리오해의 잘못이 있다고 한 사례.

2. 환자가 치료 도중 뇌출혈로 사망하자 의료과실에 의한 손해배상을 구하는 사건
(대법원 2022. 3. 17. 선고 2018다263434 판결)

쟁점

의사가 의료행위를 할 때 취하여야 할 주의의무의 정도 및 기준. 특히 환자가 병원에서 검사나 수술을 받는 과정에서 넘어지는 등의 사고가 발생한 경우, 담당 의사가 부담하는 주의의무의 내용

판단

의사의 주의의무는 의료행위를 할 당시 의료기관 등 임상의학 분야에서 실천되고 있는 의료행위의 수준을 기준으로 삼되, 그 의료수준은 통상의 의사에게 의료행위 당시 일반적으로 알려져 있고 또 시인되고 있는 이른바 의학상식을 뜻하므로 진료환경과 조건, 의료행위의 특수성 등을 고려하여 규범적인 수준으로 파악해야 한다.

시사점

여러 명의 의사가 분업이나 협업을 통하여 의료행위를 담당하는 경우 먼저 환자를 담당했던 의사는 이후 환자를 담당할 의사에게 환자의 상태를 정확하게 알려 적절한 조치를 할 수 있도록 해야 하는데, 환자가 병원에서 검사나 수술을 받는 과정에서 넘어지는 등의 사고가 발생하였다면 담당 의사는 이러한 사정을 고려하여 환자의 건강유지와 치료를 위한 주의를 기울여야 하는데, 이를 해태하였으므로 주의의무위반의 책임이 있다.

3. 임의비급여 관련 채권자대위권 행사 시 무자력 요건 필요 여부
(대법원 2019다229202호, 2022.8.25선고)

경과 및 쟁점

1. X보험회사는 임의비급여 진료행위를 한 의료인 Y를 상대로 채권자대위권에 근거하여 진료비 반환을 청구하였는데, 임의비급여 진료계약은 의료법에 위반되어 무효이고, 이와 관련하여 피보험자들에게 지급한 실손보험금도 부당이득이라고 보고, 피보험자들에 대한 보험금 상당의 부당이득 반환채권을 피보전채권으로 하여 피보험자들을 대위하여 Y를 상대로 진료비 상당의 부당이득 반환을 구하는 채권자대위소송을 제기한다.

2. 피보전채권이 금전채권인 경우 채권자대위권 행사를 위해서는 원칙적으로 채무자(피보험자)가 무자력 상태여야 하고, 피대위채권(진료비 반환채권)과 피보전채권(실손의료보험금 반환채권) 사이에 예외적으로 피보험자의 무자력 요건이 있는데, 본 사안의 경우 무자력 요건이 면제되는지가 주된 쟁점이 되었다.

3. 무자력 요건이 면제되지 않는다고 보게 되면, 보험회사가 채권자대위권을 통해 임의비급여 관련 보험금을 환수하기 위해서는 피보험자가 무자력 상태에 있음을 입증해야 하는데, 이 경우 채권자대위권 행사가 현저히 곤란해진다.

판단

1. 대법원은 이 사건의 경우 피보험자가 무자력이 아닌 한 채권자대위권 행사가 허용되지 않는다고 판단하였는데, 이 사건의 경우 실손의료보험금 반환채권(피보전채권)과 진료비 반환채권(피대위채권) 사이에 사실상 관련성이 있기는 하나, 피보험자의 무자력 요건을 면제해야 할 정도의 밀접한 관련성이 있다고 보기는 어렵고, 이러한 경우까지 채권자대위권 행사를 허용한다면 채권자평등주의 원칙에 기반을 둔 민사집행법 체계와 조화를 이루지 못할 우려가 있으므로, 무자력 요건이 충족되지 않은 이상 채권자대위권 행사는 허용되지 않는다고 판단하였다.

2. 반면, 소수의견은 실손의료보험금 반환채권과 진료비 반환채권은 채권 발생 원인, 내용, 목적에서 밀접하게 관련되어 있고, 실손의료보험금 반환채권을 유효·적절하게 확보하기 위해 채권자대위권을 행사할 필요가 있으며, 채권자대위권 행사를 허용하지 않으면 의료기관이 위법한 진료로 얻은 이익을 계속 보유하게 되어 부당하다는 점을 근거로 제시한다.

시사점

1. 그러나, 이번 판결에 의해 보험회사가 채권자대위권에 근거하여 의료기관을 직접 상대방으로

하여 소송을 제기하는 것이 곤란해진 바, 임의비급여 진료비 관련 분쟁의 효과적인 해결을 위한 대안이 모색될 필요가 있을 것이다.(이번 판결로 보험회사가 채권자대위권을 행사하기 위해서는 피보험자의 무자력을 입증하여야 한다는 점이 명확해진 바, 향후 보험회사가 채권자대위권에 근거하여 의료기관을 상대방으로 소송을 제기하기는 어려울 것으로 보인다.)

2. 그렇다고 하여 보험회사가 개별 피보험자를 상대로 일일이 소송을 제기하는 것은 그 자체로 비효율적일 뿐 아니라 각종 민원과 분쟁을 야기할 수 있으며, 임의비급여 관련 분쟁을 효과적으로 해결하기 위한 대안이 모색될 필요가 있으며, 예를 들어 피보험자로부터 진료비 반환채권을 양도받는 방안에 대한 검토가 요구된다.

4. 우울증으로 인한 자살 시 자살면책 적용기준
(대법원 2021. 2. 4. 선고 2017다281367 판결)

쟁점

피보험자가 우울증을 앓던 상태에서 자살에 이른 경우, 자살면책 제한사유인 '자유로운 의사결정을 할 수 없는 상태'에 해당하는지의 여부
자유로운 의사결정을 할 수 없는 상태에서 자살한 것으로 봄이 타당하다고 판단한다.

경과 및 판단

1. 초등학교교사로 근무하던 A는 2006년 학부모로부터 폭언을 들은 이후 우울증 증상이 처음 발생하였고, 2008년부터 매년 가을 우울증 치료를 받았으며, 2011년 10월 우울증이 재발한 상태에서 피부·간질환 등 질병으로 입·퇴원을 반복하던 중 자살하였다.
2. 대법원은 주치의 진단, 우울증과 사망의 관계에 대한 의학적 판단기준, 유족보상금 사건 판결 등을 고려할 때, A는 자유로운 의사결정을 할 수 없는 상태에서 자살한 것으로 봄이 타당하다고 판단한다.

시사점

1. 피보험자가 우울증을 앓던 상태에서 자살에 이른 경우, 자살면책 제한사유인 '자유로운 의사결정을 할 수 없는 상태'에 해당하는지가 문제된다.

2. 기존에 대법원은 '자유로운 의사결정을 할 수 없는 상태'에 해당하는지를 엄격하게 판단해 왔다.
   - (인정사례) 극도의 흥분·불안으로 인한 정신적 공황상태에서 베란다로 뛰어내린 경우 및 음주로 인한 병적 명정으로 인해 심신을 상실한 상태에서 베란다로 뛰어내린 경우, 자유로운 의사결정을 할 수 없는 상태에 해당한다고 보고 보험금을 지급하도록 하였다.
   - (부정사례) 망인이 사망 전 우울증 진단을 받았다하더라도, 사망 직전까지 정상 근무를 하고 주변정리를 한 상태에서 자살을 한 경우는 자유로운 의사결정을 할 수 없는 상태에서 자살한 것이 아니라고 판단하였다.
3. 반면 대상 판례 및 최근 유사 판례에서는 우울증 심화로 정신적 능력이 저하된 상태에서 자살에 이른 경우도 '자유로운 의사결정을 할 수 없는 상태'에 해당한다고 보았다.
4. 자살면책 제한조항의 문언 및 취지를 고려할 때, '자유로운 의사결정을 할 수 없는 상태'는 자살에 대한 '인식'이나 '의사'가 없는 상태를 의미하는 것으로 좁게 해석하는 것이 타당할 것으로 생각된다.
5. 본인의 행위가 인식(사망의 경과 유발), 의사(생명절단의)가 있다고 보기 어려운 경우에 자살면책적용의 제한이 필요하다.(타당함)

5. 단체보험 수익자 지정의 요건 및 위반 시 효과
(대법원 2020. 2. 6. 선고 2017다215728 판결)

경과 및 쟁점

1. X회사는 Y보험회사와 단체보험계약을 체결한 후 피보험자인 직원 A가 사망하자 수익자로서 보험금을 수령함 위와 같은 협약에 근거하여 피보험자의 개별 동의를 받지 않고 단체보험 수익자를 X회사로 지정한 것이 상법 제735조의3 제3항2)에 위반되는지, 위반된다면 보험계약 자체가 무효인지 수익자 지정만 무효인지가 문제된다.
2. 피보험자의 동의 없이 단체보험의 수익자를 회사로 지정하기 위해서는 단체 규약에서 단순히 회사가 수익자가 될 수 있다는 가능성만 정한 것으로는 부족하고 회사가 수익자가 된다는 점을 명확히 기재하여야 한다.
3. 상법 제735조의3 제3항을 위반하여 회사를 수익자로 지정한 경우 보험계약 자체는 유효하고 수익자 지정만 무효이다.
4. 또한, 이 권리는 보험계약의 효력으로 당연히 생기는 것으로서 상속재산이 아니라 상속인의 고유재산이다. 따라서, 이때 보험수익자로 지정된 상속인 중 1인이 자신에게 귀속된 보험금청구권을 포기하더라도 그 포기한 부분이 당연히 다른 상속인에게 귀속되지는 아니한다. 이러한 법리는 단체보험에서 피보험자의 상속인이 보험수익자로 인정된 경우에도 동일하게 적용된다.

판단

상속재산은 상속인의 고유재산이다. 따라서, 이때 보험수익자로 지정된 상속인 중 1인이 자신에게 귀속된 보험금청구권을 포기하더라도 그 포기한 부분이 당연히 다른 상속인에게 귀속되지는 아니한다. 이러한 법리는 단체보험에서 피보험자의 상속인이 보험수익자로 인정된 경우에도 동일하게 적용된다.

시사점

1. 단체보험과 관련하여, (1) 타인의 생명보험에 필수적으로 요구되는 피보험자 동의 요건을 면제해 주는 것이 타당한지, (2) 회사가 수익자인 경우에도 피보험자 동의 요건이 면제된다고 볼 수 있는지가 문제되어 왔다.
2. 이번 대법원판례는 제735조의3 제3항을 위반하여 회사를 수익자로 지정한 경우에는 보험계약 자체가 무효가 되는 것이 아니라 수익자지정만 무효가 된다고 봄으로써 사망한 직원의 상속인들이 보험금을 받을 수 있도록 하였다.
   - 기존 대법원 판례는 제735조의3 제1항의 규약요건을 충족하지 못한 경우에는 보험계약자체가 무효가 될 수 있다고 보았으나, 제735조의3 제3항의 규약요건을 충족하지 못한 경우에 대해서는 판례가 없었다.
   - 이에 제735조의3 제3항 위반 시 보험계약자체가 무효가 되는지 수익자지정만 무효가 되는지 논란이 있었고 보험계약 자체가 무효가 된다고 볼 경우 피보험자의 상속인들이 보험금을 받지 못하게 되는 문제가 있었는데, 이번 판결을 통해 이러한 문제점들이 해결되었다.
3. 이번 대법원판례는 제735조의3 제3항을 위반하여 회사를 수익자로 지정한 경우에는 보험계약 자체가 무효가 되는 것이 아니라 수익자지정만 무효가 된다고 판시하였다.

6. 보장성 보험의 압류금지
(대법원 2018. 12. 27 선고 2015다50286 판결)

쟁점

보장성보험계약과 저축성보험계약이라는 독립된 두 개의 보험계약이 결합된 경우라면 저축성보험계약 부분만을 분리하여 이를 해지하고 압류할 수 있을 것이다. 이와 달리 하나의 보험계약에 보장성보험과 저축성보험의 성격이 모두 있는 경우에 그중 저축성보험의 성격을 갖는 계약 부분만을 분리하여 이를 해지하고 압류할 수 있는지가 문제가 된다.

판단

1. 민사집행법 제246조 제1항 제7호에서 보장성보험의 보험금 채권을 압류금지채권으로 규정하는 입법 취지 : 생계유지나 치료 및 장애 회복 등 보험계약자의 기본적인 생활을 보장하기 위한 최소한의 수단을 마련하기 위함이다.

2. 보장성 보험이란 생명, 상해, 질병, 사고 등 피보험자의 생명 신체와 관련하여 발생할 수 있는 경제적 위험에 대비하여 보험사고가 발생하였을 경우 피보험자에게 약속된 보험금을 지급하는 것을 주된 목적으로 한 보험으로, 일반적으로는 만기가 되었을 때 보험회사가 지급하는 돈이 납입 받은 보험료 총액을 초과하지 않는 보험을 말한다. 반면 저축성보험은 목돈이나 노후생활 자금을 마련하는 것을 주된 목적으로 한 보험으로 피보험자가 생존하여 만기가 되었을 때 지급되는 보험금이 납입보험료에 일정한 이율에 따른 돈이 가산되어 납입보험료의 총액보다 많은 보험이다. 보험계약 중에는 보장성보험과 저축성보험의 성격을 함께 가지는 것도 많이 있다. 만일 보장성보험계약과 저축성보험계약이라는 독립된 두 개의 보험계약이 결합된 경우라면 저축성보험계약 부분만을 분리하여 이를 해지하고 압류할 수 있을 것이다. 이와 달리 하나의 보험계약에 보장성보험과 저축성보험의 성격이 모두 있는 경우에 그중 저축성보험의 성격을 갖는 계약 부분만을 분리하여 이를 해지하고 압류할 수 있는지가 문제가 된다. 민사집행법에서 보장성보험이 가지는 사회보장적 성격을 고려하여 압류금지채권으로 규정한 입법취지를 고려할 때 하나의 보험계약이 보장성 보험과 더불어 저축성보험의 성격을 함께 가지고 있다고 하더라도 저축성보험 부분만을 분리하여 해지할 수는 없다고 보아야 한다.

이처럼 하나의 보험계약에 보장성보험과 저축성보험의 성격이 모두 있는 경우에 저축성보험의 성격을 갖는 계약 부분만을 분리하여 해지할 수 없다면, 해당 보험 전체를 두고 '보장성보험'에 해당하는지를 결정하여야 한다. 만기환급금이 납입보험료 총액을 초과하더라도, 해당보험이 예정하는 보험사고의 성질과 보험가입의 목적, 납입보험료의 규모와 보험료의 구성, 지급받는 보험료의 내용 등을 종합적으로 고려하였을 때 보장성보험도 해당보험의 주된 성격과 목적으로 인정할 수 있다면 이를 민사집행법이 압류금지채권으로 규정하고 있는 보장성보험으로 보아야 한다.

시사점

하나의 보험계약이 보장성 보험과 더불어 저축성보험의 성격을 함께 가지고 있다고 하더라도 저축성보험 부분만을 분리하여 해지할 수는 없다고 보아야 한다. 하나의 계약이므로 분리하지 못하므로 압류하지 못한다. 그러나, 독립된 계약이 결합된 경우여서 분리가능하면 분리하여 해지가능(압류가능)하다.

7. 다수계약, 공서양속 무효

(대법원 2018. 9. 13. 선고 2016다25125 판결)

쟁점

보험금을 취득할 목적으로 다수의 보험에 가입한 경우에는 민법 제103조 소정의 선량한 풍속 기타 사회질서에 반하여 무효라고 할 것이다. 한편 보험계약자가 그 보험금을 부정 취득할 목적으로 다수의 보험계약을 체결하였는지에 관하여는 이를 직접적으로 인정할 증거가 없더라도, 보험계약자의 직업 및 재산상태, 다수의 보험계약의 체결 경위, 보험계약의 규모, 보험계약체결 후의 정황 등 제반 사정에 기하여 그와 같은 목적을 추인할 수 있다.

판단

1. 보험계약자가 다수의 보험계약을 통하여 보험금을 부정 취득할 목적으로 보험계약을 체결한 경우, 이러한 목적으로 체결된 보험계약에 의하여 보험금을 지급하게 하는 것은 보험계약을 악용하여 부정한 이득을 얻고자 하는 사행심을 조장함으로써 사회적 상당성을 일탈하게 될 뿐만 아니라, 합리적인 위험의 분산이라는 보험제도의 목적을 해치고 위험발생의 우발성을 파괴하며 다수의 선량한 보험가입자들의 희생을 초래하여 보험제도의 근간을 해치게 되므로, 이와 같은 보험계약은 민법 제103조 소정의 선량한 풍속 기타 사회질서에 반하여 무효라고 할 것이다. 한편 보험계약자가 그 보험금을 부정 취득할 목적으로 다수의 보험계약을 체결하였는지에 관하여는 이를 직접적으로 인정할 증거가 없더라도, 보험계약자의 직업 및 재산상태, 다수의 보험계약의 체결 경위, 보험계약의 규모, 보험계약체결 후의 정황 등 제반 사정에 기하여 그와 같은 목적을 추인할 수 있다.
2. 보험계약자가 타인의 생활상의 부양이나 경제적 지원을 목적으로 보험자와의 사이에 타인을 보험수익자로 하는 생명보험이나 상해보험계약을 체결하여 보험수익자가 보험금 청구권을 취득한 경우, 보험자의 보험수익자에 대한 급부는 보험수익자에 대한 보험자 자신의 고유한 채무를 이행한 것이다. 따라서 보험자는 보험계약이 무효이거나 해제되었다는 것을 이유로 보험수익자를 상대로 하여 그가 이미 보험수익자에게 급부한 것의 반환을 구할 수 있고, 이는 타인을 위한 생명보험이나 상해보험이 제3자를 위한 계약의 성질을 가지고 있다고 하더라도 달리 볼 수 없다.

사례)

① 피고와 그 가족들은 2010년 1년 동안 이 사건 각 보험계약을 포함하여 이 사건 각 보험계약과 보장내용 및 성질이 유사한 보험계약 47건을 체결한 점, ② 피고와 그 가족들이 위와 같이 이 사건 각 보험계약과 보장내용 및 성질이 유사한 다수의 보험에 단기간에 집중적으로 가입할 특별한 이유를 찾기 어려운 점, ③ 피고와 그 가족들을 피보험자로 하는 위 각 보험의 월보험료는 2,017,887원에 이르는데, 이는 피고와 그 가족들이 세무서에 신고한 수입금액 및 소득금액, 지방세부과내역에 나타난 재산에 비추어 볼 때 매우 많은 금액으로 보이는 점, ④ 피고와 그 가족들이 각 보험사로부터 지급받은 보험금이 적어도 183,627,901원에 이르는데, 이는 피고와 그 가족들의 소득 및 재산상황에 비추어 볼 때 매우 많은 금액으로 보이는 점 등 그 판시와 같은 사정을 종합하여 보면, 피고의 처인 소외인과 피고는 순수하게 생명, 신체 등에 대한 우연한 위험에 대비하기 위한 목적에서 이 사건 각 보험계약을 체결한 것이 아니라 다수의 보험계약을 통하여 보험금을 부정 취득할 목적으로 이 사건 각 보험계약을 체결하였다고 봄이 상당하므로, 이 사건 각 보험계약은 선량한 풍속 기타 사회질서에 반하여 무효라고 판단하였다.

시사점

보험자는 보험계약이 무효이거나 해제되었다는 것을 이유로 보험수익자를 상대로 하여 그가 이미 보험수익자에게 급부한 것의 반환을 구할 수 있고, 이는 타인을 위한 생명보험이나 상해보험이 제3자를 위한 계약의 성질을 가지고 있다고 하더라도 달리 볼 수 없다. 간접증거는 민사상 무효추인이 가능하지만, 형법상 범죄사실로 죄를 물을 수는 없다.

8. 생명보험의 보험계약자 변경
(대법원 2018. 7. 12. 선고 2017다235647 판결)

쟁점

생명보험약관에서 보험계약자의 지위를 변경하는 데에 보험자의 승낙이 필요하다고 정한 경우에 유증으로 그 지위를 이전할 때에도 보험자의 승낙이 필요하다.

판단

보험계약자가 유증으로 보험계약자의 지위를 이전하기로 한 경우에

질문 1 생명보험약관에서 보험계약자의 지위를 변경하는 데에 보험자의 승낙이 필요하다고 정한 경우에 유증으로 그 지위를 이전할 때에도 보험자의 승낙이 필요한가?

답변 1)

생명보험은 피보험자의 사망, 생존 또는 사망과 생존을 보험사고로 하는 보험으로(상법 제730조), 오랜 기간 지속되는 생명보험계약에서는 보험계약자의 사정에 따라 계약내용을 변경해야 하는 경우가 있다. 생명보험계약에서 보험계약자의 지위를 변경하는데 보험자의 승낙이 필요하다고 정하고 있는 경우, 보험계약자가 보험자의 승낙이 없는데도 일방적인 의사표시만으로 보험계약상의 지위를 이전할 수는 없다. 보험계약자의 신용도나 채무이행능력은 계약의 기초가 되는 중요한 요소일 뿐만 아니라 보험계약자는 보험수익자를 지정·변경할 수 있다(상법 제733조). 보험계약자와 피보험자가 일치하지 않는 타인의 생명보험에 대해서는 피보험자의 서면동의가 필요하다(상법 제731조 제1항, 제734조 제2항). 따라서 보험계약자의 지위 변경은 피보험자, 보험수익자 사이의 이해관계나 보험사고 위험의 재평가, 보험계약의 유지여부 등에 영향을 줄 수 있다. 이러한 이유로 생명보험의 보험계약자 지위변경에 보험자의 승낙을 요구한 것으로 볼 수 있다. 유증은 유언으로 수증자에게 일정한 재산을 무상으로 주기로 하는 단독행위로서 유증에 따라 보험계약자의 지위를 이전하는 데에도 보험자의 승낙이 필요하다고 보아야 한다. 보험계약자가 보험계약에 따른 보험료를 전액 지급하여 보험료 지급이 문제 되지 않는 경우에도 마찬가지이다. 유언집행자는 유증의 목적인 재산의 관리 기타 유언의 집행에 필요한 행위를 할 권리·의무가 있다. 유언집행자가 유증의 내용에 따라 보험자의 승낙을 받아서 보험계약상의 지위를 이전할 의무가 있는 경우에도 보험자가 승낙하기 전까지는 보험계약자의 지위가 변경되지 않는다.

시사점

유언집행자는 유증의 목적인 재산의 관리 기타 유언의 집행에 필요한 행위를 할 권리·의무가 있다. 유언집행자가 유증의 내용에 따라 보험자의 승낙을 받아서 보험계약상의 지위를 이전할 의무가 있는 경우에도 보험자가 승낙하기 전까지는 보험계약자의 지위가 변경되지 않는다.

9. 자동차보험 자기신체사고담보와 승객의 고의
(대법원 2017. 7. 18. 선고 2016다216953 판결)

쟁점

자동차에 승객으로 타고 있던 甲은 사고당시 정신병적 질환이 완치되지 않던 상태였고 상당히 심리적으로 불안감을 갖고 있던 중에 시속 40~50km 속력으로 주행중이던 이 사건 자동차에서 뛰어내려 사망한 사례에서 보험사고가 전체적으로 보아 고의로 평가되는 행위로 인한 것이어야 한다.

판단

자동차에 승객으로 타고 있던 甲은 사고당시 정신병적 질환이 완치되지 않던 상태였고 상당히 심리적으로 불안감을 갖고 있던 중에 시속 40~50km 속력으로 주행중이던 이 사건 자동차에서 뛰어내려 사망한 사례에서,

질문 1   이 승객의 사고는 '고의' 사고인가?

질문 2   이 사건 자동차운전자가 가입한 '자기신체사고특약'에서 담보하는 사고인가?

질문 3   망인이 사회복지사 자격증을 취득하였고, 교회에서 피아노 반주를 해온 사실 등을 이유로 망인이 기존의 정신병적 질환을 완전히 회복하고 자유로운 의사결정에 따라 의식적으로 달리는 자동차에서 뛰어내렸다고 증명할 수 있는가?

답변 1)
어느 정도 큰 상해를 입으리라는 것을 인식·용인하였으나, 사망 등 중대한 결과까지를 인식·용인하였다고 볼 수 없다. 사망이나 상해를 보험사고로 하는 인보험에서 피보험자의 고의는 보험사고가 전체적으로 보아 고의로 평가되는 행위로 인한 것이어야 한다.

답변 2)
이 사건 자동차보험의 자기신체사고특약은 피보험자의 고의로 손해가 발생한 경우를 면책으로 규정한다. 또한 자동차손배법 제3조는 "자기를 위하여 자동차를 운행하는 자는 그 운행으로 다른 사람을 사망하게 하거나 부상하게 한 경우에는 그 손해를 배상할 책임을 진다. 다만 승객이 고의나 자살행위로 사망하거나 부상한 경우에는 그러하지 아니하다."라고 규정하고 있다. 위 조항은 승객이 사망하거나 부상한 경우를 승객이 아닌 자와 구별하여 더욱 보호하고 있다. 이는, 승객은 자동차에 동승함으로써 자동차의 위험과 일체화 되어 승객 아닌 자에 비하여 그 위험이 더 크다고 할 수 있으므로, 자동차사고로 승객이 사망한 경우 운행자는 승객의 사망이 고의 또는 자살행위로 인한 것임을 주장·증명하지 못하는 한 운전상의 과실 유무를 가릴 것 없이 승객의 사망에 따른 손해를 배상할 책임이 있다는 취지이다. 자동차손배법의 목적이 자동차의 운행으로 사람이 사망하거나 부상한 경우에 손해배상을 보장하는 제도를 확립함으로써 피해자를 보호하고 자동차 운송의 건전한 발전을 촉진함에 있음(제1조)에 비추어 보면, '승객의 고의 또는 자살행위'는 승객의 자유로운 의사결정에 기하여 의식적으로 행한 행위에 한정된다. 그러므로 보험회사는 자동차손배법 제3조 단서 제2호에 따른 운행자의 면책을 주장할 수 없다.

답변 3) ×

시사점

기존의 정신병적 질환을 완전히 회복하고 자유로운 의사결정에 따라 의식적으로 달리는 자동차에서 뛰어내렸다고 증명하기 어렵다.

10. 다수의 생명보험계약 체결과 살인죄
   (대법원 2017.5.30 선고, 2017도1549 판결)

쟁점

간접증거나 정황증거가 충분하다거나 그러한 증거들만으로 살인의 공소사실을 인정할 수 있을 정도의 종합적 증명력을 가진다고 보기에는 더 세밀하게 심리하고 확인해야 할 부분이 많다.

판단

피고인이 피해자 갑과 혼인한 후 피보험자를 갑, 수익자를 피고인으로 하는 다수의 생명보험에 가입하였다가, 경제적 상황이 어려워지자 거액의 보험금을 지급받을 목적으로 자신의 승합차 조수석에 갑을 태우고 고속도로를 주행하던 중 갓길 우측에 정차되어 있던 화물차량의 후미 좌측 부분에 피고인 승합차의 전면 우측부분을 고의로 추돌시키는 방법으로 교통사고를 위장하여 갑을 살해하였다는 내용으로 주위적으로 기소된 사안에서, 졸음운전인지 고의사고인지 단언할 수 있는 객관적 증거가 없으므로, 충분히 가능성이 있는 여러 의문을 떨쳐내고 고의사고라고 확신할 수 있을 만큼 간접증거나 정황증거가 충분하다거나 그러한 증거들만으로 살인의 공소사실을 인정할 수 있을 정도의 종합적 증명력을 가진다고 보기에는 더 세밀하게 심리하고 확인해야 할 부분이 많은데도, 피고인에게 충분히 수긍할 만한 살인의 동기가 존재하였는지, 범행방법의 선택과 관련하여 제기될 수 있는 의문점을 해소할 만한 특별한 사정이 있는지, 사고 당시의 상황이 고의로 유발되었다는 과학적 근거가 충분한지 등에 대한 치밀하고도 철저한 검증 없이, 피고인이 고의로 갑을 살해하였다는 점이 합리적 의심을 배제할 정도로 증명되었다고 보아 유죄를 인정한 원심판결에 형사재판에서 요구되는 증명의 정도에 관한 법리를 오해하여 필요한 심리를 다하지 아니하거나 논리와 경험의 법칙에 반하여 자유심증주의의 한계를 벗어난 잘못이 있다고 한 사례이다.

시사점

간접증거나 정황증거만으로는 형사상 책임은 물을 수 없다.

11. 2년 경과 후 자살
(대법원 2016. 5. 12. 선고 2015다24347 판결)

쟁점

정신질환상태에서 자신을 해친 경우와 계약의 책임 개시일부터 2년이 경과된 후에 자살하거나 자신을 해침으로써 제1급의 장해상태가 되었을 때는 그러하지 아니하다."라고 규정한 사안이다.(생보의 재해사망특약애서 주계약에 준용)

판단

갑이 을 보험회사와 주된 보험계약을 체결하면서 별도로 가입한 재해사망특약의 약관에서 피보험자가 재해를 직접적인 원인으로 사망하거나 제1급의 장해상태가 되었을 때 재해사망보험금을 지급하는 것으로 규정하면서, 보험금을 지급하지 않는 경우의 하나로 "피보험자가 고의로 자신을 해친 경우, 그러나 피보험자가 정신질환상태에서 자신을 해친 경우와 계약의 책임 개시일부터 2년이 경과된 후에 자살하거나 자신을 해침으로써 제1급의 장해상태가 되었을 때는 그러하지 아니하다."라고 규정한 사안에서,

위 조항은 고의에 의한 자살 또는 자해는 원칙적으로 재해사망특약의 보험사고인 재해에 해당하지 않지만, 예외적으로 단서에서 정하는 요건에 해당하면 이를 보험사고에 포함시켜 보험금 지급사유로 본다.

시사점

고의에 의한 자살 또는 자해는 원칙적으로 재해사망특약의 보험사고인 재해에 해당하지 않지만, 예외적으로 단서에서 정하는 요건에 해당하면 이를 보험사고에 포함시켜 보험금 지급사유로 본다.

12. 서면동의의 대리
(대법원 2015.10.15 선고, 2014다204178호 판결)

쟁점

서면으로 동의의 의사표시를 하여야 하는 시점은 '보험계약 체결 시까지'이고, 이는 강행규정으로서 이에 위반한 보험계약은 무효이므로, 타인의 생명보험 계약 성립 당시 피보험자의 서면동의가 없다면 보험계약은 확정적으로 무효가 되고, 피보험자가 이미 무효로 된 보험계약을 추인하였다고 하더라도 보험계약이 유효로 될 수는 없다.

판단

갑은 A보험회사와 자신을 계약자로 하고 을을 피보험자로 하는 사망보험계약을 체결하였다. 청약 당시 피보험자 서명란에는 수익자인 을의 딸인 병이 서명하였다. 이와 관련하여 병이 서면동의에 대한 구체적·개별적 권한을 수여받았음을 인정할 만한 증거는 없다.

질문 1 병은 서면동의에 대한 포괄적 동의 또는 묵시적 동의가 있으므로 이 계약이 유효하다고 주장한다. 이 사망보험계약은 유효한가?

질문 2 보험수익자 병은 금융소비자보호법 제45조를 이유로 보험회사에 대하여 손해배상을 청구하였다. 손해배상의 청구가 가능한가?

1. 상법 제731조 제1항이 타인의 사망을 보험사고로 하는 보험계약의 체결 시 타인의 서면동의를 얻도록 규정한 것은 동의의 시기와 방식을 명확히 함으로써 분쟁의 소지를 없애려는데 취지가 있으므로, 피보험자인 타인의 동의는 각 보험계약에 대하여 개별적으로 서면에 의하여 이루어져야 하고 포괄적인 동의 또는 묵시적이거나 추정적 동의만으로는 부족하다. 그리고 상법 제731조 제1항에 의하면 타인의 생명보험에서 피보험자가 서면으로 동의의 의사표시를 하여야 하는 시점은 '보험계약 체결 시까지'이고, 이는 강행규정으로서 이에 위반한 보험계약은 무효이므로, 타인의 생명보험 계약 성립 당시 피보험자의 서면동의가 없다면 보험계약은 확정적으로 무효가 되고, 피보험자가 이미 무효로 된 보험계약을 추인하였다고 하더라도 보험계약이 유효로 될 수는 없다.
2. 보험계약자와 보험수익자가 다른 타인을 위한 보험계약은 제3자를 위한 계약의 일종인데, 위 보험계약이 강행규정인 상법 제731조 제1항을 위반하여 무효로 된 경우에, 보험수익자는 보험계약자가 아니므로 특별한 사정이 없는 한 보험회사를 상대로 보험계약의 무효로 인한 손해에 관하여 불법행위를 원인으로 손해배상청구를 할 수 없다.

답변 1) ×
포괄, 묵시, 추상적 동의까지 포함하는 것은 아니다.

답변 2) ×
보험수익자는 계약당사자가 아니다.

시사점

보험수익자는 금융소비자보호법 제45조를 이유로 보험회사에 대하여 손해배상을 청구하였다. 보험수익자는 보험계약자가 아니므로 특별한 사정이 없는 한 보험회사를 상대로 보험계약의 무효로 인한 손해에 관하여 불법행위를 원인으로 손해배상청구를 할 수 없다.

13. 정신질환과 자유로운 의사결정
(대법원 2015.6.23 선고, 2015다5378 판결)

쟁점

'피보험자의 정신질환으로 인한 상해'부분은 피보험자가 정신질환으로 자유로운 의사결정을 할 수 없는 상태에서 자살한 경우까지 포함하여 해석하면 안 된다. 만일 포함하여 해석이 가능하다면, 약관규제법 제6조 제1항, 제2항(고객에게 현저히 부당하고 공정성을 잃은 조항)에 해당하여 계약이 무효로 될 것이다.

판단

A손해보험의 상해보험약관은 '급격하고도 우연한 외래의 사고'로 사망한 경우 상해사망보험금을 지급한다고 규정하면서, '피보험자의 정신질환으로 인한 상해'를 면책조항으로 규정하고 있다. 이 계약의 피보험자는 정신분열증으로 스스로 목을 매달아 사망하였다.

질문 1 '피보험자의 정신질환으로 인한 상해' 부분은 피보험자가 정신질환으로 자유로운 의사결정을 할 수 없는 상태에서 자살한 경우까지 포함하여 해석하여야 한다?

질문 2 A보험회사는 상해사망보험금을 지급해야 하는가?

사망을 보험사고로 하는 보험계약에서 자살을 보험자의 면책사유로 규정하고 있는 경우에, 자살은 자기의 생명을 끊는다는 것을 의식하고 그것을 목적으로 의도적으로 자기의 생명을 절단하여 사망의 결과를 발생케 한 행위를 의미하고, 피보험자가 정신질환 등으로 자유로운 의사결정을 할 수 없는 상태에서 사망의 결과를 발생케 한 경우까지 포함하는 것은 아니므로, 피보험자가 자유로운 의사결정을 할 수 없는 상태에서 사망의 결과를 발생케 한 직접적인 원인행위가 외래의 요인에 의한 것이라면, 그 사망은 피보험자의 고의에 의하지 않은 우발적인 사고로서 보험사고인 사망에 해당할 수 있다. 다만 면책약관에서 피보험자의 정신질환을 피보험자의 고의나 피보험자의 자살과 별도의 독립된 면책사유로 규정하고 있는 경우, 이러한 면책사유를 둔 취지는 피보험자의 정신질환으로 인식능력이나 판단능력이 약화되어 상해의 위험이 현저히 증대된 경우 증대된 위험이 현실화되어 발생한 손해는 보험보호의 대상으로부터 배제하려는 데에 있고 보험에서 인수하는 위험은 보험 상품에 따라 달리 정해질 수 있는 것이어서 이러한 면책사유를 규정한 약관조항이 고객에게 부당하게 불리하여 공정성을 잃은 조항이라고 할 수 없으므로, 만일 피보험자가 정신질환에 의하여 자유로운 의사결정을 할 수 없는 상태에 이르렀고 이로 인하여 보험사고가 발생한 경우라면 위 면책사유에 의하여 보험자의 보험금지급의무가 면제된다.

답변 1) ✕
만일 그러한 해석이 가능하다면, 약관규제법 제6조 제1항, 제2항(고객에게 현저히 부당하고 공정성을 잃은 조항)에 해당하여 계약이 무효로 될 것이다. 그러나 이 사건 면책조항은 피보험자의 정신질환을 피보험자의 고의나 피보험자의 자살과 별도의 독립된 면책사유로 규정하고 있는데, 이러한 면책사유를 둔 취지는 피보험자의 정신질환으로 인식능력이나 판단능력이 약화되어 상해의 위험이 현저히 증대된 경우 그 증대된 위험이 현실화되어 발생한 손해는 보험보호의 대상으로부터 배제하려는 데에 있고 보험에서 인수하는 위험은 보험상품에 따라 달리 정해질 수 있는 것이어서 이러한 면책사유를 규정한 약관조항이 고객에게 부당하게 불리하여 공정성을 잃은 조항이라고 할 수 없다.

답변 2) ✕
피보험자가 정신질환에 의하여 자유로운 의사결정을 할 수 없는 상태에 이르렀고 이로 인하여 보험사고가 발생한 경우라면 위 면책사유에 의하여 보험자의 보험금지급의무가 면제된다.

시사점

피보험자가 정신질환에 의하여 자유로운 의사결정을 할 수 없는 상태에 이르렀고 이로 인하여 보험사고가 발생한 경우라면 위 면책사유에 의하여 보험자의 보험금지급의무가 면제된다.

14. 공서양속, 간접사실
   (대법원 2015.2.12 선고, 2014다73237 판결)

쟁점

보험계약자가 다수의 보험계약을 통하여 보험금을 부정 취득할 목적으로 보험계약을 체결한 경우, 이러한 목적으로 체결된 보험계약에 의하여 보험금을 지급하게 하는 것은 보험계약을 악용하여 부정한 이득을 얻고자 하는 사행심을 조장함으로써 사회적 상당성을 일탈하게 될 뿐만 아니라, 합리적인 위험의 분산이라는 보험제도의 목적을 해치고 위험발생의 우발성을 파괴하며 다수의 선량한 보험가입자들의 희생을 초래하여 보험제도의 근간을 해치게 되므로, 이와 같은 보험계약은 민법 제103조의 선량한 풍속 기타 사회질서에 반하여 무효라고 할 것이다.

판단

보험계약자 갑은 1년 사이에 11건의 입원, 수술, 진단 및 실비보험을 가입하였고 이 중에 2건만은 보험설계사의 권유에 의해 가입한 것이다. 갑은 무속인의 굿을 도와주고 그 보수로 월150~200만원의 수입을 얻고 있으며 이 보험계약들의 총 보험료는 45만원이다. 보험가입 후 화장실에서 넘어지는 사유로 2년 1개월 동안 총11회 입원하면서 총229일간 입원하였다. 입원과 관련하여 지급받은 보험금총액은 1억4천만원이다.

질문 1 이 보험계약은 공서양속에 반하는 계약이다?

1. 보험금을 부정 취득할 목적으로 다수의 보험계약을 체결하였는지에 관하여 직접적인 증거 없이 보험계약자의 직업, 재산상태 등 제반 사정에 기하여 그 목적을 추인할 수 있는지 여부(적극) 및 보험금 부정취득의 목적을 추인할 수 있는 유력한 자료가 되는 간접사실로도 민법 제103조 공서양속에 반하는 계약으로 무효가능.
2. 갑이 을 주식회사 등 다수의 보험회사와 1건의 보험계약을 체결한 후, 입원치료 등을 이유로 을 회사 등으로부터 보험금을 지급받았는데, 을 회사가 보험계약이 선량한 풍속 기타 사회질서에 반하여 무효라는 이유로 보험금반환 등을 구한 사안에서, 갑이 보험금을 부정 취득할 목적으로 다수의 보험계약을 체결하였다고 볼 여지가 충분한데도, 이와 달리 본 원심판결에 법리오해 등의 위법이 있다고 한 사례

답변 1) ○

보험계약자가 다수의 보험계약을 통하여 보험금을 부정 취득할 목적으로 보험계약을 체결한 경우, 이러한 목적으로 체결된 보험계약에 의하여 보험금을 지급하게 하는 것은 보험계약을 악용하여 부정한 이득을 얻고자 하는 사행심을 조장함으로써 사회적 상당성을 일탈하게 될 뿐만 아니라, 합리적인 위험의 분산이라는 보험제도의 목적을 해치고 위험발생의 우발성을 파괴하며 다수의 선량한 보험가입자들의 희생을 초래하여 보험제도의 근간을 해치게 되므로, 이와 같은 보험계약은 민법 제103조의 선량한 풍속 기타 사회질서에 반하여 무효라고 할 것이다. 그리고 보험계약자가 보험금을 부정 취득할 목적으로 다수의 보험계약을 체결하였는지에 관하여는, 이를 직접적으로 인정할 증거가 없더라도 보험계약자의 직업 및 재산상태, 다수 보험계약의 체결시기와 경위, 보험계약의 규모와 성질, 보험계약 체결 후의 정황 등 제반 사정에 기하여 그와 같은 목적을 추인할 수 있다. (대법원 2009. 5. 28. 선고 2009다1215 판결 등 참조). 특히 보험계약자가 자신의 수입 등 경제적 사정에 비추어 부담하기 어려울 정도로 고액인 보험료를 정기적으로 불입하여야 하는 과다한 보험계약을 체결하였다는 사정, 단기간에 다수의 보험에 가입할 합리적인 이유가 없음에도 불구하고 집중적으로 다수의 보험에 가입하였다는 사정, 보험모집인의 권유에 의한 가입 등 통상적인 보험계약 체결경위와는 달리 적극적으로 자의에 의하여 과다한 보험계약을 체결하였다는 사정, 저축적 성격의 보험이 아닌 보장적 성격이 강한 보험에 다수 가입하여 수입의 상당 부분을 그 보험료로 납부하였다는 사정, 보험계약 시 동종의 다른 보험 가입사실의 존재와 자기의 직업·수입 등에 관하여 허위의 사실을 고지하였다는 사정 또는 다수의 보험계약 체결 후 얼마 지나지 아니한 시기에 보험사고 발생을 원인으로 집중적으로 보험금을 청구하여 수령하였다는 사정 등의 간접사실이 인정된다면 이는 보험금 부정취득의 목적을 추인할 수 있는 유력한 자료가 된다고 할 것이다. (대법원 2014. 4. 30. 선고 2013다69170 판결 참조).

시사점

민사상의 경우에는 간접사실, 간접증거로 민법 제103조의 공서양속에 반하는 계약으로 무효추인가능(선풍기사)

15. 다수계약의 체결, 공서양속에 반하는 계약
(대법원 2014.4.30 선고, 2013다69170 판결)

판단

보험계약자가 자신의 수입 등 경제적 사정에 비추어 부담하기 어려울 정도로 고액인 보험료를 정기적으로 불입하여야 하는 과다한 보험계약을 체결하였다는 사정, 단기간에 다수의 보험에 가입할 합리적인 이유가 없음에도 불구하고 집중적으로 다수의 보험에 가입하였다는 사정, 보험모집인의 권유에 의한 가입 등 통상적인 보험계약 체결경위와는 달리 적극적으로 자의에 의하여 과다한 보험계약을 체결하였다는 사정, 저축적 성격의 보험이 아닌 보장적 성격이 강한 보험에 다수 가입하여 수입의 상당 부분을 그 보험료로 납부하였다는 사정, 보험계약 시 동종의 다른 보험 가입사실의 존재와 자기의 직업·수입 등에 관하여 허위의 사실을 고지하였다는 사정 또는 다수의 보험계약 체결 후 얼마 지나지 아니한 시기에 보험사고 발생을 원인으로 집중적으로 보험금을 청구하여 수령하였다는 사정 등의 간접사실이 인정된다면 이는 보험금 부정취득의 목적을 추인할 수 있는 유력한 자료가 된다고 할 것이다.

참고자료

문제 甲이 乙주식회사 등 다수의 보험회사와 10건의 보험계약을 체결한 후 입원치료 등을 이유로 乙회사 등으로부터 보험금을 지급받은 경우 옳지 않은 설명은?

① 보험계약자 乙이 보험금을 부정 취득할 목적으로 다수의 보험계약을 체결하였는지에 관하여는, 이를 직접적으로 인정할 증거가 있어야 한다.
② 보험계약자가 보험금을 부정 취득할 목적으로 다수의 보험계약을 체결하였는지에 관하여는, 보험계약자의 직업 및 재산상태, 다수 보험계약의 체결 시기와 경위, 보험계약의 규모와 성질, 보험계약 체결 후의 정황 등의 제반 사정에 기하여 간접사실이 인정된다면 그와 같은 목적을 추인할 수 있다.
③ 乙회사가 보험계약이 선량한 풍속 기타 사회질서에 반하여 무효라는 이유로 부당이득반환을 구할 수 있다.
④ 보험금부정취득의 목적 여부를 판단함에 있어서 소득에 비해 고액의 보험료, 단기간에 다수의 보험에 가입한 사정도 고려될 수 있다.

정답 ①

해설 간접사실이 인정된다면 보험금 부정 취득의 목적을 추인할 수 있는 유력한 자료가 된다.

문제 보험계약과 관련된 설명으로 옳지 않은 것은? (다툼이 있는 경우 판례에 의함)

▶2019년 제42회 기출문제

① 보험모집종사자가 설명의무를 위반하여 고객이 보험계약의 중요사항에 관하여 제대로 이해하지 못한 채 착오에 빠져 보험계약을 체결한 경우, 그러한 착오가 동기의 착오에 불과하더라도 그러한 착오를 일으키지 않았더라면 보험계약을 체결하지 않았을 것이 명백하다면, 이를 이유로 보험계약을 취소할 수 있다.
② 타인을 위한 생명보험이나 상해보험계약은 제3자를 위한 계약의 일종으로 보며, 이 경우 특별한 사정이 없는 한 보험자가 이미 제3자에게 급부한 것이 있더라도 보험자는 계약무효 등에 기한 부당이득을 원인으로 제3자를 상대로 그 반환을 청구할 수 있다.
③ 생명보험계약에서 보험계약자의 지위를 변경하는데 보험자의 승낙이 필요하다고 정하고 있는 경우 보험계약자는 보험자의 승낙 없이 일방적인 의사표시인 유증을 통하여 보험계약상의 지위를 이전할 수 있다.

④ 보험금의 부정취득을 목적으로 다수의 보험계약이 체결된 경우에 민법 제103조 위반으로 인한 보험계약의 무효와 고지의무 위반을 이유로 한 보험계약의 해지나 취소가 각각의 요건을 충족하는 경우 보험자가 보험계약의 무효, 해지 또는 취소를 선택적으로 주장할 수 있다.

정답 ③

해설 생명보험계약에서 보험계약자의 지위를 변경하는 데 보험자의 승낙이 필요하다고 정하고 있는 경우, 보험계약자가 보험자의 승낙이 없는데도 일방적인 의사표시만으로 보험계약상의 지위를 이전할 수는 없다. 보험계약자의 지위변경은 피보험자, 보험수익자 사이의 이해관계나 보험사고 위험의 재평가, 보험계약의 유지 여부 등에 영향을 줄 수 있다. 이러한 이유로 생명보험의 보험계약자 지위변경에 보험자의 승낙을 요구한 것으로 볼 수 있다.

유증은 유언으로 수증자에게 일정한 재산을 무상으로 주기로 하는 단독행위로서 유증에 따라 보험계약자의 지위를 이전하는 데에도 보험자의 승낙이 필요하다고 보아야 한다. 보험계약자가 보험계약에 따른 보험료를 전액 지급하여 보험료 지급이 문제되지 않는 경우에도 마찬가지이다. 유언집행자는 유증의 목적인 재산의 관리 기타 유언의 집행에 필요한 행위를 할 권리·의무가 있다. 유언집행자가 유증의 내용에 따라 보험자의 승낙을 받아서 보험계약상의 지위를 이전할 의무가 있는 경우에도 보험자가 승낙하기 전까지는 보험계약자의 지위가 변경되지 않는다(대판 2018.7.12. 선고 2017다235647 판결).

제3장 상해보험

1. 상해보험에서 외래사고의 의미 및 사고와 사망과의 인과관계에 대한 증명책임
(대법원 2023. 4. 27. 선고 2022다303216 판결)

쟁점

1. 보험약관에서 정하는 상해의 요건인 '급격하고도 우연한 외래의 사고' 중 '외래의 사고'의 의미 및 사고의 외래성과 상해 또는 사망이라는 결과 사이의 인과관계에 관한 증명책임의 소재 (보험금청구권자에게 있음)
2. 보험약관에 정한 '우연한 외래의 사고'로 피보험자가 사망하였는지를 판단함에 있어 문제 된 사고와 사망이라는 결과 사이의 인과관계 증명 정도
3. 어떤 특정한 사항에 관하여 상반되는 여러 개의 감정 결과가 있는 경우, 감정 방법의 적법 여부를 심리·조사하지 않은 채 어느 하나의 감정 결과를 다른 감정 결과와 상이하다는 이유만으로 배척할 수 있는지 여부(소극)
4. 동일한 감정사항에 대하여 2개 이상의 감정기관이 서로 모순되거나 불명료한 감정의견을 내놓고 있는 경우, 감정 결과를 증거로 채용하기 위해 법원이 취할 조치 / 이러한 법리는 전문적인 학식과 경험이 있는 사람이 작성한 감정의견이 기재된 서면이 서증의 방법으로 제출된 경우에도 마찬가지로 적용되는지 여부(적극)
5. 갑의 배우자였던 을이 병 보험회사와 사이에, 피보험자를 갑, 보험수익자를 피보험자의 법정상속인으로 하여 피보험자가 상해의 직접 결과로 사망하는 경우 일반상해사망보험금을 지급하는 내용의 보험계약을 체결하였는데, 갑이 계단에서 미끄러져 넘어지는 사고로 병원에서 입원치료를 받다가 식사 중 의식을 잃고 쓰러져 사망하였음.
6. 갑의 상속인 정이 병 회사를 상대로 일반상해사망보험금의 지급을 구한 사안에서, 갑의 사인에 관해 질식과 급성 심근경색증이 모두 가능성이 있다는 진료기록감정촉탁 결과와 급성 심근경색증이라는 진료기록감정촉탁 및 사실조회 결과가 각 제출되었는데도, 각 감정촉탁 결과의 신빙성을 판단하기 위한 추가적 조치를 취하지 않은 채, 갑에게 질식이 발생하였고 질식이 갑의 사망에 원인이 되었음을 완전히 배제할 수 없다는 이유로 정의 청구를 일부 받아들인 원심판단에 법리오해 등의 잘못이 있다고 한 사례

판단

1. 보험계약 약관에서 정하는 상해의 요건인 '급격하고도 우연한 외래의 사고' 중 '외래의 사고'는 상해 또는 사망의 원인이 피보험자의 신체적 결함, 즉 질병이나 체질적 요인 등에 기인한 것이 아닌 외부적 요인에 의해 초래된 모든 것을 의미하고, 이러한 사고의 외래성 및 상해 또는 사망이라는 결과와 사이의 인과관계에 관하여는 보험금청구자에게 증명책임이 있다.

2. 민사 분쟁에서의 인과관계는 의학적·자연과학적 인과관계가 아니라 사회적·법적 인과관계이므로, 그 인과관계가 반드시 의학적·자연과학적으로 명백히 증명되어야 하는 것은 아니고, 망인이 보험계약 약관에 정한 '우연한 외래의 사고'로 인하여 사망하였는지를 판단함에 있어서도 마찬가지이나, 문제된 사고와 사망이라는 결과 사이에는 상당한 인과관계가 있어야 한다.

3. 어떤 특정한 사항에 관하여 상반되는 여러 개의 감정 결과가 있는 경우 각 감정 결과의 감정 방법이 적법한지 여부를 심리·조사하지 않은 채 어느 하나의 감정 결과가 다른 감정 결과와 상이하다는 이유만으로 그 감정 결과를 배척할 수는 없다. 그리고 동일한 감정사항에 대하여 2개 이상의 감정기관이 서로 모순되거나 불명료한 감정의견을 내놓고 있는 경우 법원이 그 감정 결과를 증거로 채용하여 사실을 인정하기 위해서는 다른 증거자료가 뒷받침되지 않는 한, 각 감정기관에 대하여 감정서의 보완을 명하거나 증인신문이나 사실조회 등의 방법을 통하여 정확한 감정의견을 밝히도록 하는 등 적극적인 조치를 강구하여야 한다. 이러한 법리는 전문적인 학식과 경험이 있는 사람이 작성한 감정의견이 기재된 서면이 서증의 방법으로 제출된 경우에 사실심 법원이 이를 채택하여 사실인정의 자료로 삼으려 할 때에도 마찬가지로 적용될 수 있다.

4. 갑의 배우자였던 을이 병 보험회사와 사이에, 피보험자를 갑, 보험수익자를 피보험자의 법정상속인으로 하여 피보험자가 상해의 직접 결과로 사망하는 경우 일반상해사망보험금을 지급하는 내용의 보험계약을 체결하였는데, 갑이 계단에서 미끄러져 넘어지는 사고로 병원에서 입원치료를 받다가 식사 중 의식을 잃고 쓰러져 사망하자, 갑의 상속인 정이 병 회사를 상대로 일반상해사망보험금의 지급을 구한 사안에서, 위 보험계약의 약관에서 상해를 '보험기간 중에 발생한 급격하고도 우연한 외래의 사고로 신체에 입은 상해'로 정하면서 일반상해사망보험금은 피보험자가 보험기간 상해의 직접 결과로써 사망한 경우(질병으로 인한 사망은 제외)에 지급하도록 정하고 있음.

5. 그런데, 갑의 사인에 관해 ① 질식과 급성 심근경색증이 모두 가능성이 있다는 무 의료원 원장에 대한 진료기록감정촉탁 결과와 ② 급성 심근경색증이라는 기 대학병원 원장에 대한 진료기록감정촉탁 및 사실조회 결과가 각 제출되었으므로, 법원으로서는 갑에게 질식이라는 외래의 사고로 상해가 발생하였고 상해가 갑의 사망과 상당인과관계가 있다는 사정에 관한 증명책임이 정에게 있음을 감안하여, 갑에게 질식이 발생하였고 이로써 사망하였다는 사정을 쉽게 추정하여 보험금청구권을 인정하는 것에는 신중하여야 함.

6. 특히, 무 의료원 원장에 대한 진료기록감정촉탁 결과에 배치되는 진료기록감정촉탁 및 사실조회 결과와 국립과학수사연구원의 부검의견이 반증으로 제시되어 있을 뿐만 아니라 무 의료원 원장에 대한 진료기록감정촉탁 과정에 일부 절차상 미비점까지 존재하므로, 무 의료원 원장에 대한 진료기록감정촉탁 결과를 채택하려면 감정촉탁 결과의 보완을 명하거나 증인신문, 사실조

회 등 추가적인 증거조사를 통해 갑이 의식을 잃고 사망하는 과정에서 질식이 발생하였다고 볼 만한 사정이 있었는지, 부검감정서에 질식이 발생한 경우 특징적으로 보이는 내용이 있었고 이러한 내용을 근거로 질식 발생 여부에 관한 의견을 제시한 것인지 등에 관한 각 감정기관의 견해를 구체적으로 심리·파악하여 감정촉탁 결과의 신빙성 여부를 판단하였어야 하는데도, 위와 같은 사정을 면밀히 살펴보거나 심리하지 않은 채 갑에게 질식이 발생하였고 질식이 갑의 사망에 원인이 되었음을 완전히 배제할 수 없다는 이유로 정의 청구를 일부 받아들인 원심판단에 법리오해가 있다.

2. 상해사망(직무 중 면책약관 적용)
(대법원 2023. 2. 2. 선고 2022다272169 판결)

판시사항

1. 갑 보험회사가 을과 체결한 보험계약 중 상해사망 담보는 피보험자인 을이 보험기간 중 상해사고로 사망한 경우 보험가입금액을 지급하는 것을 보장 내용으로 하고, 면책약관으로 '선박승무원, 어부, 사공, 그 밖에 선박에 탑승하는 것을 직무로 하는 사람이 직무상 선박에 탑승하고 있는 동안 상해 관련 보험금 지급사유가 발생한 때에는 보험금을 지급하지 않는다.'는 내용을 규정하고 있다.

2. 그런데, 을이 선박에 기관장으로 승선하여 조업차 출항하였다가 선박의 스크루에 그물이 감기게 되자 선장의 지시에 따라 잠수장비를 착용하고 바다에 잠수하여 그물을 제거하던 중 사망한 사안에서, 위 사고는 선원인 을이 직무상 선박에 탑승하고 있는 동안 발생한 사고라고 할 것이므로 면책약관이 적용된다고 판시.

판결요지

1. 갑 보험회사가 을과 체결한 보험계약 중 상해사망 담보는 피보험자인 을이 보험기간 중 상해사고로 사망한 경우 보험가입금액을 지급하는 것을 보장 내용으로 하고, 면책약관으로 '선박승무원, 어부, 사공, 그 밖에 선박에 탑승하는 것을 직무로 하는 사람(이하 이들을 통틀어 '선박승무원 등'이라고 한다)이 직무상 선박에 탑승하고 있는 동안 상해 관련 보험금 지급사유가 발생한 때에는 보험금을 지급하지 않는다.'는 내용을 규정하고 있다.

2. 그런데, 을이 선박에 기관장으로 승선하여 조업차 출항하였다가 선박의 스크루에 그물이 감기게 되자 선장의 지시에 따라 잠수장비를 착용하고 바다에 잠수하여 그물을 제거하던 중 사망한 사안에서, 위 면책약관은 선박의 경우 다른 운송수단에 비하여 운행 과정에서의 사고발생 위험성이나 인명피해 가능성이 높은 점을 고려하여 규정된 것임.

3. 또한, '선박승무원 등이 직무상 선박에 탑승하고 있는 동안'을 면책사유로 정하고 있을 뿐 특정한 행위를 면책사유로 정하고 있지 않고, 이러한 면책약관의 문언이나 목적, 취지 등을 종합하여 보면, 선박승무원 등이 선박에 탑승한 후 선박을 이탈하였더라도 선박의 고장 수리 등과 같이 선박 운행을 위한 직무상 행위로 일시적으로 이탈한 경우로서 이탈의 목적과 경위, 이탈 거리와 시간 등을 고려할 때 전체적으로 선박에 탑승한 상태가 계속되고 있다고 평가할 수 있는 경우에는 면책약관이 적용될 수 있음.

4. 그리고, 위 사고는 <u>선원인 을이 선박에 탑승하고 있는 동안 발생한 선박의 고장 혹은 이상 작동을 점검·수리하기 위하여 선장의 지시에 따라 일시적으로 선박에서 이탈하여 선박 스크루 부분에서 작업을 하다가 발생한 것으로 전체적으로 을이 직무상 선박에 탑승하고 있는 동안 발생한 사고라고 할 것이므로 면책약관이 적용된다고 판시.</u>

3. 우울증에 의한 자살이 상해로 인한 사망인지 여부
(대법원 2022.8.11선고, 2021다270555)

경과 및 쟁점

1. 교통상해사망 특약은 '교통사고로 발생한 상해의 직접결과로써 사망한 경우' 보험가입금액(1억원)을 지급한다고 정하고 있었다.
2. A는 교통사고를 당하였는데, 구조될 때까지 상당 시간을 차량 내에 갇혀 있었고, 이후 외상 후 스트레스장애 및 우울증 등으로 통원 및 입원치료를 받았으며, 남편을 간병하기 위해 병실에 머물던 중 비 오는 날 야간에 병동 화장실에서 목을 매 자살하였다.
3. 상속인은 특약에 따른 교통상해사망보험금 지급을 청구하였고, 보험사는 상해의 직접결과로써 사망하였다고 볼 수 없고 자살의 경우 면책대상에 해당한다는 이유로 보험금 지급을 거절했다.
4. 원심은 사망은 우울증의 필연적 결과물이나 심신상실 상태에서 발생한 사고가 아니므로, 사망이 교통사고로 인한 상해(우울증)의 직접적인 결과가 아니라고 보아 보험금 지급의무를 부정하였다.

판단

대법원은 우울증과 자살이 관련이 있다는 의학적 견해가 제출된 이상 이 사건은 교통사고로 발생한 상해의 결과로 사망하였다고 봄이 타당하다고 판단하였는데, 대법원은 교통사고-우울증-자살 사이에 인과관계가 있다는 주치의 소견에도 불구하고 이 사건 교통사고와 사망 사이에 인과관계를 부정한 원심판단은 잘못되었다고 보고 원심판결을 파기환송하였다.

시사점

망인의 주치의는 자살에 대해 수면행동으로 인한 가능성, 주요우울장애 악화 가능성, 외상 후 스트레스장애 악화 또는 그와 관련된 정신병리에 의한 가능성을 제시하였고, 어느 경우에나 이 사건 교통사고와 관련이 있으며, 망인의 자살은 병리적인 현상으로 볼 수 있다는 견해를 밝혔다.

4. 프로포폴 상해여부
(대법원 2019. 10. 31. 선고 2016다258063 판결)

◆ 경과 및 판단

갑 보험회사가 을을 피보험자로 하여 체결한 보험계약의 보통약관에 '회사는 피보험자가 보험기간 중에 급격하고도 우연한 외래의 사고로 신체에 상해를 입었을 때에는 그 상해로 인하여 생긴 손해를 보상한다.'고 규정하면서, '피보험자의 임신, 출산(제왕절개 포함), 유산 또는 외과적 수술, 그 밖의 의료처치를 원인으로 하여 생긴 손해는 보상하지 아니한다. 그러나, 회사가 부담하는 상해로 인한 경우에는 보상한다.'는 조항을 두고 있는데, 乙이 피부과의원에서 프로포폴을 투여 받은 후 미용 목적의 시술인 고주파를 이용한 신경차단술에 기한 종아리 근육퇴축술을 받다가 저산소성 뇌 손상을 입은 후 사망하였다.

질문 1 약관상 상해에 해당하는가?

질문 2 그렇게 판단하는 약관해석 근거는 무엇인가?

> **답변 1)**
> 위 면책조항의 취지는 피보험자에 대하여 보험회사가 보상하지 아니하는 질병 등을 치료하기 위한 외과적 수술 기타 의료처치(이하 '외과적 수술 등'이라고 한다)가 행하여지는 경우, 피보험자는 일상생활에서 노출된 위험에 비하여 상해가 발생할 위험이 현저히 증가하므로 그러한 위험을 처음부터 보험보호의 대상으로부터 배제하고, 다만, 보험회사가 보상하는 보험사고인 상해를 치료하기 위한 외과적 수술 등으로 인한 위험에 대해서만 보험보호를 부여하려는데 있는데, 위 시술은 甲 회사가 보상하는 보험사고인 상해를 치료하기 위한 외과적 수술 등이 아니며, 피보험자인 乙은 위 시술을 받음으로써 일상생활에서 노출된 위험에 비하여 상해가 발생할 위험이 현저히 증가하는 상태에 처하였고 그 위험이 현실로 나타남으로써 사망하기에 이르렀으므로, 이는 면책조항에 의하여 보험보호의 대상에서 배제된 상해에 해당한다. 즉, 상해가 아니다.
>
> **답변 2)**
> 보험약관은 신의성실의 원칙에 따라 해당 약관의 목적과 취지를 고려하여 공정하고 합리적으로 해석하되, 개개 계약 당사자가 기도한 목적이나 의사를 참작하지 않고 평균적 고객의 이해가능성을 기준으로 보험단체 전체의 이해관계를 고려하여 객관적, 획일적으로 해석하여야 한다.(객관적, 획일적 해석의 원칙)

5. 대인사고 손해액 산정 시 기왕증 반영범위
(대법원 2019. 5. 30 선고 2015다8902 판결)

쟁점

기왕증 기여도의 고려범위가 문제된 사안에서, 기왕증이 노동능력상실률에 기여한 정도를 심리할 수 있다면, 특별한 사정이 없는 한 기왕치료비와 향후치료비에 관해서도 일실수입의 경우와 마찬가지로 기왕치료비와 향후치료비에 관해서도 기왕증이 기여한 정도를 심리한 다음 기왕증 기여도를 고려한 나머지를 손해로 인정했어야 한다.

판단

1. 교통사고 피해자의 기왕증이 사고와 경합하여 악화됨으로써 피해자에게 특정 상해의 발현 또는 치료기간의 장기화, 나아가 치료종결 후 후유장해 정도의 확대라는 결과 발생에 기여한 경우에는, 기왕증이 특정 상해를 포함한 상해 전체의 결과 발생에 기여하였다고 인정되는 정도에 따라 피해자의 전체 손해 중 그에 상응한 배상액을 부담하게 하는 것이 손해의 공평한 부담을 위하여 타당하다.
2. 丙의 손해에 대한 기왕증 기여도의 고려범위가 문제된 사안에서, 丙의 기왕증이 노동능력상실률에 기여한 정도를 심리할 수 있다면, 특별한 사정이 없는 한 기왕치료비와 향후치료비에 관해서도 丙의 기왕증이 기여한 정도를 심리할 수 있으므로, 丙의 기왕증을 乙 회사의 책임제한 사유로만 참작할 것이 아니라 일실수입의 경우와 마찬가지로 기왕치료비와 향후치료비에 관해서도 丙의 기왕증이 기여한 정도를 심리한 다음 기왕증 기여도를 고려한 나머지를 손해로 인정했어야 한다.
3. 대법원은 일실이익 산정 시 기왕증의 기여도를 반영하였다면 치료비 산정 시에도 이를 반영 하여야 하고, 단순히 책임제한사유로만 고려하는데 그쳐서는 안 된다고 판단한다.
4. 대법원은 일실이익 산정 시 기왕증의 기여도를 심리할 수 있다면 치료비 산정 시에도 기왕증의 기여도를 심리하여 반영할 수 있었을 것이라고 본다.
5. 또한, 기왕증을 책임제한사유로 참작하였다는 이유로 치료비 산정 시 기왕증을 별도로 고려하지 않은 것은 기왕증 기여도의 고려범위에 대한 법리 오해의 잘못이 있다고 판단한다.

📑 참고자료

* 기왕증 고려여부 등에 대한 원심 및 대법원 판단

손해액 산정		기왕증 기여도 반영 여부 및 비율	
		원심	대법원
개별손해항목별 손해액 산정	적극적 손해(치료비)	기왕증 반영 안함	기왕증 반영 필요
	소극적 손해(일실이익)	기왕증 반영(비율:10%)	원심판단 유지
	위자료	해당 없음	해당 없음
책임제한사유 적용		기왕증 반영(비율: 50%)*	원심판단 유지

주) * 책임제한 비율인 50%는 기왕증 외에도 사고의 경미성 및 CRPS의 특이성 등을 종합적으로 고려하여 산정함

📖 시사점

1. 대법원은 일실이익은 물론 치료비 산정에 있어서도 기왕증을 고려해야 하고, 책임제한사유로 기왕증을 고려하였다는 이유로 치료비 산정 시 이를 고려하지 않아도 되는 것은 아니라고 판단함으로써 기왕증의 고려 대상 및 고려 단계를 구체화하였다.
2. 위자료를 제외한 전손해에 기여도를 참작하여야 한다.

6. 상해보험과 태아
   (대법원 2019. 3. 28. 선고 2016다211224 판결)

📝 쟁점

계약자유의 원칙상 태아를 피보험자로 하는 상해보험계약은 유효하고, 그 보험계약이 정한 바에 따라 보험기간이 개시된 이상 출생 전이라도 태아가 보험계약에서 정한 우연한 사고로 상해를 입었다면 이는 보험기간 중에 발생한 보험사고에 해당한다.

⚖️ 판단

1. 상해보험계약을 체결할 때에 약관 또는 보험자와 보험계약자의 개별 약정으로 태아를 상해보험의 피보험자로 할 수 있다.

2. 따라서 계약자유의 원칙상 태아를 피보험자로 하는 상해보험계약은 유효하고, 그 보험계약이 정한 바에 따라 보험기간이 개시된 이상 출생 전이라도 태아가 보험계약에서 정한 우연한 사고로 상해를 입었다면 이는 보험기간 중에 발생한 보험사고에 해당한다.

3. 대법원은 태아도 상해보험의 피보험자가 될 수 있으므로, 청약서 등에 '태아'가 피보험자로 명시되어 있다면 태아 상태에서 입은 상해에 대해서도 후유장해보험금을 지급하여야 한다고 판단한다.

4. 대법원은, 상해보험의 피보험자는 보험을 통해 보호받아야 할 대상을 의미하는데, 태아의 형성 중인 신체도 그 자체로서 보호해야 할 대상이고 보호의 필요성도 본질적으로 출생한 사람과 다르지 않으므로, 태아를 보험보호대상에 포함시키는 것이 보험제도의 목적과 취지에 부합하고 보험계약자나 피보험자에게 불리하지 않다고 본다.

5. 따라서 태아를 피보험자로 하는 상해보험계약도 유효하고, 보장개시시점도 출생 시가 아닌 1회 보험료 납부 시부터라고 판단한다.

시사점

1. 태아의 상해보험 피보험적격이 인정되어 태아보험의 보장범위가 출생 전 태아의 질병·상해까지 확대될 수 있게 된다.

2. 판결에서 대법원은 '피보험적격' 문제와 '민법상 법인격'의 문제를 구분하여, 태아가 민법상 법인격을 갖는 권리의무의 주체가 아니더라도 상해보험의 피보험자는 될 수 있다고 판단한다.

3. 위 대법원 판결에 의해 태아도 피보험자가 될 수 있음이 명확해졌으므로, 향후 태아보험은 태아의 질병·상해도 보상대상에 포함된다.

   - 인보험인 상해보험에서 피보험자는 '보험사고의 객체'에 해당하여 그 신체가 보험의 목적이 되는 자로서 보호받아야 할 대상을 의미한다. 헌법상 생명권의 주체가 되는 태아의 형성 중인 신체도 그 자체로 보호해야 할 법익이 존재하고 보호의 필요성도 본질적으로 사람과 다르지 않다는 점에서 보험보호의 대상이 될 수 있다. 이처럼 약관이나 개별 약정으로 출생 전 상태인 태아의 신체에 대한 상해를 보험의 담보범위에 포함하는 것이 보험제도의 목적과 취지에 부합하고 보험계약자나 피보험자에게 불리하지 않으므로 상법 제663조에 반하지 아니하고 민법 제103조의 공서양속에도 반하지 않는다.

4. 헌법상 생명권의 주체가 되는 태아의 형성중인 신체도 그 자체로 보호해야 할 법익이 존재하고 보호의 필요성도 본질적으로 사람과 다르지 않다는 점에서 보험보호의 대상이 될 수 있다.

7. 약관교부설명의무 기왕장해감액조항

(대법원 2015.3.26 선고, 2014다229917 판결)

쟁점

상해보험의 기왕장해 감액규정은 거래상 일반적이고 공통적인 사항이므로 약관설명의무의 대상이 될 수 없는가? 기왕장해는 약관의 중요한 내용으로서 설명하여야 할 사항이다.

판단

상해후유장해 특별약관에는 기왕장해가 있을 경우 기존 후유장해에 대한 보험금이 이미 지급된 것으로 보고 최종 후유장해상태에 해당하는 후유장해보험금에서 이미 지급받은 것으로 간주한 후유장해보험금을 차감한 나머지 금액을 지급하는 '기왕장해 감액규정'이 있다.

질문 1 상해보험의 기왕장해 감액규정은 거래상 일반적이고 공통적인 사항이므로 약관설명의무의 대상이 될 수 없는가?

甲보험회사와 乙이 체결한 상해보험의 특별약관에 '특별약관의 보장개시 전의 원인에 의하거나 그 이전에 발생한 후유장해로서 후유장해보험금의 지급사유가 되지 않았던 후유장해가 있었던 피보험자의 동일 신체부위에 또 다시 후유장해가 발생하였을 경우에는 기존 후유장해에 대한 후유장해보험금이 지급된 것으로 보고 최종 후유장해상태에 해당되는 후유장해보험금에서 이미 지급받은 것으로 간주한 후유장해보험금을 차감한 나머지 금액을 지급한다.'고 정한 사안에서, 정액보험인 상해보험에서는 기왕장해가 있는 경우에도 약정 보험금전액을 지급하는 것이 원칙이고 예외적으로 감액규정이 있는 경우에만 보험금을 감액할 수 있으므로, 위 기왕장해 감액규정과 같이 후유장해보험금에서 기왕장해에 해당하는 보험금 부분을 감액하는 것이 거래상 일반적이고 공통된 것이어서 보험계약자가 별도의 설명 없이도 충분히 예상할 수 있는 내용이라거나, 이미 법령에 정하여진 것을 되풀이하거나 부연하는 정도에 불과한 사항이라고 볼 수 없어, 보험계약자나 대리인이 내용을 충분히 잘 알고 있지 않는 한 보험자인 甲회사는 기왕장해 감액규정을 명시·설명할 의무가 있다고 한 사례.

> **답변 1) ×**
> 기왕장해는 약관의 중요한 내용으로서 설명하여야 할 사항이다.

시사점

거래상 일반적이고 공통된 것이어서 보험계약자가 별도의 설명 없이도 충분히 예상할 수 있는 내용이라거나, 이미 법령에 정하여진 것을 되풀이하거나 부연하는 정도에 불과한 사항이라고 볼 수 없어, 보험계약자나 대리인이 내용을 충분히 잘 알고 있지 않는 한 보험자인 甲회사는 기왕장해 감액규정을 명시·설명할 의무가 있다고 한 사례.

8. 운행 중 교통상해. 고소작업차
(대법원 2015.1.29 선고, 2014다73053 판결)

쟁점

상해보험계약의 보험약관에서 보험금 지급사유로 '운행 중인 자동차에 운전을 하고 있지 않는 상태로 탑승 중이거나 운행 중인 기타 교통수단에 탑승하고 있을 때에 급격하고도 우연한 외래의 사고(탑승 중 교통사고)로 인한 상해의 직접결과로써 사망한 경우'를 규정하고 있다.

판단

갑을 피보험자로 하는 상해보험계약의 보험약관에서 보험금 지급사유로 '운행 중인 자동차에 운전을 하고 있지 않는 상태로 탑승 중이거나 운행 중인 기타 교통수단에 탑승하고 있을 때에 급격하고도 우연한 외래의 사고(탑승 중 교통사고)로 인한 상해의 직접결과로써 사망한 경우'를 규정하고 있는데, 甲이 고소작업차의 작업대에 ○○아파트 10층 높이에서 외벽도장공사를 하던 중 고소작업차의 와이어가 끊어지면서 추락하여 사망한 사안에서, 고소작업차는 자동차관리법 시행규칙 제2조에 따른 특수자동차로 등록된 차량으로, 보험약관에서 '운행 중인 자동차'로 규정한 특수자동차에 해당하는 점 등에 비추어, 위 사고는 고소작업차의 당해 장치를 용법에 따라 사용하던 중에 발생한 사고로서 보험약관에서 정한 자동차운행중의 교통사고에 해당한다고 한 사례이다.

시사점

보험약관에서 '운행 중인 자동차'로 규정한 특수자동차에 해당하는 점 등에 비추어, 위 사고는 고소작업차의 당해 장치를 용법에 따라 사용하던 중에 발생한 사고로서 보험약관에서 정한 자동차운행중의 교통사고에 해당한다.

9. 안전띠 미착용감액조항

(대법원 2014.9.4 선고, 2012다204808 판결)

쟁점

자기신체사고담보는 배상책임보험의 일종이 아니라, 상해보험의 일종이다.

판단

甲은 A보험회사와 자동차보험계약을 체결하면서 자기신체사고특약을 부가하였다. 이 특약에는 피보험자가 사고당시 탑승 중 안전띠를 착용하지 아니한 경우에는 자기신체사고 보상액에서 운전석 또는 그 옆 좌석은 20%, 뒷좌석은 10%에 상당하는 금액을 공제한다."고 규정한 안전띠 미착용 감액조항 ('감액약관'이라 한다) 이 포함되어 있다.

질문 1 자기신체사고 보상특약은 배상책임보험의 일종이다?

질문 2 안전띠미착용 감액조항은 유효하다?

> 상법 제732조의2 , 제739조 , 제663조의 규정에 의하면 사망이나 상해를 보험사고로 하는 인보험에 관하여는 보험사고가 고의로 인하여 발생한 것이 아니라면 비록 중대한 과실에 의하여 생긴 것이라 하더라도 보험금을 지급할 의무가 있다고 할 것인 바, 위 조항들의 입법취지 등에 비추어 보면, 피보험자의 사망이나 상해를 보험사고로 하는 보험계약에서는 보험사고발생의 원인에 피보험자에게 과실이 존재하는 경우뿐만 아니라 보험사고 발생 시의 상황에 있어 피보험자에게 안전띠 미착용 등 법령위반의 사유가 존재하는 경우를 보험자의 면책사유로 약관에 정한 경우에도 그러한 법령위반행위가 보험사고의 발생원인으로서 고의에 의한 것이라고 평가될 정도에 이르지 아니하는 한 위 상법 규정들에 반하여 무효이다.

답변 1) ×
자기신체사고특약은 인보험(상해보험)의 일종이다.

답변 2) ✕

자기신체사고특약은 인보험의 일종이고 상법 제732조의2 , 제739조 , 제663조의 규정에 의하면 사망이나 상해를 보험사고로 하는 인보험에 관하여는 보험사고가 고의로 인하여 발생한 것이 아니라면 비록 중대한 과실에 의하여 생긴 것이라 하더라도 보험금을 지급할 의무가 있다고 할 것인 바, 위 조항들의 입법취지 등에 비추어 보면, 피보험자의 사망이나 상해를 보험사고로 하는 보험계약에서는 보험사고 발생의 원인에 피보험자에게 과실이 존재하는 경우뿐만 아니라 보험사고 발생 시의 상황에 있어 피보험자에게 안전띠 미착용 등 법령위반의 사유가 존재하는 경우를 보험자의 면책사유로 약관에 정한 경우에도 그러한 법령위반행위가 보험사고의 발생원인으로서 고의에 의한 것이라고 평가될 정도에 이르지 아니하는 한 위 상법 규정들에 반하여 무효라고 할 것이다. 이 사건 감액약관은 공제라는 표현을 사용하고 있으나 그 실질은 보험금의 일부를 지급하지 않겠다는 것이어서 일부 면책약관이라고 할 것인데, 원고가 안전띠를 착용하지 않은 것이 보험사고의 발생원인으로서 고의에 의한 것이라고 할 수 없으므로 이 사건 감액약관은 위 상법 규정들에 반하여 무효라고 할 것이다.

시사점

안전띠 미착용 감액조항은 무효다. 상해보험에서는 고의만 면책하고, 중과실은 부책하므로 안전띠 미착용은 중과실이므로 면책(감액)하지 못한다. 따라서, 상법 제663조에 의거 무효이므로 약관조항에서 삭제되었다.

참고자료

 문제 다음 설명 중에서 가장 옳지 않은 것은 ?

① 자동차보험 자기신체사고특약은 상해보험의 일종이다.
② 자기신체사고특약의 안전띠 미착용 공제조항은 면책약관의 일종이다.
③ 안전띠 미착용에 따라 손해액이 확대된 경우 피보험자의 고의에 의한 것이라고 볼 수 없다.
④ 안전띠 미착용 사고에 따라 보험금 지급액을 감액하는 조항이 담긴 약관은 약관전체가 무효이다.

정답 ④

해설 해당 약관조항만 무효이다. 피보험자의 사망이나 상해를 보험사고로 하는 보험계약에서 피보험자의 안전띠 미착용 등 법령위반행위를 보험자의 면책사유로 정한 약관조항의 효력은 원칙적 무효이다.

10. 무보험차담보와 대위

(대법원 2014.10.27 선고, 2013다27343 판결)

판단

손해가 제3자의 행위로 인하여 생긴 경우에 손해보험계약에 따라 보험금을 지급한 보험자는 지급한 금액의 한도에서 당연히 제3자에 대한 보험계약자 또는 피보험자의 권리를 취득하지만(상법 제682조 제1항), 피보험자가 무보험자동차에 의한 교통사고로 인하여 상해를 입었을 때에 그 손해에 대하여 배상할 의무자가 있는 경우 보험자가 약관에 정한 바에 따라 피보험자에게 손해를 보상하는 것을 내용으로 하는 무보험자동차에 의한 상해담보특약에 따라 보험금을 지급한 보험자는 상법 제729조 단서에 따라 당사자 사이에 보험자 대위에 관한 약정이 있는 때에 한하여 피보험자의 권리를 해하지 아니하는 범위 안에서 피보험자의 배상의무자에 대한 손해배상청구권을 대위 행사할 수 있다.

시사점

무보험자동차에 의한 상해담보에 따라 보험금을 지급한 보험자는 상법 제729조 단서에 따라 당사자 사이에 보험자 대위에 관한 약정이 있는 때에 한하여 피보험자의 권리를 해하지 아니하는 범위 안에서 피보험자의 배상의무자에 대한 손해배상청구권을 대위 행사할 수 있다.

11. 무보험자동차 상해보험금의 청구

(대법원 2014.5.29 선고, 2011다95847 판결)

쟁점

1. 무보험자동차 상해보험의 가해차량에 해당하는 '무보험자동차'의 범위에는 보험계약자의 보험료 연체로 적법하게 해지되었는지가 문제된 경우가 포함되는지 여부(적극)가 문제된다.
2. 피해자 보험회사가 무보험자동차 상해보험금을 지급하는 것이 채무자 아닌 자가 착오로 타인의 채무를 변제한 경우 또는 가해차량 보험회사를 위하여 사무관리를 한 경우에 해당하는지의 여부가 문제된다.
3. 가해차량 보험회사의 보상의무가 법률상 객관적으로 명확히 밝혀진 경우 가해차량 보험회사가 법률상 원인 없이 이득을 얻었다거나 피해자 보험회사가 가해차량 보험회사에 대한 손해배상청구권을 취득하는 것 이외에 별도의 구상금채권을 취득하게 되는지가 문제된다.

참고자료

문제 다음 중 옳지 않은 것은?

① 무보험자동차 상해보험의 가해차량에 해당하는 '무보험자동차'의 범위에는 보험계약자의 보험료 연체로 적법하게 해지되었는지가 문제된 경우가 포함된다.
② 피해자가 자신의 보험회사에 대하여 무보험자동차 상해보험에 따른 보험금의 지급을 청구하면 피해자 보험회사로서는 피해자가 입은 손해에 대하여 가해차량 보험회사가 궁극적으로 보상의무를 질 것인지가 법률상 객관적으로 명확히 밝혀지지 아니한 이상 피해자의 보험금청구를 거절할 수 있다.
③ 이 경우 피해자 보험회사가 피해자인 피보험자에게 무보험자동차 상해보험에 따른 보험금을 지급하는 것은 자기의 보험계약상 채무를 이행한 것에 불과한 것이므로, 이를 채무자가 아닌 자가 착오로 인하여 타인의 채무를 변제한 경우 또는 가해차량 보험회사를 위한 사무관리에 해당한다고 볼 수 없다.
④ 피해자 보험회사가 피보험자에게 보험금을 지급한 이후 가해차량 보험회사가 자동차보험 대인배상에 의한 보상의무를 부담하여야 하는 것으로 법률상 객관적으로 명확히 밝혀진 경우라 하더라도 약관에서 정한 바에 따라 피해자 보험회사가 피보험자에게 지급한 보험금의 한도 내에서 피보험자가 제3자에 대하여 가지는 권리를 취득하는 경우 가해차량 보험회사가 사고로 인한 손해배상의무를 면한 것이라고 할 수 없으므로 가해차량 보험회사가 피해자 보험회사의 보험금 지급으로 법률상 원인 없이 이익을 얻었다고 할 수 없고, 피해자 보험회사가 보험금 지급으로 피보험자의 가해차량 보험회사에 대한 손해배상청구권을 취득하는 이외에 가해차량 보험회사에 대한 별도의 구상금 채권을 취득한다고 볼 수도 없다.

정답 ②

해설 가해차량 보험회사가 궁극적으로 보상의무를 질 것인지가 법률상 객관적으로 명확히 밝혀지지 아니한 이상 피해자의 보험금청구를 거절할 수는 없고 우선 피보험자인 피해자에게 무보험자동차 상해보험에 따른 보험금을 지급하여야 한다.

시사점

가해차량 보험회사가 궁극적으로 보상의무를 질 것인지가 법률상 객관적으로 명확히 밝혀지지 아니한 이상 피해자의 보험금청구를 거절할 수는 없고 우선 피보험자인 피해자에게 무보험자동차 상해보험에 따른 보험금을 지급하여야 한다.

12. 프로포폴 상해사고

(대법원 2014.4.30 선고, 2012다76553 판결)

쟁점

상해보험약관에 '피보험자의 외과적 수술, 그 밖의 의료 처치를 원인으로 하여 생긴 손해는 보상하지 아니한다.'라는 면책 조항이 있을 경우 이 사고는 '그 밖의 의료 처치'에 해당하는지 여부가 문제된다.

판단

상해보험계약에서 면책조항을 둔 취지는 상해나 질병 등을 치료하기 위한 외과적 수술 등에 기한 위험 중 처음부터 상해보험의 보호 대상에서 제외되는 질병 등을 치료하기 위한 외과적 수술 등에 의하여 증가된 위험은 보험보호의 대상으로부터 배제하고, 보험회사가 보상하는 보험사고인 상해를 치료하기 위한 외과적 수술 등으로 인한 위험에 대해서만 보험보호를 부여하기 위한 것이다.

참고자료

 상해보험의 피보험자가 종합건강검진을 위하여 전신마취제인 프로포폴을 투여받고 수면내시경 검사를 받던 중 검사시작 5분 만에 프로포폴의 호흡억제 작용으로 호흡부전 및 의식불명 상태가 되어 결국 사망한 사례에 대한 설명으로 옳지 않은 것은?

① 상해보험약관에 '피보험자의 외과적 수술, 그 밖의 의료 처치를 원인으로 하여 생긴 손해는 보상하지 아니한다.'라는 면책조항을 두고 있을 경우 이 사고는 '그 밖의 의료 처치'에 해당하여 면책된다.
② 상해보험계약에서 이 사건 면책조항을 둔 이유는 상해나 질병 등을 치료하기 위한 외과적 수술 등에 기한 위험 중 처음부터 상해보험의 보호 대상에서 제외되는 질병 등을 치료하기 위한 외과적 수술 등에 의하여 증가된 위험은 보험보호의 대상으로부터 배제하고, 보험회사가 보상하는 보험사고인 상해를 치료하기 위한 외과적 수술 등으로 인한 위험에 대해서만 보험보호를 부여하기 위한 것이다.
③ 신체의 상해나 질병 등을 치료하기 위한 외과적 수술 등에 기한 상해가 아니라 순수한 건강검진 목적의 의료 처치에 기하여 발생한 상해는 면책조항의 대상이 아니라고 해석함이 타당하다.
④ 상해보험의 피보험자가 병원에서 복막암 진단을 받고 후복막강 종괴를 제거하기 위한 개복수술을 받았으나 그 과정에서 의료진의 과실로 인한 감염으로 폐렴이 발생하여 사망한 사안에서, 위 사고는 보험자가 보상하지 않는 질병인 암의 치료를 위한 개복수술로 인하여 증가된 감염의 위험이 현실화됨으로써 발생한 것이므로 그 사고발생에 의료진의 과실이 기여하였는지 여부와 무관하게 상해보험약관상 면책조항이 적용된다.

정답 ①

해설 이 사건 사고는 질병 등을 치료하기 위한 외과적 수술 등에 기한 상해가 아니라 건강검진 목적으로 수면내시경 검사를 받다가 마취제로 투여된 프로포폴의 부작용으로 발생한 것이므로 이 사건 면책조항이 적용되지 않는다고 할 것이다.

시사점

신체의 상해나 질병 등을 치료하기 위한 외과적 수술 등에 기한 상해가 아니라 순수한 건강검진 목적의 의료 처치에 기하여 발생한 상해는 면책조항의 대상이 아니라고 해석함이 타당하다.

문제 무보험자동차에 의한 상해보험에 관한 설명이다. 옳지 않은 것은? (다툼이 있는 경우 판례에 의함)
▶ 2019년 제42회 기출문제

① 무보험자동차에 의한 상해보험은 상해보험으로서의 성질과 함께 손해보험으로서의 성질도 갖고 있는 손해보험형 상해보험이다.
② 무보험자동차에 의한 상해보험에서 보험금 산정기준과 방법은 보험자의 설명의무의 대상이다.
③ 무보험자동차에 의한 상해보험은 손해보험형 상해보험 이므로 당사자 사이에 다른 약정이 있으면 보험자는 피보험자의 권리를 해하지 아니하는 범위 안에서 피보험자의 배상의무자에 대한 손해배상청구권을 대위 행사할 수 있다.
④ 하나의 사고에 대해 수 개의 무보험자동차에 의한 상해보험계약이 체결되고 그 보험금액의 총액이 피보험자가 입은 실손해액을 초과하는 때에는 중복보험조항이 적용된다.

정답 ②

해설 무보험자동차에 의한 상해보상특약에 있어서 보험금액의 산정기준이나 방법은 보험약관의 중요한 내용이 아니어서 명시·설명의무의 대상에 해당하지 아니한다(대판 2004.4.27., 2003다7302).

제4장 질병보험

1. 암의 정의
(대법원 2018. 7. 24. 선고 2017다256828 판결)

쟁점

피보험자에게 1cm 미만의 용종이 발견되었고 그 용종에 대하여 병리학적으로는 경계성 종양에 해당하나 한국표준질병·사인분류에 의해 암으로 보는 해석도 가능한 경우에 암보험계약상의 보험자는 암진단보험금을 지급한다.

판단

암보험약관상 암의 정의는 '병리학적으로 암'으로 판정된 경우를 명시하고 또 다시 암의 분류에 대하여 '한국표준질병·사인분류' 기준을 두고 있는 사례에서

질문 1 위 약관은 암의 의미에 대하여 객관적으로 다의적으로 해석되는 경우인가?

질문 2 피보험자에게 1cm 미만의 용종이 발견되었고 그 용종에 대하여 병리학적으로는 경계성 종양에 해당하나 한국표준질병·사인분류에 의해 암으로 보는 해석도 가능한 경우에 암보험계약상의 보험자는 암진단보험금을 지급하는가?

답변 1) ○

답변 2) ○
보험사고 또는 보험금 지급액의 범위와 관련하여 위 보험약관이 규정하는 '암'은 객관적으로 다의적으로 해석되어 약관조항의 뜻이 명백하지 아니한 경우에 해당하는 것이어서 약관의 규제에 관한 법률 제5조 제2항에서 정한 작성자 불이익해석의 원칙에 따라 갑의 용종과 같은 상세불명의 직장 유암종은 제3차 개정 한국표준질병·사인분류상 '소화기관의 악성 신생물'로서 보험약관에서 정한 '암'에 해당한다고 해석함이 타당하다.

시사점

'암'은 객관적으로 다의적으로 해석되어 약관조항의 뜻이 명백하지 아니한 경우에 해당하는 것이어서 작성자 불이익해석의 원칙상 지급함이 타당하다.

문제 질병보험에 관한 설명으로 옳지 않은 것은? (다툼이 있는 경우 판례에 의함)

▶2023년 제46회 기출문제

① 질병보험계약의 보험자는 피보험자의 질병에 관한 보험사고가 발생할 경우 보험금이나 그 밖의 급여를 지급할 책임이 있다.
② 질병보험은 보험의 목적이 신체라는 점에서 생명보험과 유사하지만 보험사고가 불확정적이고 부정액방식으로 운영도 가능하다는 점에서는 손해보험의 성격도 가지고 있다.
③ 상해보험에서 담보되는 위험으로서 상해란 외부로부터의 우연한 돌발적인 사고로 인한 신체의 손상을 뜻하므로, 그 사고의 원인이 피보험자의 신체의 외부로부터 작용하는 것을 말하고, 신체의 질병 등과 같은 내부적 원인에 기한 것은 상해보험에서 제외되고 질병보험 등의 대상이 된다.
④ 질병보험에 관하여는 그 성질에 반하지 않는 한 생명보험 및 상해보험뿐만 아니라 손해보험에 관한 규정을 준용한다.

정답 ④

해설 상법 제739조의3 [질병보험에 대한 준용규정]에 의하면, '질병보험에 관하여는 그 성질에 반하지 아니하는 범위에서 생명보험 및 상해보험에 관한 규정을 준용한다.'라고 규정되어 있으므로 ④번이 틀린 지문으로 정답입니다.

|저|자|소|개|

김 석 주

약력

- 연세대학교 사회과학대학 정치외교학과
- 연세대학교 경제대학원 경제학석사(보험전공)
- 손해사정사

現)
- 이패스코리아 전임교수(손해사정사 1차 보험계약법)
- Insurance sales magazine 칼럼니스트
- 인스비전 손해사정(주) 고문

前)
- KB손보 손해보험과정 / 보상교육 사내강사
- 경기도 LWJ 센터 설계사 입문교육 강사
- KB손보 SIU(보험조사부)부장, 강남보상부장, 소비자보호부장,
- 개인대출운용부장. 감사실장

2024 손해사정사 1차 보험계약법 판례집

초판 1쇄 인쇄 | 2024년 1월 16일
초판 1쇄 발행 | 2024년 1월 31일

지 은 이   김 석 주
발 행 인   이 재 남
발 행 처   (주)이패스코리아
         [본사] 서울시 영등포구 경인로 775 에이스하이테크시티 2동 1004호
         [학원] 서울시 종로구 청계천로 35 관정빌딩 6층
전   화   02-722-1149   팩스 070-8956-1148
홈 페 이 지   www.epasskorea.com
이 메 일   edu@epasskorea.com
등 록 번 호   제318-2003-000119호(2003년 10월 15일)

※ 잘못된 책은 교환해 드립니다.
※ 이 책은 저작권법에 의해 보호를 받는 저작물이므로 무단전재와 복제를 금합니다.
    본교재의 저작권은 이패스코리아에 있습니다.